150 Jahre Bistum Limburg

BISTUMSJUBILÄUM

BERICHTE UND DOKUMENTATIONEN

VERLAG JOSEF KNECHT

CIP-Kurztitelaufnahme der Deutschen Bibliothek

150 [Hundertfünfzig] Jahre Bistum Limburg: Bistumsjubiläum; Berichte u. Dokumentationen / [Hrsg.: Bischöfl. Ordinariat Limburg. Red.: Walter Bröckers]. — Frankfurt/Main: Knecht, 1978.
ISBN 3-7820-0416-7
NE: Bröckers, Walter [Red.] Diözese ⟨Limburg/Lahn⟩

© 1978 by Verlag Josef Knecht, Carolusdruckerei GmbH, Frankfurt/Main
Herausgeber: Bischöfliches Ordinariat Limburg
Redaktion: Walter Bröckers
Grafik: Bruno Ollik
Fotos: KNA, Kleiter, Wittekind
Gesamtherstellung: Limburger Vereinsdruckerei GmbH, Limburg/Lahn

Inhaltsverzeichnis

Einführung	Weihbischof Walther Kampe	5
Tag der Gemeinde (13.11.77)		
Eröffnung	Bischof Dr. Wilhelm Kempf	7
Referat „Gemeinde — Kirche der Zukunft"	Prof. Dr. Ferdinand Klostermann	7
Altarweihe: Predigt	Bischof Dr. Wilhelm Kempf	26
Tag der Orden (14.11.77)		
Ansprache	Weihbischof Gerhard Pieschl	29
Tag der Frauen (15.11.77)		
Eröffnung	Bischof Dr. Wilhelm Kempf	31
Referat „Die Frau von heute und die Kirche von morgen"	Weihbischof Ernst Gutting	31
Predigt	Prälat Dr. Georg Höhle	44
Diözesansynode (16.11.77)		
Schlußwort	Präsident Hans Safran	47
Predigt	Weihbischof Walther Kampe	49
Tag der Caritas (17.11.77)		
Referate „Kirche im Dienst an der Grenze des Lebens"	Prof. Dr. Johannes B. Hirschmann SJ/ Dr. Paul Becker	53
Schlußwort	Bischof Dr. Wilhelm Kempf	70
Tag der Religionslehrer (18.11.77)		
Begrüßung	Ordinariatsrat Günter Reusch	72
Eröffnung	Bischof Dr. Wilhelm Kempf	73
Referat „Entfremdet der Religionsunterricht von der Kirche?"	Prof. Dr. Adolf Exeler	75
Tag der Jugend (19.11.77)		
Predigt	Jugendpfarrer Joachim Schäfer	89
Kreuzfest (20.11.77)		
Predigt	Erzbischof Joseph Kardinal Höffner	92
Festakt: Eröffnung	Bischof Dr. Wilhelm Kempf	95
Grußwort	Erzbischof Joseph Kardinal Höffner	95
Festansprache „Die Freiheit der Kirche und die Zukunft des Menschen"	Kultusminister Prof. Hans Maier	96
Schlußwort	Präsident Hans Safran	102
Tag der Priester (21.11.77)		
Referat „Die geistliche Dimension in Sendung und Dienst des Priesters"	Prof. Dr. Walter Kasper	104
Predigt	Bischof Dr. Wilhelm Kempf	115
Tag der Mitarbeiter (22.11.77)		
Eröffnung	Bischof Dr. Wilhelm Kempf	118
Predigt	Ordinariatsrat Gerhard Kilian	119
Tag des Jubiläums (23.11.77)		
Begrüßung	Domdekan Weihbischof W. Kampe	122
Ansprache	Ministerpräsident Holger Börner	122
Ansprache	Ministerpräsident Dr. Bernhard Vogel	125
Dankwort	Bischof Dr. Wilhelm Kempf	127

Einführung

Tausende von Gläubigen aus dem Bistum Limburg und viele Gäste aus den Nachbardiözesen haben an den Jubiläumsfeiern anläßlich der Gründung des Bistums vor 150 Jahren teilgenommen und die Predigten und Referate gehört, die an den einzelnen Festtagen vom 13. bis 23. November 1977 gehalten wurden. Es wurde nach Abschluß des Jubiläums der Wunsch laut, das bereits Gehörte nochmals nachlesen bzw. das Nichtgehörte in einer Schrift erfahren zu können. Deswegen legen wir diesen Dokumentationsband als Ergänzung zu der anläßlich des Jubiläums herausgegebenen Festschrift „Unser gemeinsamer Weg" hiermit vor. Dank gebührt dem Chefredakteur unserer Kirchenzeitung „Der Sonntag", Herrn Walter Bröckers, und dem Verlag Josef Knecht für die Zusammenstellung der Texte und die Drucklegung. Ebenso sei auch den Autoren gedankt, die uns die Erlaubnis für den Abdruck ihrer Beiträge gegeben haben.

Wenn man rückwärtsblickend den Inhalt der einzelnen Festtage überprüft, so kann man zusammenfassend sagen, daß in dieser Dokumentation so etwas wie ein Programm des Bistums für die kommenden Jahre vorliegt. Immer wieder hat Bischof Dr. Wilhelm Kempf in seinen verschiedenen Ansprachen darauf hingewiesen, daß dieses Jubiläum eine Wende in der Bistumsgeschichte signalisiere. Die Kirche steht ebenso wie die Gesellschaft in einer Zeitenwende, die sich seit Beginn unseres Jahrhunderts vorbereitet hat und in zwei Weltkriegen durch gewaltige Zusammenbrüche bisheriger Gesellschaftssysteme beschleunigt wurde. In einer solchen Situation muß sich die Kirche fragen, wie sie die Botschaft Christi in einer sich völlig verändernden Umwelt den Menschen neu verkünden will. Zwei Extreme sind dabei auszuschließen: Man kann Tradition nicht wahren durch einen totalen Immobilismus, der nur noch alte Formeln wiederholt, weil er sich weigert, die Veränderungen anzuerkennen, die in der Welt vor sich gehen. Man kann aber ebensowenig sich in modischer Weise der Welt anpassen, indem man sich ihre Ideologien zu eigen macht und dabei die der Kirche anvertraute Botschaft vergißt. In beiden Fällen werden den Menschen Steine statt Brot angeboten. Eine wirkliche Erneuerung der Kirche, wie sie Papst Johannes XXIII. in einem „neuen Pfingsten" vorschwebte, kann nur in einer Weiterführung des Überlieferten zu neuen Erkenntnissen, die der Geist Gottes aus der Botschaft Jesu uns schenkt, geschehen. Das II. Vatikanische Konzil hat dafür die Grundlagen für die Weltkirche geschaffen. Die Gemeinsame Synode der Bistümer in Würzburg hat die Anwendungen für die Kirche in der Bundesrepublik Deutschland vorgegeben. Die Verwirklichung aber muß in den Bistümern und den Gemeinden geschehen. In den Predigten und Referaten dieser Dokumentation sind wertvolle Hinweise geboten, die in einer überraschenden Weise übereinstimmen. Gewiß wird man über einzelne Gedanken und Vorschläge weiter diskutieren müssen. Aber die Zielrichtung für den „gemeinsamen Weg" in ein bald kommendes neues Jahrtausend ist vorgezeichnet. Der Geist geleite uns, damit wir ihn voll Zuversicht gehen!

Es ist zu wünschen, daß in den Gemeinden und Gremien des Bistums das hiermit vorgelegte Material eifrig studiert und die nötigen Folgerungen für die „Gemeinde der Zukunft" gezogen werden.

25. Juli 1977

+ Walther Kampe, Bischofsvikar

Tag der Gemeinde

13. November 1977

Am Sonntag, dem 13. November, wurde das Bistumsjubiläum mit dem Tag der Gemeinde in der Limburger Stadthalle eröffnet. Eingeladen waren Vertreter der Pfarrgemeinderäte und der synodalen Gremien in den Bezirken und des Bistums. Die Begrüßungsansprache hielt Bischof Dr. Kempf. Er erläuterte, daß die Jubiläumsfeier mit der alljährlichen Kreuzwoche weitgehend identisch sei. Das Bistumsjubiläum sei der Anlaß gewesen, die Kreuzwoche, die sonst im September stattfindet, nun auf diesen Zeitpunkt zu verlegen. Der „Tag der Gemeinde" sollte auch in Zukunft beibehalten werden. Hier seine Ansprache im Wortlaut:

Grußwort des Bischofs

bei der Eröffnung der Jubiläumsfeiern des Bistums in der Stadthalle zu Limburg

Mit dieser Veranstaltung am „Tag der Gemeinde" eröffne ich die Jubiläumsfeiern aus Anlaß der Gründung unseres Bistums vor 150 Jahren.

Wie Sie aus dem Gesamtprogramm ersehen, ist diese Jubiläumswoche in ihrem Ablauf im wesentlichen identisch mit unserer alljährlich stattfindenden Kreuzwoche, die wir mit Rücksicht auf den Monat der Bistumsgründung ausnahmsweise vom September in den November verlegt haben.

Die Themen der Kreuzwoche sind grundsätzlich der Zukunft zugewandt. Sie sollen unseren gemeinsamen Weg in die Zukunft immer von neuem orientieren an der Botschaft des Kreuzes Christi, die zugleich eine Botschaft seines Sieges in der Auferstehung ist.

Am Beginn der Kreuzwoche soll in Zukunft immer der „Tag der Gemeinde" stehen; denn die Gemeinde ist die Kirche „vor Ort". Sie wird mit Recht die Basis genannt, wo sich gläubige Menschen um den legitimen Träger des apostolischen Amtes scharen und so „Volk Gottes", „Gemeinschaft in Christus", „Gemeinschaft im Hl. Geist" werden: lebendige Zellen im „corpus mysticum Christi", lebendige Rebzweige am weltumgreifenden Weinstock Christi.

Ich begrüße Sie daher herzlich als die gewählten Vertreter des Gottesvolkes in unserem Bistum auf der Ebene der Pfarreien, der Bezirke und der Diözese. Noch in dieser Woche erhoffe ich die Verabschiedung des endgültigen Wortlautes unserer Synodalordnung, die dem Miteinander und Zueinander von Amt und Mandat klare Formen geben soll.

Insofern ist dieses Bistumsjubiläum mehr als ein Rückblick in die Vergangenheit. Es ist vielmehr der Überschritt in eine neue Phase unserer Bistumsgeschichte. Es ist der Überschritt zu einem bewußten und reflektierten Miteinander und Zueinander von Amt und Mandat im gemeinsamen Engagement für die Sache Christi: für das Kommen und Werden des Reiches Gottes.

Für dieses Engagement sage ich Ihnen allen von Herzen Dank. Seien Sie tief davon überzeugt, daß wir als Christen der einzigen Botschaft dienen, der die Zukunft gehört!

Der Wiener Pastoraltheologe, Universitätsprofessor Dr. Ferdinand Klostermann, sprach zum Thema: „Gemeinde — Kirche der Zukunft".

Das Schlußwort sprach der Präsident der Diözesanversammlung Hans Safran. Er dankte dem Redner für den Vortrag, der mit großem Beifall aufgenommen worden war. Prof. Klostermann diskutierte dann noch in kleinem Kreise über seinen Vortrag.

*

Prof. Ferdinand Klostermann

Gemeinde — Kirche der Zukunft

Die konkreten Aufgaben der Kirche und einer christlichen Gemeinde resultieren heute und immer aus zwei Komponenten: aus dem, was diese Kirche und Gemeinde ihrer ganzen Natur, ihrer Bestimmung nach ist und soll, und aus der Zeit, aus der Situation, in der sie diese Bestimmung ausüben soll. Denn auch die Zeit ist christlich gesehen nicht einfach ein guter oder böser Zufall, sondern ein Kairos, eine von Gott uns gegebene Möglichkeit. Ich möchte darum zuerst ein Wort zur Situation sagen, dann zu Sinn und Wesen einer christlichen Gemeinde und schließlich einige Probleme erörtern, die sich den christlichen Gemeinden angesichts unserer Situation stellen, auf die Sie wohl schon selbst in Ihrer Arbeit im Dienst Ihrer Gemeinde gestoßen sind und die Sie vielleicht dabei bedrücken.

1. Zur Situation

Der 23. November 1827, das Gründungsdatum des Bistums Limburg, ist weltgeschichtlich gesehen sicher kein sehr markantes, eher ein mehr oder weniger zufälliges Datum. Dennoch ist in den 150 Jahren, in denen dieses Bistum besteht, zu dem immerhin die ehemalige freie Reichsstadt Frankfurt gehört, heute noch ein internationales Verkehrs- und Kommunikationszentrum und eine Drehscheibe Europas, ist in diesen 150 Jahren das offenkundig und wirksam geworden, was sich gewiß längst vorher vorbereitet hat und das man die naturwissenschaftliche Revolution des 16. und 17. Jahrhunderts und dann die technisch-industrielle Revolution des 18. und 19. Jahrhunderts nennt. Gut 100 Jahre vor 1827 wurde in England die erste Textilfabrik gegründet, nur 49 Jahre vorher starben Voltaire und Rousseau, 38 Jahre vorher begann die französische Revolution mit dem Sturm auf die Bastille und mit der Erklärung der Menschen- und Bürgerrechte und gut 30 Jahre vorher erschienen das „Manifest der Plebejer" von Gracchus Babeuf und das „Manifest der Gleichen" von Sylvain Maréchal. Und nach 1827: 5 Jahre nachher starb Goethe und mit ihm eine Epoche deutscher Kulturgeschichte, 20 Jahre nachher erschien das kommunistische Manifest, 32 Jahre nachher Darwins Hauptwerk „Der Ursprung der Arten", erst 69 Jahre nachher wurde die Radioaktivität entdeckt, 90 Jahre nachher fand die russische Oktoberrevolution statt und 106 Jahre nachher ergriff Hitler die Macht in Deutschland. Was seitdem geschah, wissen wir noch.

Was bedeutet das alles für uns Christen, für die Kirche, für die christliche Gemeinde?

1.1. Der veränderte sozio-kulturelle Hintergrund

Wir stehen in einem von der Kirche kaum beeinflußbaren Umbruch der Gesellschaft und der ganzen kulturellen Landschaft; viele meinen, in einer der großen Zäsuren der Menschheitsgeschichte überhaupt. Denn die naturwissenschaftlich-technische Revolution steht wohl an Gewichtigkeit ebenbürtig neben der Seßhaftwerdung der Menschheit beim Übergang zum Ackerbau, neben der Entwicklung der städtischen Hochkulturen und neben der großen Wende zum universalen Denken, wie es die 800 Jahre vor Christus darstellen. Mit der naturwissenschaftlich-technischen Revolution aber hängen der dynamische Charakter unserer Gesellschaft, die soziale Verflechtung der ganzen Menschheit, die Verstädterung und Industrialisierung der Welt, aber auch Rationalisierung, Pluralismus, Manipulationsmöglichkeit, ein neues Bewußtsein, die Aufklärungs- und Freiheitsgeschichte, Entmythologisierung, Symbolverlust, Agnostizismus und Atheismus zusammen. Was das für die ganze Kultur bedeutet, hat die große Völkerkundlerin Margret Mead in ihrem letzten Buch „Konflikt der Generationen" dargelegt[1]: Eine neue Kulturform ist im Entstehen. Die heutigen Kinder werden weithin nicht mehr von ihren Großeltern und Eltern geprägt wie wir Älteren; sie sehen einer Zukunft entgegen, die so weitgehend unbekannt ist, daß heute schon die 30- und 40jährigen über die Jungen den Kopf schütteln und sagen: Wir verstehen euch nicht. Noch bis vor kurzem konnten die Eltern sagen: Weißt du, ich war auch einmal jung, aber du warst niemals alt. Heute können die Jungen darauf antworten: Ihr wart nie jung in der Welt, in der wir jung sind, und ihr werdet es auch nie sein!
Es darf uns nicht wundern, wenn es in einer solchen Zeit, in der ganze Welten zusammenbrechen und die neuen Formen noch kaum

---

[1] M. Mead, Konflikt der Generationen (Olten ⁴1973).

sichtbar sind, zu Verunsicherungen kommt, wenn auch die Kirche, das heißt: wir Christen zu neuen Formen des Glaubens, des Christseins, des Kircheseins und der Kirchlichkeit gezwungen werden.

1.2. Der sich verändernde theologische Hintergrund

In einer solchen Situation beginnt sich auch der theologische Hintergrund zu ändern, kann man auch Christentum und Kirche nicht mehr so statisch und unveränderlich verstehen wie in einer Gesellschaft, in der sich auch kulturell kaum etwas veränderte oder nur in langen, durch Jahrhunderte sich hinziehenden Prozessen. Christentum, ja die ganze biblische Glaubensgeschichte werden wieder mehr als „Programm der Veränderung" entdeckt[2], als Ruf zur Umkehr, zur dauernden Erneuerung und Reform des einzelnen und der christlichen Gemeinden und durch sie der Welt. Man versteht wieder, daß der Gott der Offenbarung überhaupt nur durch die sich verändernde Geschichte zu uns spricht und nicht mirakelhaft, die Geschichte immer wieder aufhebend, gegen sie. So ist auch Tradition nur in ständigem Weiterdenken unter neuen Fragen und Denkhorizonten, freilich im Geiste Jesu, zu bewahren. So kann es auch zu neuen und tieferen Auslegungen der überlieferten Botschaft kommen, ja auch zu neuen Erkenntnissen. Doch das führt wieder zu neuen Verunsicherungen und Problemen.

1.3. Die Folgen

So stehen einander Veränderung und Nichtveränderung, Beweglichkeit und Unbeweglichkeit gegenüber der Schrift, in Verkündigung, Liturgie, Theologie und Struktur gegenüber. Beharren beim Status quo, Hängen an alt hergebrachten Bekenntnissen, liturgischen Bräuchen, am Meßformular Pius V., am römischen Katechismus, an der lateinischen Sprache, am gregorianischen Choral, an den üblichen Normen und Verhaltensmustern einerseits, und die Bereitschaft davon unter Umständen abzugehen, neue Erfahrungen zu machen und in Neuland vorzustoßen, werden so Mitursachen oder doch Anlässe des Unbehagens vieler Christen und kirchlicher Amtsträger, vieler Identitäts-, Autoritäts-, und Gehorsamskrisen, vielfältiger Polarisierungen und Kontestationen, der Bildung von Solidaritätsgruppen und Untergrundkirchen und der mit alledem zusammenhängenden Verdächtigungen, Verketzerungen, Anklagen und Proteste, innerer und auch äußerer Emigration aus der Kirche, ja sie werden zum Schibboleth wahrer Christlichkeit gemacht. Während die einen um die Substanz der christlichen Botschaft besorgt sind, fürchten die anderen, eben diese Botschaft würde Menschen des 20. Jh. überhaupt nicht mehr erreichen; während die einen tun, als könnten wir je wieder in ein alogisches, nicht reflektierendes Zeitalter zurücksinken, fragen die anderen mit einer unerhörten Radikalität nach dem Warum und wollen das Geheimnis erst zulassen, wenn es rational verantwortbare Gründe erzwingen; während sich die einen in reine Innerlichkeit flüchten, scheint für die anderen das einzige Kriterium kirchlicher Existenzberechtigung die gesellschaftsverändernde Effizienz zu sein; während für die einen das letzte Konzil der Anfang alles Bösen ist, ist es für die anderen der Beginn der wahren Kirche nach einem jahrhundertelangen Sündenfall. Und auf beiden Seiten gibt es Gemäßigte und Radikale, Vernünftige und Narren.

1.4. Zwei Kirchenkonzepte

Hinter all dem scheinen zwei völlig verschiedene Kirchenkonzepte zu stehen: Auf der einen Seite das traditionelle, vereinfachend könnte man sagen: das seit dem Tridentinum dominante Kirchenbild, das die Vorstellungen der Katholiken seit 400 Jahren prägt — wir sehen also im Vergleich zur fast 2000jährigen christlichen Geschichte eine verhältnismäßig kurze Tradi-

---
2 Vgl. F. Klostermann, Christentum als Programm der Veränderung: A.-Th. Khoury u. M. Wiegels (Hg.), Weg in die Zukunft (Leiden 1975) 45—80.

tion; danach ist die Kirche der Fels Gottes in der Brandung und in den Stürmen der Welt; sie weiß auf alle Fragen eine Antwort und hat auf jeden Angriff eine Parade bereit; sie ist in allem sicher, heilig, unantastbar, statisch und darum auch keiner Reform und Veränderung fähig und bedürftig; auf sie kann man anwenden, was die Christen vom Kreuz sagen: Stat crux, dum volvitur orbis[3]. Diese Vorstellung scheint nachzuwirken, wenn man von der „unveränderlichen Beharrlichkeit der Kirche in der Zeit" spricht oder wenn der unierte melkitische Erzbischof von Beirut von seinem Amt suspendiert wurde, weil er die Kirche als eine „erneuerungsbedürftige Einrichtung" bezeichnete und in Voraussicht der libanesischen Katastrophe kirchliche und soziale Reformen gefordert hatte[4].

Dem gegenüber stehen offenbar die Vorstellungen des II. Vat. Konzils von einer notwendigen dauernden Reform der Kirche[5] und die Sorgen derer, die in manchen kirchlichen Erscheinungsformen und Aktionen das Antlitz und den Geist Jesu nicht mehr zu erkennen vermögen und sich fragen, ob nicht das Aufgeben mancher kirchlicher Gewohnheiten und Bindungen dem Geist Jesu besser entspräche als eine Haltung, die unkritisch jede Eigeninitiative und Mitverantwortung verkümmern läßt und die alten Wege bedenkenlos weiter trottet; also ein dynamisches Konzept. Dabei beruft man sich auf das vielfach anomische Verhalten Jesu, das ja sein eigenes Schicksal mit verursachte.

Eine gewisse Schlüsselfigur, an der sich die Polarisierung und das extrem traditionalistische Kirchenkonzept bei uns am schärfsten zeigt, ist der Erzbischof Marcel Lefebvre, mit seinem Anhang.

So viel zur Situation.

2. Was ist eine christliche Gemeinde?

2.1. Hier fällt uns zunächst auf, daß das Neue Testament für die Gemeinschaft der Christen mit Vorliebe das Wort koinonia oder communio wählt, was soviel heißt wie brüderliche Gemeinschaft, die nach Paulus im eucharistischen Mahl entsteht, in dem man Mahl- und Hausgenosse Christi und seiner christlichen Schwestern und Brüder wird.

Das Neue Testament hat für diese Gemeinschaft der Christen noch ein Wort bereit: Ekklesia. Ekklesia nannte man im Profanbereich die Versammlung der vom Herold heraus- und zusammengerufenen freien Bürger einer Stadt; die Unselbständigen, Diener und Sklaven gehörten nicht dazu. In dieser Versammlung wurde über Wohl und Wehe der Stadt beschlossen. Im christlichen Bereich ist Ekklesia die Gemeinschaft der von Gott durch den Christus Herausgerufenen und Berufenen, freilich ohne Unterschied von Herr und Knecht, von Freien oder Sklaven. Dazu gehören vielmehr alle, die im Glauben auf diesen Ruf geantwortet haben, also die Gemeinschaft derer, die glauben, daß Jesu Scheitern im Tod von Gott her überwunden ist, was wir Auferweckung nennen, und daß auch wir von einer letzten Liebe umfangen sind und darum bei allem Scheitern *in* Jesus, dem Christus, und *mit* ihm das Leben gewinnen können trotz Tod, hoffen können gegen alle Hoffnung, uns versöhnen, einander vergeben, uns füreinander engagieren und lieben können trotz aller schlechten Erfahrungen mit anderen und mit uns selbst; also die Gemeinschaft derer, die sich auf den Weg Jesu begeben, nach seinem Sinn- und Existenzentwurf zu leben versuchen und die in ausdrücklicher Sendungs- und Dienstgemeinschaft mit ihm die Botschaft von der schon anbrechenden Gottesherrschaft weitersagen, damit auch andere sich auf seinen Weg machen, die Welt mit Glaube, Hoffnung und Liebe anstecken und zu ändern versuchen. Denn was uns, auch christlich, aufgetragen ist, haben wir hier zwischen Geburt und Tod nicht nach dem Tod zu leisten; *hier* haben wir zu lieben und dafür zu sorgen, daß geliebt wird und geliebt werden kann.

Dabei ist noch etwas merkwürdig: das Neue Testament verwendet Ekklesia sowohl für die konkrete kleine Gruppe, die sich irgendwo zum Hören der Botschaft Jesu, zum eucharistischen

---
[3] Das Kreuz steht, während sich die Welt dreht.
[4] Kathpress v. 14. 6. 1974, n. 136, 5; v. 18. 9. 1974, n. 217,
[5] Kirchenkonstitution, Art. 4.7.8.9.15; Ökumenismusdekret, Art. 4.6.

Brotbrechen oder zum brüderlichen Liebesmahl versammelt, also für das, was man heute eher Gemeinde nennt, als auch für die ganze ntl. Heilsgemeinschaft der an Christus gläubig Gewordenen, für das ganze ntl. Gottesvolk, wofür man heute eher Kirche sagt. Das hat einen tiefen theologischen Sinn und bedeutet, daß sich einerseits Kirche, auch Gesamtkirche, nur an einem bestimmten Ort aktualisieren, vergegenwärtigen, ereignen kann, nämlich dort, wo konkret verkündet, Dank gesagt und geliebt wird. Aber auch umgekehrt dürfen die einzelnen Ortsgemeinden gar nicht isoliert, ohne Kommunikation untereinander, ohne Verbindung mit der größeren Kirche, mit dem Bistum Limburg, mit der nationalen Kirche Deutschlands, der kontinentalen Kirche Europas und mit der Gesamtkirche existieren; denn das alles zusammen bildet erst das ganze Volk Gottes. Wie die Gesamtkirche nicht nur eine Addition der Ortskirchen und Gemeinden ist, sondern dem einzelnen Christen und der einzelnen Gemeinde auch vorgegeben ist, so sind umgekehrt auch die einzelnen Ortsgemeinden nicht nur Filialstellen der Gesamtkirche, wie die Filialen der Deutschen Bank, sondern Ort, wo sich die Gesamtkirche konkret ereignet.

2.2. Kirche und damit christliche Gemeinde verstehen sich einzig und allein von Jesus her, von seiner Person, seinem Leben, seinem Tod, seiner Botschaft und von dem, was wir Auferweckung nennen. Dabei sollten wir Kirche und christliche Gemeinde nicht so isoliert von der religiösen Erfahrungsgeschichte der Menschheit, wie sie sich in den verschiedenen Religionen widerspiegelt, und von der Glaubensgeschichte des Alten Bundes sehen. So gesehen wird in Jesus, dem Christus, nur am radikalsten und reinsten realisiert, was der Mensch auch sonst im letzten hofft und ersehnt und in seinen besten Stunden als den letzten Grund seines Daseins erfährt und wofür uns eine technisch noch so gut funktionierende Welt und alle naturwissenschaftlichen Erkenntnisse keinen Ersatz geben können. Dennoch heben Christus und die christliche Glaubensgewißheit den Hoffnungscharakter unseres Glaubens nicht auf.

Nur wer sich selbst auf das Experiment des Glaubens einläßt, kann seine Wahrheit erfahren. „Nur wer die Wahrheit tut, kommt ans Licht" (J 3,21). Vergessen wir nicht, daß auch Jesus mit einer Frage auf den Lippen starb. Der Glaube gibt uns nur „die Zuversicht, mich selbst und mein Leben in dieser Welt nicht endgültig als Unsinn begreifen zu müssen", sagt ein Theologe.

Wenn nun Kirche und christliche Gemeinde ihren Sinn und ihre Berechtigung nur von Jesus her haben, dann bleibt sie auch an ihn und seine Botschaft gebunden; dann haben auch ihre äußeren Strukturen, ihre Riten, Normen, Gesetze, ihre Dienste und Ämter bis zum institutionalisierten Apparat, den sie auch braucht, um in dieser Zeit leben und überleben zu können, nie ihren Sinn in sich, sie sind nur Vehikel seiner Botschaft. Jesus und seine Sache sind darum auch das einzige und letzte Kriterium, an dem die Kirche selbst und ihre jeweilige Praxis ständig zu beurteilen ist; sie sind auch ihr eigenes Gericht. Ja, wenn man an die Gerichtsreden Jesu bei Mt 25 denkt, dann ist die Sache Jesu sogar wichtiger als das Wissen um seine Person.

Dennoch sind sowohl die Kirche als auch die Gemeinde, in der sie sich ja realisiert, für die Menschheit unverzichtbar. Gewiß leiden, ja verzweifeln heute nicht wenige an den Großkirchen. Viele vermögen sich mit ihnen nur noch sehr partiell zu identifizieren, und sie emigrieren innerlich und oft auch äußerlich aus ihnen. In manchen Ländern flüchten sie in Untergrundkirchen oder fordern ein kirchenloses Christentum: Jesus — Ja, Kirche — Nein, ist für viele heute Parole. Solche Verzweiflung mag im Einzelfall verständlich sein und manche freie christliche Gruppe mag ihre Mitglieder durchaus bereichern und ein glaubwürdiges Zeugnis auch nach außen ablegen. Warum sollte man das leugnen? Dennoch lebt auch das kirchenlose Christentum letztlich von den Kirchen und ihren Gemeinden und wäre eine solche Entwicklung im großen verhängnisvoll und im Grunde utopisch. Die uns in Jesus, dem Christus, offenbar gewordene Botschaft würde bald nicht mehr oder nur mehr verstümmelt weiter gesagt, der große Dank des eucharistischen Mahles bald verstummen, der befreiende Tod des Herrn nicht mehr verkündet und auch das Zeugnis der Liebe Christi, die unsere schwache Liebe immer neu entzünden muß, würde bald erlöschen, wenn es nur mehr voneinander isolierte Christen oder Gruppen von Christen gäbe, wenn sich diese Gruppen nicht mehr zu echten Gemeinden auswüchsen, wenn diese Gemeinden nicht mehr untereinander in Kommunikation träten und wenn es keine Institution mehr gäbe, die die horizontale und vertikale Kommunikation und die Kontinuität mit der Heilsbotschaft in Christus bis in die Ursprünge zurück, sicher im Geiste Jesu, aber nicht auf unmenschliche Weise sicherte.

Die Kirche ist also der geschichtliche Ort, an dem die „gefährliche", weil verändernde und befreiende, Erinnerung Jesu, sein Anspruch und seine Verheißung, bewahrt und weiter verkündet werden, ja an dem Gott selbst, wenn auch nicht ausschließlich, wie wir heute tröstlicherweise wissen, präsent und wirksam ist. Diese gleiche Kirche ist aber als geschichtliche Größe und in allen ihren Rängen notwendigerweise eine Kirche, die sich aus *uns* konstituiert, das heißt: aus Menschen, die alles dessen fähig sind und bleiben, wessen Menschen fähig sein können; darum ist sie Kirche aus Sündern, Kirche des Abfalls, der Perversion, Kirche, die dauernd hinter ihrem eigenen Anspruch zurückbleibt, die sich immer wieder den Anliegen Jesu widersetzt, ja ihnen oft genug widerspricht, Kirche der Untreue, weshalb sich die alten Kirchenväter, die noch ehrlicher als wir waren, nicht scheuten, von einer Hurenkirche zu sprechen, wie die Propheten des Alten Bundes von der Hure Israel sprachen[6]. Irrtum, Sünde und Unbußfertigkeit sind also nicht nur etwas, was einzelne Menschen von der Kirche entfernt, sondern etwas, was in der Kirche bleiben kann, was sie selbst infiziert, was sie im tiefsten unglaubwürdig, zur sündigen Kirche macht, so daß Menschen das Antlitz Jesu in ihr nicht mehr zu erkennen vermögen. Und solche Dinge sind nicht nur als außergewöhnliche Unfälle ihrer Geschichte möglich; sie können sich durch ganze Perioden ihrer Geschichte hinschleppen, sie können sich in Strukturen niederschlagen, die die innere Umkehr eher hemmen als fördern.

Diese beiden Aspekte, der ideale und theologische und der empirische und soziologische, begründen nun nicht zwei Kirchen, eine unsichtbare, heilige und eigentliche und eine sichtbare, sündige und vorläufige, sondern sie sind Aspekte ein und derselben Kirche: so daß es also diese sündige Kirche ist, in der uns Jesu Botschaft überliefert und das Heil und die Gegenwart Gottes zugesprochen ist, so daß aber anderseits diese Zusagen und Verheißungen es nicht verhindern, daß sie Kirche aus Menschen und Sündern und darum auch menschliche und sündige Kirche bleibt.

Darum können und dürfen auch wir die Kirche nicht in zwei Kirchen auseinanderreißen und uns dann nur mit einer davon identifizieren, mit einer unsichtbaren, unerfahrbaren, der Empirie unzugänglichen ecclesia spiritualis; wir haben nur die eine „sichtbare und mit unsichtbaren Gütern ausgestattete", „menschliche *und* göttliche Kirche"[7]. Und „die mit hierarchischen Organen ausgestattete Gesellschaft und der geheimnisvolle Leib Christi, die sichtbare Versammlung und die geistliche Gemeinschaft, die irdische Kirche und die mit himmlischen Gaben beschenkte Kirche sind nicht als zwei verschiedene Größen zu betrachten, sondern bilden eine einzige komplexe Wirklichkeit, die aus menschlichen und göttlichen Elementen zusammenwächst, wie die Kirchenkonstitution des Konzils sagt[8]. Anderseits aber dürfen wir uns nun mit dieser konkreten situativen, nicht nur heiligen, sondern auch sündigen Kirche nur mehr partiell identifizieren. Ja eine totale Identifikation mit ihr wäre geradezu unsittlich; sie wäre Identifikation auch mit Irrtum, Sünde, Unbußfertigkeit und Perversion; sie würde den eschatologischen Vorbehalt ausklammern, ja leugnen; sie würde die Kirche mit dem Reich Gottes identifizieren und damit Irrtum, Sünde, Abfall und Unbußfertigkeit geradezu perennisieren und die immer

---

6 Vgl. H. Urs. v. Balthasar, Sponsa Verbi (Ei 1961) 203—305.

7 Liturgiekonstitution, Art. 2.
8 Kirchenkonstitution, Art. 8.

notwendige christliche Metanoia, die Bekehrung, die Umkehr, die immer notwendige Reform geradezu verhindern.

2.3. Ihre österlichen und nachösterlichen Erfahrungen deuteten die Christen auf Grund der Verheißungen des Alten Bundes und Jesu selbst als vom Geist Jesu gewirkt, als Geisterfahrung. Die Rede vom Heiligen Geist gründet im Glauben an die Treue Gottes, an die Solidarität Gottes mit uns, mit seiner Kirche und unserer Geschichte. Der Geist Jesu und seines Vaters baut die Kirche auf, erneuert sie, schenkt ihr immer neue Einfälle. Er ist der ganzen Kirche gegeben, weshalb nach Paulus ja auch alle Christen „Geistliche" sind. Er beschenkt die einzelnen Christen mit seinen Gaben und Charismen, wozu auch die eigentlichen Leitungsämter der Bischöfe, Priester und Diakone gehören. So sind also alle Christen auf je ihre Weise für die Kirche und ihre Aufgaben mitverantwortlich; darauf gründen ja theologisch die postkonziliaren Gremien bis zum Pfarrgemeinderat und alles, was man Laienapostolat im engeren und weiteren Sinne nennt.
Die Kirche und ihre Gemeinden müssen darum offen bleiben für den Geist Christi, der eine dynamische, kreative, schöpferische, befreiende und vorantreibende Kraft für die Kirche ist.

2.4. Die Aufgaben, die Grundfunktionen oder -dimensionen der Kirche und damit auch jeder christlichen Gemeinde im Vollsinn sind die Verkündigung oder die unverfälschte und unverkürzte Ausrufung der Botschaft Jesu; die erinnernde, rühmende und versöhnende Feier der Liturgie mit dem Zentrum in der Eucharistie; das Zeugnis der brüderlichen Gemeinschaft und, was man vielleicht eigens nennen sollte, weil es heute gerade auch für unsere Gemeinden von besonderer Bedeutung ist — nach dem Neuen Testament sollte man sie sogar daran erkennen —, die karitative und soziale Diakonie in ihren vielfältigen Formen bis zur Gemeinwesenarbeit und Entwicklungshilfe. In diesem Letzten müßte sich die Vorliebe Jesu für die Geschundenen, Gefolterten, Verfemten, Ausgestoßenen, Einsamen, Benachteiligten, für Minderheiten, mit denen sich Jesus immer wieder solidarisierte, in unseren Gemeinden widerspiegeln.

In dieser diakonischen Aufgabe wird am ehesten deutlich, daß die Kirche und darum auch die christliche Gemeinde kein Selbstzweck sind, daß sie nicht für sich da sind, sondern nur für die anderen, für die Menschen, für die Welt. Gewiß hat schon die christliche Verkündigung auch eine gesellschaftskritische und damit eine verändernde Funktion und sie muß die Christen für ihre Aufgaben in der Welt sensibilisieren. Und so sehr die Liturgie Rühmung und Danksagung sein und bleiben muß, so darf sie doch nicht zum „Opium des Volkes" werden; sie verliert sogar ihren Sinn, wenn sie nicht in Aktion mündet. Vor allem aber muß in der brüderlichen Gemeinschaft und in der Diakonie der Gemeinde sichtbar werden, daß sich der Gott und Vater Jesu Christi in der Menschwerdung endgültig auf die Seite der Menschen gestellt und sich mit ihnen bis in den Tod hinein solidarisiert hat.

Die vier Grunddimensionen und -funktionen gehören zusammen und sie müssen alle da sein, wenn man von Kirche oder von christlicher und kirchlicher Vollgemeinde sprechen will, wobei sicher die Akzente je nach der konkreten Situation einer Gemeinde und ihren Charismen verschieden gesetzt werden können. Diese vier Funktionen sind auch die untrüglichen Kriterien für die Christlichkeit und Kirchlichkeit von Gemeinden und gemeindeähnlichen Gebilden[9].

2.5. Nach diesen theologischen Überlegungen über Kirche und Gemeinde können wir nun sagen, was christliche, kirchliche Gemeinde ist und ausmacht. Sie hat eine soziologische Außenseite und eine theologische Innenseite, wenn man so sagen darf; und das vom Neuen Testament her gewonnene theologische Verständnis der Kirche und der christlichen Gemeinde muß notwendigerweise auch die konkrete Sozialgestalt der Kirche und Gemeinde beeinflussen. So kann man nicht etwa alles, was für eine Kommunalgemeinde gilt und genügt,

---
9 Vgl. F. Klostermann, Kirche — Ereignis und Institution (W 1976).

auf eine kirchliche Gemeinde übertragen. Wenn beispielsweise nach dem II. Vatikanum unter allen Gliedern der Kirche eine „wahre Gleichheit in Würde und Tätigkeit zum Aufbau des Leibes Christi" waltet, die jeglicher Unterscheidung „zwischen den geweihten Amtsträgern und dem übrigen Gottesvolk" vorangeht und zugrunde liegt[10], so gilt das nicht nur „vor Gott", wie neulich jemand gemeint hat, sondern muß auch Konsequenzen für die kirchliche Gemeinschaft haben, etwa für die Art der Autoritätsausübung, weshalb ja Mk 10,42 f. ein Herren-Untertanenverhältnis unter Christen verbietet.

Ebenso müssen die theologische Zielsetzung und die Aufgaben, die die christliche Gemeinde zu leisten hat, ihre Strukturen, auch ihre wünschenswerte Größe beeinflussen. Für eine Pfarrei mit 140 000 Menschen mit einem Priester, wie ich sie in Bogota getroffen habe, wird schon kaum die Liturgie funktionieren; vom Austausch des Glaubens und einer konkreten Diakonie wird überhaupt keine Rede mehr sein können, außer für kleine Grüppchen. Die Kommunalgemeinde Westberlin kann zwei Millionen Bürger und mehr vertragen, eine kirchliche Gemeinde nicht.

2.5.1. Aus dem Gesagten ergibt sich, daß, wenn vom konkreten Sozialgebilde „Kirche" und ‚Gemeinde" die Rede ist, deren theologische Synonymität und Auswechselbarkeit nicht mehr hilfreich ist. Man muß sich darum auf eine praktikable Sprachregelung einigen, wie sie sich ja auch allmählich durchsetzt. So sollte man nur dort von kirchlicher Gemeinde im Vollsinn sprechen, wo sich wirklich alle Grundfunktionen der ntl. Ekklesia, also Verkündigung, Liturgie, Gemeinschaft und Diakonie, konkret, unmittelbar und auf Dauer ereignen bzw. ereignen können und sollen. Die darüber liegenden Großstrukturen wie Bezirk, Diözese und Gesamtkirche sollte man „Kirche" nennen; die darunter liegenden Klein-, Primär- und Sympathiegemeinschaften, aber auch Organisationen und Verbände sollte man „Gruppen und Vereinigungen" nennen; letztere üben nämlich die entscheidenden kirchlichen Grundfunktionen nur vorübergehend aus oder überhaupt nur die eine oder andere.

2.5.2. Ein Problem entsteht hier eigentlich nur bei den Pfarreien. Üblicherweise spricht man gerne von Pfarr„gemeinden"; ja manche scheinen den Begriff „Gemeinde" ausschließlich der Pfarrei vorbehalten zu wollen. Darum ging auch ein Streit bei der gemeinsamen Synode der deutschen Bistümer[11]. Tatsächlich können und sollen die für eine Gemeinde im Vollsinn eben aufgestellten Merkmale für eine Pfarrei zutreffen; dann wird sie auch mit Recht Pfarrgemeinde genannt. Problematisch scheint aber eine Reservation des Begriffs Gemeinde auf die Pfarrei dort, wo sie so groß ist, daß sich in und an der Pfarrkirche wohl eine kleine Gemeinde bilden kann und darüber hinaus ein gewisser Service angeboten werden kann, dessen sich freilich die meisten Pfarrangehörigen überhaupt nicht und andere auch nur sehr selektiv bedienen, daß sich aber trotz entsprechender Substrukturen territorialer und kategorial-personaler Art die Kirche im Bereich solch einer Groß- oder Verbandspfarrei nicht mehr genügend ereignen kann, daß eine effiziente Zusammenarbeit und Planung des Vorsteherteams und die nötige Koordinierung kaum mehr möglich ist. Man denke an die Riesenpfarreien in Afrika und Lateinamerika, aber auch an manche unserer Großstadtpfarreien. Hier würde man besser von einer pfarrlichen „Kirche" oder einer diözesanen Teilkirche sprechen; noch besser aber sollte man solche Pfarreien teilen; denn normalerweise sollte eine Pfarrei noch Gemeinde sein, was vollgemeindliche Substrukturen natürlich nicht ausschließt, sondern bei Großpfarreien geradezu einschließt.

Ja, zufolge des Priestermangels gibt es heute ein noch grotesk eres Phänomen, nämlich Pfarreien, die zwar dem Anspruch nach Vollgemeinden wären, tatsächlich aber auf „Mitte und Höhepunkt" des ganzen Lebens einer christlichen Gemeinde, wie das Konzil sagt[12], nämlich auf die eucharistische Feier weithin verzichten müs-

---

10 Kirchenkonstitution, Art. 32.

11 Vgl. Synode S 2/1972 v. 10. 8. 1972, 68.
12 Bischofsdekret, Art. 30, 2.

sen, also de facto gar keine Vollgemeinde mehr darstellen; man denke an die vielen und immer mehr werdenden priesterlosen Pfarreien, die nur mehr von einem Großpfarrer oder einfach von einem benachbarten Pfarrer oder sonst einem mehr oder minder zufälligen Presbyter oft mehr schlecht als recht „betreut" werden.

2.5.3. Hinsichtlich der pfarrlichen Strukturen gibt es heute weltweit zwei Tendenzen, die einander ergänzen, ja einander bedingen: die Tendenz zur Bildung kleinerer Gemeinschaften, Gruppen, in denen sich die eigentlichen Aktivitäten abwickeln, in denen Kirche lebbar und erlebbar wird, in denen die Anonymität überwunden und Lebenskreis und Glaubensgemeinschaft wieder mehr in Deckung gebracht werden können, kurzum: in denen man wieder miteinander glauben und Christ sein kann; und als eine Art Gegentendenz die zu größeren Einheiten und Zusammenschlüssen schon an der Basis, die zwar zunächst vom Personalmangel erzwungen wurden, die aber, wie man immer mehr sieht, schon zur größeren Vereinfachung der Verwaltung, zum rationelleren und effizienteren Einsatz von Fachleuten und Spezialisten und zur gezielteren Verwendung mancher sachlicher Mittel beitragen können. In Ihrem Strukturplan entspricht diesen Tendenzen auf der einen Seite das Bestreben, die Pfarreien als Schwerpunktorte mit ihrem eigenen Pfarrgemeinderat und Vermögensverwaltungsrat rechtlich und pastoral unbedingt zu erhalten und ihnen überdies noch kleinere Gemeinden als Stützpunktorte mit eigenen Aufgaben zuzuordnen; aber auch die Gruppen und Organisationen innerhalb unserer Gemeinden, Familienrunden, Altenklubs, Meditations- und Bibelkreise, Aktionskreise im Dienst der gemeindlichen Grundfunktionen, Intensivgemeinden im Dienst der ganzen Pfarrei, alle Gemeinschaften, die die Kommunikation, die Spiritualität oder die Aktion fördern, gehören hierher. Anderseits fördern Sie mit Recht die Gründung von Pfarreiverbänden als Substrukturen der Bezirke bzw. Dekanate mit ihren Zentralorten und mit einer eigenen Leitung. Wir kommen darauf noch zurück.

2.6. Nun noch ein Wort zur Leitung der Gemeinden. Jede Gemeinde im Vollsinn, das heißt: eine Gemeinde, die alle entscheidenden Grundfunktionen einer christlichen Gemeinde, also Verkündigung, Liturgie, einschließlich der eucharistischen Feier, eine entsprechende Koinonie und soziale wie karitative Diakonie, auf Grund ihrer Größe und Dauerhaftigkeit, ihrer Zusammensetzung und der legitimen Bedürfnisse der konkreten Gemeinschaft, aber auch auf Grund ihrer geographischen Lage, etwa der Entfernung von den Nachbargemeinden, mit Recht beansprucht, eine solche Gemeinde braucht zu ihrer geistlichen Leitung einen ordinierten Priester. In dieser Funktion ist der Priester unverzichtbar. Hier helfen uns weder Diakone, noch Laien; und darum kann es nach der bundesdeutschen Synode mit Recht eine priesterlose Gemeinde gar nicht geben, zumal es „nach ältester christlicher Überlieferung Recht und Pflicht der Christen ist, am Herrentag zur Eucharistie zusammenzukommen"[13]. Eine priesterlose Gemeinde hört nämlich auf, eine christliche Gemeinde im Vollsinn zu sein. Darum meint auch Karl Lehmann: „Alle pastoralen Planungen dürfen nicht vergessen lassen, daß eine wirkliche Gemeindebildung ohne die stabile Präsenz eines Pfarrers als konkreter Bezugsperson faktisch und auf Dauer problematisch wird ... Nur wer dasselbe Leben teilt und am selben Ort wohnt, kann ein wirklich von den Menschen akzeptierter Seelsorger werden"[14].

In diesem Verständnis müßte also nicht nur jeder Zentralort, sondern auch jeder Schwerpunktort mindestens einen ordinierten Priester als Pfarrer haben. Alles andere ist ein ausgesprochener Notstand.

Wie weit vielleicht auch der eine oder andere Stützpunktort noch als Vollgemeinde zu gelten hätte, oder ob nicht manche unserer städtischen Großpfarreien noch geteilt oder wenigstens in Vollgemeinden substrukturiert werden müßten, was vielleicht noch aktueller ist, wird von der konkreten Situation und dem Zutreffen der

---
[13] „Die pastoralen Dienste in der Gemeinde" 2.5.3.
[14] K. Lehmann, Chancen und Grenzen der neuen Gemeindetheologie: Internationale Zeitschrift 6 (1977) 125.

genannten Bedingungen, vor allem von der Größe und der geographischen Lage abhängen.

Hier stellt sich freilich das Priesterproblem in seiner ganzen Schärfe. Wir haben schon jetzt zu wenig Priester für die Pfarreien, geschweige denn für die zu schaffenden Substrukturen unserer Großpfarreien. Das Vikariat Wien-Süd sieht im neuen Personalplan schon vor, daß jeder Priester zwei oder drei Pfarreien übernehmen muß, dann käme man in den nächsten Jahren durch. Im Bistum Trier werden bis 1985 die Priester unter 70 Jahren von jetzt 870 bei schon 972 Seelsorgsstellen auf 570 sinken; die alten Priester, die nur mehr eine Pfarrei übernehmen können, und die Priester mit Sonderaufgaben abgerechnet, werden den Pfarrverbänden mit sieben, acht und mehr Pfarreien nur mehr ein oder zwei Priester zur Verfügung stehen, die ohne wirklichen persönlichem Kontakt mit den Pfarreien nur noch zum Zweck der Sakramentenspendung umherreisen werden[15]. Ihre Verhältnisse kennen sie selbst: 1975 standen für 330 Pfarreien und 55 Kaplanstellen, also für 385 Stellen noch 322 Priester im Gemeindedienst, 1985 werden es 216 sein und 1995 etwa 152. Gewiß müssen wir uns, solange dieser Notstand besteht, mit laikalen oder diakonischen Bezugspersonen in den priesterlosen Gemeinden behelfen, und wir müssen diesen Christen dankbar sein, die sich haupt-, neben- oder ehrenamtlich dazu zur Verfügung stellen. Wir müssen aber auch in den Gemeinden das Bewußtsein erhalten, daß dies ein ehestens zu beseitigender Nostand ist, der, wenn er lange dauert und sich vielleicht noch verschärft zur Auflösung unserer Gemeinden und zum Zusammenbruch unserer Gemeinden führen wird. Eine Kärntner Untersuchung von Gemeinden, die seit dem Krieg durchgängig ohne Priester waren, stellte fest, daß das Niveau der Kirchlichkeit deutlich niedriger ist als in vergleichbaren besetzten Pfarreien. Es ist nicht nur die fehlende Eucharistie, die sich bemerkbar macht, sondern einfach die fehlende Präsenz des Pfarrers in der pastoralen Beratung und in der geistlichen Hilfeleistung, die zu schweren Auflösungs-, ja Zerfallserscheinungen führt[16]. Ich bin darum mit vielen Bischöfen, Bischofskonferenzen, Priestern und Laien der ganzen Welt überzeugt, daß wir auf Dauer in vielen Regionen der Welt ohne die Priesterweihe auch von in Zivilberuf und Ehe bewährten Männern nicht auskommen werden und daß in Zukunft für viele Kleinpfarreien und Sprengelgemeinden ein ehrenamtlicher und nicht vollakademisch ausgebildeter Priester als Leiter genügen würde[17]. Im übrigen sollten wir in Zukunft das Netz unserer Pfarreien und Gemeinden eher dichter und nicht noch weitmaschiger machen, da die pastoralen Anforderungen in einer immer säkularisierteren und auch weltanschaulich pluraleren Gesellschaft nicht geringer, sondern immer größer werden. Gemeinden aber brauchen geistliche Leiter, wenn sie nicht geistlich ausbluten sollen.

Doch auch wenn wir einmal Laien als Priesterersatz nicht mehr brauchen sollten, werden sie als Pastoral- und Gemeindeassistenten und -referenten dem Priester auch hauptberuflich auf Gemeindeebene und im übergemeindlichen Einsatz je nach Charisma und Ausbildung nicht wenige pastorale Aufgaben abnehmen und ihn so entscheidend entlasten: im Bereich der kirchlichen Grundfunktionen und auch in Spezialaufgaben, in denen sie auch ihre eigenen familiären Erfahrungen und die in einem eventuellen Zivilberuf erworbenen nützen können. Das geschieht schon und wird noch weit mehr geschehen müssen. Man sollte solchen Laien noch weit großzügiger die Predigterlaubnis geben, wie das die Schweizer Bischöfe kürzlich wieder urgiert haben, aber auch die Vollmacht zur feierlichen Taufe, zur Trauassistenz und zur

---

15 Mündliche Berichte; vgl. Imprimatur 10 (1977) 1, 3.

16 P. Zulehner, Der Priestermangel und seine Folgen: F. Klostermann (Hg.), Der Priestermangel und seine Konsequenzen (D 1977) 16 f.

17 Vgl. dazu die jüngsten Beiträge: R. Egenter, Erwägungen zum Pflichtzölibat der katholischen Priester: StdZ 102 (1977) 635—638; W. Kasper, Die schädlichen Nebenwirkungen des Priestermangels: StdZ 102 (1977) 129—135; H. J. Pottmeyer, Thesen zur theologischen Konzeption der pastoralen Dienste und ihrer Zuordnung: Th u Gl 66 (1976) 313—331; K. Rahner, Pastorale Dienste und Gemeindeleitung: StdZ 102 (1977) 733—743, die alle auf die theologische und pastorale Problematik laikaler und diakonaler Gemeindeleiter hinweisen, zu der die Nichtzulassung bewährter verheirateter Laien zum priesterlichen Dienst immer mehr zwingt.

Führung des kirchlichen Begräbnisses, was — letzteres — ja von Rom aus schon gestattet ist. Das würde ihre Einsatzmöglichkeit erweitern und wäre auch von der wünschenswerten Einheit der pastoralen Vollzüge her nur zu begrüßen[18].

Soviel zum Grundsätzlichen. Nun noch ein Wort zu einigen konkreten Problemen heute. Es kann sich dabei naturgemäß nur um einige Andeutungen handeln.

3. Einige konkrete Probleme

3.1. Das Theorie-Praxis-Problem

Die grundsätzlichen Überlegungen, die wir angestellt haben, sollten nicht nur ein ideologischer Überbau unserer Praxis sein, sondern diese Praxis von innen her bestimmen. Jeder Pfarrgemeinderat müßte sich immer wieder der konkreten Situation des betreffenden Zentral- oder Schwerpunktortes und seiner Stützpunktorte stellen und sie studieren. Denn daher leiten sich die Bedürfnisse und Fragen ab, auf die eine christliche Gemeinde Antwort geben sollte.

Jeder Pfarrgemeinderat müßte sich immer wieder fragen, ob seine Gemeinden noch echte Gemeinden Jesu Christi sind, ob sie offen sind für den Geist, der weht, wo er will, und der auch in Kleingruppen, in Minderheiten, in Außenstehenden, in Randgruppen zu uns sprechen kann; ob sie bereit sind, die Gaben des Geistes in der Gemeinde zu entdecken, zu wecken und einzusetzen oder ob sie sich abschließen, Getto werden und alles reglementieren und alle Propheten mit Mehrheitsbeschlüssen niederstimmen wollen; ob sie sich ihres Dienstcharakters bewußt sind, Kirche und Gemeinde der Einladung und des Angebotes sind und jeglichen ekklesialen Monophysitismus und Triumphalismus abgebaut haben, der die Kirche so unglaubwürdig macht; ob sie alle Grundfunktionen einer christlichen Gemeinde richtig wahrnehmen, ob eine diesen konkreten Gemeinden und den in ihnen vorhandenen Menschen und Gruppen entsprechende Verkündigung und Liturgie geschieht; ob alle in ihnen Heimat, Angenommenheit, Gemeinschaft und Geborgenheit finden können; auch die Einsamen, die Gastarbeiter und ihre Kinder, die in der Schule nicht mitkommen können, die ihre alte Heimat verloren und keine neue gefunden haben, die Benachteiligten der Gesellschaft, die Kranken, die Jungen, die zu Resozialisierenden, die Alten, die schon geleistet haben und nicht mehr leisten können; ob man die konkret der Hilfe Bedürftigen aufgespürt hat und ihnen die Hilfe gibt, die sie brauchen; und ob sie sich auch gegen das gesellschaftliche, soziale Leid und Elend engagieren, das wir so gerne übersehen — eine rein private und individualistische Mitleidsethik hat schon zur Zeit des Frühkapitalismus verheerende Folgen gezeigt, die bis heute nachwirken.

Schon von daher wird jede Gemeinde verschieden sein je nach den Bedürfnissen, aber auch nach den in der Gemeinde vorhandenen Gaben. Danach wird eine Gemeinde in besonderer Weise die Liturgie pflegen, eine andere, eine besonders qualifizierte Verkündigung haben. Und das alles wird in einem Bistum von besonderer Bedeutung sein, das schon von seiner Struktur her so verschieden ist wie Ihres und das darum fast alle Probleme der Großstadt wie des Dorfes von heute in sich birgt und damit fertig werden muß. Vielleicht gibt es noch irgendwo christentümliche Gesellschaftsidylle, in denen der Pfarrer noch Papst und Kaiser auf dem Dorf ist, in denen der kirchliche und profane Bereich noch eng miteinander verbunden, ja ineinander integriert sind und einander abstützen; aber meist werden Ihre Gemeinden eher eine auch weltanschaulich schon sehr plurale Gesellschaft abbilden, in der der christliche Sinnentwurf und das christliche Lebenswissen nur eines von vielen Angeboten ist, zwischen denen man frei wählen kann und muß; und mitunter wird es schon Situationen geben, in denen der soziale Druck schon mehr gegen als für einen christlichen Lebensentwurf wirksam wird, ja in denen man schon von einer Kontrasozialisation sprechen muß. Im einen Fall wird es vielleicht noch genügen, die schon von außen her eingeforderte Kirchlichkeit in der Gemeinde

---
[18] Zum Priesterproblem vgl. auch F. Klostermann, Müssen die Priester aussterben? (Linz 1976); ders., Wir brauchen Priester (Linz 1977).

zu läutern und zu verinnerlichen; in den anderen Fällen muß der christliche Lebensentwurf noch deutlicher als der auch heute noch im letzten sinnvolle, befreiende und beglückende anziehend und erfahrbar gemacht werden, und man muß in den Gemeinden Menschen begegnen können, denen man vertrauen kann, denen man es ansieht, daß der christliche Glaube ein überzeugendes menschliches Leben erleichtert, ja ermöglicht. Wenn man das in unseren Gemeinden nicht mehr erfahren kann, wird das stärkere System mit seinem nichtchristlichen Lebenswissen den Menschen aufsaugen.

Aber auch die persönliche Situation der einzelnen Gemeindemitglieder wird weithin Gestalt, Pastoral und Methoden der konkreten christlichen Gemeinde bestimmen müssen. Jugend und Alter, das individuelle Krisenpotential, die Ich-Stärke, die tradierten Einstellungen und Verhaltensmuster und der Grad ihrer Internalisierung, aber auch die persönliche Geschichte und Glaubensreife, das Maß der Zustimmung, der Identifizierung und des Engagements werden dabei keine geringe Rolle spielen. Je nach Fähigkeit, Lebenslage, Interesse, Idealvorstellung, aber auch nach dem Maß der Zustimmung und des sich Einlassens gibt es ja schon sehr verschiedene Grade und Arten von Zugehörigkeit zu Kirche und Gemeinde. Die einen werden konkrete Verantwortungen in der Gemeinde übernehmen, andere sich einfach aktiv beteiligen, andere werden sich betreuen lassen, an Zusammenkünften teilnehmen, sich mit dem Schrifttum beschäftigen oder nur mehr oder weniger sympathisieren. Die Kirche wird sogar ein waches Gespür auch für die haben müssen, die sich nur mehr partiell mit ihr zu identifizieren vermögen und nur an ihrem institutionellen Rand siedeln. Sie wird die Ursachen dafür auch bei sich selbst suchen und sie wird überdies einen möglichst großen Freiheitsraum auch für Minderheiten, einen legitimen Pluralismus hinsichtlich Theologie, Spiritualität und Gruppenbildung gewähren.

Gewiß muß es auch in der Kirche wie in jeder Gemeinschaft gewisse Spielregeln geben, die erst ein gemeinsames Leben ermöglichen; aber soweit sie nicht die Substanz betreffen, sollten sie möglichst mobil gehandhabt werden, jedenfalls nicht Selbstzweck werden. Müßte nicht eine Gemeinde Christi mehr Freiheit ermöglichen als andere Systeme und nicht weniger? Und sollten wir uns nicht vor allem bewußt sein, daß sich auch die tatsächliche Christusnähe, der tatsächliche Glaube und vor allem der konkrete Weg zu ihm nicht durch Grenzen feststellen läßt, die letztlich wir Menschen ziehen. Hier gründen auch meine Bedenken gegenüber allzu integrierten Gemeinden.

So wird es auch eine Fülle von verschiedenen Gemeindemodellen geben, und innerhalb der einzelnen Modelle sollte wieder ein möglichst großer Spielraum für Gruppierungen verschiedenster Art sein, soweit ihn das jeweilige Modell zuläßt. Die einzelnen Modelle aber sollten sich wie die verschiedenen Orden in der einen Kirche tolerieren und respektieren und sich nicht als die je einzige oder auch nur bessere Form christlicher Existenz verstehen. Das Ziel muß dasselbe sein, die gemeindlichen Wege zu diesem Ziel wie auch die individuellen Wege der je einzelnen in den Gemeinden können und müssen wohl verschieden sein, soweit sie nur das Ziel nicht vergessen oder verraten, zu dem sie führen sollen. Dabei werden die verschiedenen Modelle Menschen mit je verschiedenen Voraussetzungen, Erwartungen und Interessen in der Führung und unter den Mitgliedern anziehen, und sie haben alle ihre je eigenen Chancen, aber auch ihre Versuchungen und Gefahren. Je klarer man letztere sieht und je weniger sich die einzelnen Modelle einigen, je mehr sie in Kommunikation mit anderen Modellen bleiben und auch für deren Kritik offen bleiben, desto leichter werden jene Gefahren vermieden werden können.

So wird es mit Recht hochintegrative, fast ordensähnliche Gemeindemodelle geben können, aber auch solche mit sehr unterschiedlicher und gestufter Integration, die freilich dann einen intensiven Kern brauchen, um das Ziel nicht aus dem Auge zu verlieren und nicht am Ende von den Randschichten und Sympathisanten bestimmt zu werden. Die ersteren werden sich nur für Personalgemeinden eignen, kaum aber für geschichtlich gewachsene und aus einer christenheitlichen, volkskirchlichen Situation stammende Territorialgemeinden. Gemeindemodelle, die sich von vornherein damit begnügen, *nur* Tankstelle, *nur* Servicestation zur Befriedigung gewisser religiöser Bedürfnisse zu sein oder nur zur christlichen Verbrämung zu dienen, stellen wohl keine christliche Alternative mehr dar.

3.2. Die Bedeutung der Basisgruppen und -gemeinden

3.2.1. Der Mensch von heute hat die Gruppe wieder entdeckt, die kleine Gemeinschaft, den Intimraum. Beobachten wir nur die soziologische und psychologische Literatur zum Thema „Gruppe", Gruppendynamik und Gruppentherapie. Man erforscht die in der Gruppe waltenden Gesetze; die Gruppe soll in Ehe- und Erziehungs-, Aggressions- und Autoritätsproblemen helfen und Konflikte lösen. Man gründet Selbsterfahrungsgruppen, Gruppen für Obdachlose, Gefährdete und Süchtige. Ein Psychologe sagt: „Aufgaben und Anerkennung fließen uns unmittelbar aus uneren Gruppen zu. Wer in keiner Gruppe Anerkennung, Zuneigung, Lob findet, beginnt an seinem Selbstwert zu zweifeln mit eventuellen schweren und dauernden psychologischen Schäden[19]."

So ist es nicht verwunderlich, wenn wir diesem Phänomen auch in der Kirche begegnen. Basisgruppen und -gemeinden gehören zweifellos zu den interessantesten Erscheinungen der jüngsten Kirchengeschichte und zu den größten Hoffnungen der Dritten Welt, vor allem Afrikas und Lateinamerikas, also jener Kirchen, in denen nach Meinung des Missiologen Bühlmann überhaupt die Kirche von morgen eingeübt wird. Ich habe im vorvergangenen Sommer selbst eine pastorale Studienreise durch Südamerika gemacht und das Erlebnis dieser Kleingemeinden gehörte zu den tiefsten Erlebnissen dieser Reise[20].

[19] F. H. Tenbruck: A. Bellebaum (Hg.), Soziologische Grundbegriffe (St ³1973) 42.
[20] Vgl. N. Greinacher — F. Klostermann, Freie Kirche in freier Gesellschaft. Südamerika — eine Herausforderung der Kirchen Europas (Ei 1977).

Auch wir brauchen die kleine Gemeinde und die Gruppe immer mehr zur Verlebendigung unserer Pfarreien. Auch unser Christentum kann letztlich nur in kleinen, überschaubaren Gruppen und Gemeinden vermittelt, sozialisiert, internalisiert und gelebt werden, von der Familie angefangen. Schon das Kind muß, wenn es sich richtig entwickeln soll, in eine soziale Gruppe und ihre Wert-, Symbol- und Normenwelt, in ihre Verhaltensweisen und -muster, in ein bestimmtes Identifikations- und Bezugssystem eingegliedert und eingewöhnt werden und nur so kann es selbst wieder zum Weitervermittler von Werten, Gütern, Symbolen, Maßstäben, von Tradition und Kultur werden. Der Lernprozeß des Menschen setzt also mit Antworten ein, die seinen Fragen vorausgehen. Gewiß muß dann der Mensch mit dem Maß seines Erwachsenseins die überkommenen Antworten, Wertwelten und -systeme kritisch hinterfragen und so neu sich wieder aneignen; dennoch kann selbst der Erwachsene auf pathisches Lernen, auf feste Gewohnheiten, Bräuche und Formen nicht völlig verzichten. Auch er kann nicht ohne Unterbrechung reflektieren. Auch er kann nicht immer vom Anfang wieder beginnen.

„Die Gruppen, denen einer angehört, bestimmen wesentlich seine Verhaltensnormen und Wertvorstellungen; sie vermitteln Gefühle des Anerkannt- und Angenommenseins, der Sicherheit und des Selbstvertrauens", also Werte, die der Mensch von heute so schätzt und auch braucht wie Geborgenheit, Vertrauen, Güte, Kameradschaft; aber auch Werte, die ihm heute im Streß, im Leistungs- und Karrieredenken vielleicht schon verlorengegangen sind wie Stille, Besinnung, Menschenwürde, Gerechtigkeit, Treue, Zärtlichkeit, „das Leben für", nämlich für die anderen, Verzicht, Geduld, das Ertragen dessen, was man nicht ändern kann; oder Werte, die pervertiert wurden wie Liebe, Hingabe, Sexualität, Freiheit; sexuelle Hemmungslosigkeit und „antiautoritäre Erziehung" haben nicht nur zu Brutalität und Chaos geführt, sondern den Menschen mehr und schlimmere Neurosen eingebracht, als die waren, von denen sie befreien wollten. Hier in der kleinen

Gemeinde lernt der Mensch sich in den vielfältigen Situationen richtig zu verhalten und auch den Glauben in schwierigen Lagen durchzuhalten; hier können auch die Inhalte des Glaubens und glaubensgemäße Verhaltensweisen ausgetauscht, besser verstanden und gefestigt werden[21].

Hier können auch die für einen Christen und die christliche Gemeinde gerade heute notwendigen Tugenden eingeübt werden: Hingabe-, Dialog- und Lernbereitschaft, Partnerschafts- und Teamfähigkeit, Kontaktfreudigkeit und kritischer Gehorsam, aber auch Kreativität, Spontaneität, Phantasie, Mut zum Risiko, Wahrhaftigkeit, Nützen der Freiheitsräume, Abbau von Angst und Apathie von Ideologisierungen und Tabuierungen. Hier können auch noch unmittelbare religiöse Erfahrungen gemacht und übernommen werden; hier ist noch ein echter Austausch des Glaubens, Hoffens Liebens möglich; hier können sich noch eine die konkrete Situation treffende Verkündigung, eine konkrete situationsgerechte Liturgie und persönliche Zuwendung, eine wirklich helfende karitative und soziale Diakonie ereignen, hier wird christliche Brüderlichkeit wieder lebbar und erfahrbar.

Dazu kommt, daß aktive Mitarbeit möglichst vieler überhaupt erst in der kleinen überschaubaren Gruppe und Gemeinde erreichbar ist. Viele kirchliche Aktivitäten kommen gar nicht zustande, weil die Pfarreien zu groß sind; denn je größer die Gemeinde ist, desto mehr lassen der Gruppendruck und die Gruppenkontrolle nach, die wir auch oft brauchen, desto weniger durchgängige Kooperation unter den einzelnen Gliedern, desto weniger Kooperation und Einsatz kommen zustande, desto weniger fühlen sich mitverantwortlich; dafür wächst die Hierarchisierung, die Normierung, die Organisation und die Bürokratisierung. Zudem ist die Großpfarrei als solche kaum handlungsfähig, sie kann nur durch einzelne und Kleingruppen handeln.

3.2.2. Zweifellos gibt es im Zusammenhang mit dem Gruppenwesen auch Gefahren, die gesehen und vermieden werden müssen.

Im besonderen neigen Kleingruppen mitunter zu Abgeschlossenheit, Gettogeist, Introvertiertheit, Isolierung, Sektiererei, Uniformität, Intoleranz, Rigorismus und Elitarismus. Das gilt für den profanen wie für den kirchlichen Bereich. Man flüchtet sich in die „Gruppenkirche" wie in eine heile, ideale Welt und sieht den außerkirchlichen gesellschaftlichen Bereich überhaupt nicht mehr; die gesellschaftliche Diakonie, die Verantwortung für Beruf, Gesellschaft und Welt kommt zu kurz und am Ende sieht man an den wirklichen Fragen und Problemen der Menschen von heute vorbei und verliert jeden missionarischen Elan.

Damit ist aber auch die Gefahr gegeben, daß ganze Gruppen von Menschen als passiv, lau, unentschieden, unengagiert, distanziert, als mehr oder minder schon emigriert, als bloße Mitläufer, als Christen zweiter und dritter Güte, als Gelegenheitschristen, Randsiedler, Konsumenten und bloß zahlende Mitglieder disqualifiziert, hinausgeekelt und abgeschrieben oder dauernd überfordert werden. Man gerät in Gefahr zu vergessen, daß der Mensch völlig legitim in verschiedenen Lebenskreisen und Bezugssystemen lebt und daß ihn auch Schule, Liebe, Familie, Beruf und die eigenen Hobbys, die er zu seiner Entfaltung braucht, anfordern; und man gerät in die noch schlimmere Gefahr, den Grad des Glaubens ausschließlich nach äußeren, sichtbaren, statistisch erfaßbaren Kriterien bestimmen und daraus ablesen zu wollen. Man vergißt überdies dann zu leicht, daß die Kirche nie eine Kirche der „Reinen" sein wird, sondern eine Kirche der Sünder bleiben wird und daß es nach dem Beispiel Jesu Sache der Christen und ihrer Gemeinden wäre, sich gerade dieser Sünder anzunehmen. Freilich eine Kirche der Ungläubigen sollte die Gemeinde Jesu nicht werden, aber sie sollte auch nicht aufhören zu beten: „Herr ich glaube, hilf meinem Unglauben" (Mk 9,23).

Schließlich darf nicht vergessen werden, daß die christliche Gemeinde nicht autonom und autark ist; sie baut sich nicht nur von unten auf, sie ist den einzelnen Christen und Gemeinden auch

---

21 W. Rück, Gemeindeaufbau durch Gruppen: LS 27 (1976) 318—324.

vorgegeben, wie schon betont wurde. Es ist darum von größter Bedeutung, daß sich die vielfältigen Basisgruppen und -gemeinden, auch wenn, ja gerade wenn sie Vollgemeinden sind, nicht isolieren, sondern untereinander in dauernder horizontaler Kommunikation und im Austausch des Glaubens bleiben, aber auch in vertikaler Kommunikation mit der je größeren Kirche des Dekanates, des Bezirks, der Diözese, der Kirche des Landes und der Gesamtkirche und die eigenen Erfahrungen in diese je größere Kirche einbringen, aber auch selbst andere Erfahrungen aufnehmen und aus dem Reichtum anderer empfangen. Im dem Maß als diese Kommunikation gestört ist, gleichgültig, aus wessen Schuld, wird die Gemeinde krank, wird sie zur Sekte und leidet darunter auch die je größere Kirche.

3.2.3. Die verschiedenen Kleingruppen und -gemeinden stellen zweifellos eine bedeutsame Möglichkeit zur Verlebendigung unserer Pfarreien dar, unter Umständen aber auch eine wertvolle Ergänzung des bisher in der Kirche dominierenden Territorialprinzips. Sie sind in einer Zeit besonders bedeutsam, in der der Wohnort nicht mehr den fast einzigen sozialen Bezugspunkt bildet und Wohn-, Arbeits- und Freizeitplatz nicht mehr zusammenfallen wie in der statisch-agrarisch-vorindustriellen Gesellschaft, und sie ermöglichen überdies eine schichtenspezifische Pastoral. Die Diözesen und Territorialpfarreien sollten darum solche Bildungen fördern und nicht mit Mißtrauen betrachten. Sie werden ohnedies immer begrenzt sein, könnten aber auch Zukunftsmodelle entwickeln und einüben und Erfahrungen sammeln, wie das die üblichen Territorialpfarreien gar nicht können, die aber doch für alle nützlich sein könnten, vorausgesetzt, daß sie nicht sich selbst absolut setzen und isolieren und in Kommunikation untereinander und mit der je größeren Kirche bleiben.

Die Erneuerung der Kirche ist auch in der Vergangenheit meist von kleinen religiösen Gruppen und Gemeinschaften in einer radikalen Nachfolge Jesu ausgegangen, ob es sich um die „minderen" Brüder des Franz von Assisi oder um die „kleinen" Brüder und Schwestern des Charles de Foucauld handelte.

3.3. Die pastorale Bedeutung des Pfarreienverbandes und seiner Zentralorte

3.3.1. Der Funktionswandel und teilweise Funktionsverlust, den die traditionelle Pfarrei im Zuge der gesellschaftlichen Wandlungen unserer Zeit erlitten hat, bewirkt, daß sie manche ihrer bisherigen Funktionen nach unten, also an kleinere Gruppen und Gemeinden, delegieren muß; um so mehr je größer die pfarrliche Basiseinheit ist oder wird. Manches haben wir eben erwähnt. Oder denken wir an die zunehmende Bedeutung der pastoralen Beratung, was natürlich wieder kleinere Räume, personale Beziehungen und Kontakte, Hausbesuche und das Kennen der einzelnen voraussetzt. Das aber fordert wieder den Pfarrer bzw. Priester oder wenigstens den Pastoralreferenten am Ort.

Andere Funktionen wird die übliche Pfarrei an höhere kirchliche, zwischenpfarrliche, diözesane, unter Umständen selbst nationale Ebenen abgeben, weil dort ausgebildete Spezialisten zur Verfügung stehen, wie etwa für Erziehungs- und Partnerschaftsberatung, für Jugend- und Sozialarbeit, aber auch für die Pastoral an manchen Zielgruppen, denen in den kleinen Pfarreien schon wegen ihrer geringen Zahl kaum spezifische Angebote gemacht werden können, die aber doch von größter gesellschaftlicher Bedeutung sind wie Lehrer, Ärzte, Künstler, überhaupt Intellektuelle und Akademiker. Zudem können manche Bereiche wie etwa Arbeit, Beruf, Schule, Bildungswesen, Freizeit, Kultur und Politik, von der Pfarrei gar nicht mehr erreicht werden; selbst Geburt, Hochzeit und Tod ereignen sich vielfach schon außerhalb der Pfarrei, wie ja auch Krankenhaus und Friedhof meist gar nicht mehr im Bereich der Pfarrei liegen.

Wieder andere Funktionen, die die Pfarrei vielleicht überhaupt nur subsidiär übernommen hatte, wird sie an zivile gesellschaftliche Organismen abtreten, die vielleicht dafür mehr Mittel und Fachkräfte zur Verfügung haben; so wird sie sich nicht unter allen Umständen um eine Konkurrenz zu städtischen Reisebüros, Sportvereinen und Volkshochschulen bemühen, sondern sich vielleicht eher solcher Einrichtungen bedienen und daran mitarbeiten.

Damit aber bekommen der Pfarreienverband und seine Zentralorte eine echte und bedeutsame pastorale Funktion und sie dürfen keineswegs nur als Verwaltungszentren verstanden werden. Natürlich hat und behält der Zentralort auch seine Funktionen für die lokale Pfarrei und Gemeinde; hier aber geht es uns um jene pastoralen Funktionen, die dem Pfarreienverband und seinen Zentralorten gerade als solchen zukommt, die er freilich nur erfüllen kann, wenn die einzelnen Pfarreien und Gemeinden erst eine bei uns bisher nicht mehr geübte und beliebte Tugend lernen und üben, nämlich Kooperation, wenn also Priester und Laien, Pfarrer und Pfarrgemeinderäte ihre Kirchturmspolitik aufgeben, ihre Erfahrungen austauschen und zusammenarbeiten, wo immer das notwendig oder auch nur nützlich ist. Nur unter dieser Voraussetzung kann der Pfarreienverband seine wichtigen pastoralen Funktionen erfüllen. Ich möchte nur noch auf einiges hinweisen.

3.3.2. Der Pfarreienverband mit seinen Zentralorten oder auch eine städtische Großpfarrei ist am ehesten der Ort, an dem man auch die Elemente der alten Volkskirche, die wir noch haben und solange wir sie haben, am besten nützen kann und an dem sich eine neue „Volkgotteskirche" aufbauen kann.

Es ist hier nicht der Ort für eine Auseinandersetzung über Volks- und Gemeindekirche. Aber wenn man unter Volkskirche eine Kirche versteht, in der Staatsvolk und Kirchenvolk praktisch identisch sind, die von Staat und Gesellschaft gestützt und privilegiert ist, in die man hineingeboren wurde und aus der man kaum mehr heraus konnte, schon weil der soziale Druck zu stark war, dann wird man nicht leugnen können, daß heute eher gegenläufige Tendenzen am Werk sind, wie wir schon bemerkt haben, und daß darum Kirche notwendigerweise, wie es ja sein soll, wieder mehr zu einer Gemeinschaft von Glaubenden, von freiwillig sich für den Glauben Entscheidenden werden muß. Das aber hebt nicht auf, daß der Christ auch heute nicht im luftleeren Raum lebt, daß der Mensch auch heute ein höchst soziales Wesen bleibt, daß es darum völlig „einsame" Entscheidungen gar nicht gibt, weil diese alle schon sozial mitbedingt und von bestimmten Milieus getragen sind. Hier bekommt gerade der Pfarreienverband mit seinen Zentralorten neue Aufgaben. Der Mensch braucht gerade im heutigen sozialen Gegendruck neben der Erfahrung der Kleingruppe auch das Erlebnis der großen Gemeinschaft, des ganzen Volkes Gottes, das aus all den verschiedenen Gruppen und Gemeinden zusammenwächst, aus Jungen und Alten, Frauen und Männern, aus Bauern, Arbeitern und Intellektuellen, aus allen Schichten und Stämmen und Völkern gleichsam. Das ist ja auch der Sinn größerer Veranstaltungen, Kongresse, Katholikentage und Feste, wie Sie eines hier begehen. Aber auch die Feste, ja jeder Sonntagsgottesdienst am Zentralort und in der Großpfarrei müßten solche Erlebnisse vermitteln. Und die Künstler, Musiker, Sänger, Dichter, Dekorateure unserer Gemeinden, das sind nämlich auch Charismen, müßten alles daran setzen, um solche Feste und Erlebnisse zu ermöglichen. Die mittelalterliche und auch die gegenreformatorische Volkskirche ist wohl unwiederbringlich vorbei. Die Volkgotteskirche aber darf nicht vorbei sein, und wo sie noch nicht da ist, müßten wir sie mitherbeiführen.

3.3.3. Der Pfarreienverband und seine Zentralorte werden weiterhin die bevorzugten Orte der pastoralen Sorge für viele bleiben müssen, die in kleineren Gruppen und Gemeinden nicht mitarbeiten können oder, aus welchen Gründen immer, nicht mitarbeiten wollen, vielleicht weil sie auf Grund ihrer Glaubensentwicklung dort schlechthin überfordert wären, vielleicht aber auch nur, weil sie ihr persönlicher Lebensplan, ihre familiären oder beruflichen Möglichkeiten an einem stärkeren Engagement hindern; für all die, die nicht mehr zur regelmäßigen Versammlungsgemeinde gehören wollen, die man wirklich nur mehr bei der Trauung, der Taufe und Erstkommunion ihrer Kinder und beim Begräbnis ihrer Lieben erreicht, also Menschen, die der Kirche fernstehen, vielleicht auch nur, weil die Kirche ihnen fernsteht (eine Pastoral zu den Lebenswenden ist hier von Bedeutung); schließlich für all die, die als Touristen, als Städter im Urlaub nur gastweise eine Art ad hoc-Gemeinde etwa beim Gottesdienst bilden.

All diese Menschen sind Glieder der Kirche und ihnen allen kann vielleicht nur mehr der Zentralort noch Möglichkeiten bieten, Kirche zu sein, Kirche zu leben und zu erleben. Man muß sie aber dort abzuholen sich bemühen, wo sie sind, freilich nicht, um sich damit abzufinden und bloße Fakten zur Norm zu machen, sondern um auch solche Christen zu dem zu führen, was man mit Recht von ihnen erwarten kann. Man wird das Ziel nicht aus dem Auge verlieren, aber auch nicht vergessen, daß man es meist auf vielerlei Wegen und nur in Stufen und in dieser Welt vielleicht nie ganz erreichen kann.

All diesen Menschen wird man überzeugende, spezialisierte, aber auch nach Notwendigkeit plurale Angebote machen, weil nicht alles für alle paßt. Nirgends braucht man so viel Mobilität, Fantasie, Einsatz- und Experimentierfreudigkeit als in der Pfarrei von heute. Auch „Service" und „Versorgung" müssen nicht immer einen negativen Klang haben; sie können Menschen helfen, auch religiös wieder Fuß zu fassen, wie Felix Schlösser einmal mit Recht betont hat.

Vielleicht sind in diesem Zusammenhang auch die Erfahrungen eines Praktikers interessant. Pfarrer Bernhard Honsel schrieb zur Auseinandersetzung Volkskirche — Gemeindekirche: „Ich habe als Pfarrer sehr oft erlebt, daß Menschen, die lange Jahre distanziert waren, sich neu öffnen und heute qualifizierte und engagierte Mitarbeiter sind. Wenn diese alle in der Zeit der Distanz als nicht dazu gehörig abgetan worden wären, wäre für viele der Schritt zum Wiedereintritt sehr viel schwieriger geworden. Ich glaube nicht, daß die Kirche die kleine Herde wird. Die Frage nach Gott ist so tief im Menschen verwurzelt und die Sehnsucht nach erlebbarer Gemeinschaft ist so stark, daß trotz allen Versagens der konkreten Gemeinde viele Menschen weiterhin mitgehen, hoffend, daß eines Tages, wenn es für sie darauf ankommt, die Gemeinde doch für sie da ist." Und er entwirft dann als eigenes Zielbild „eine große offene Gemeinde, in der viele überschaubare, sehr unterschiedliche Gruppen für sich und miteinander arbeiten. Diese Gruppen würden sich dann als Kirche im vollen Sinn erfahren können. In dieser Gemeinde wäre Raum für Engagierte und Distanzierte jeglichen Grades[22]".

3.3.4. Der Pfarreienverband wird in besonderer Weise die Sorge für die karitative, soziale und gesellschaftlich-politische Diakonie wahrnehmen müssen; er wird sich der jeweiligen Opfer der Zeit innerhalb seiner Grenzen annehmen müssen, gerade weil dies in den kleineren Gemeinschaften nur zu leicht übersehen wird.

Damit sind die politische Dimension der Kirche und ihre gesellschaftliche, öffentliche Aufgabe angesprochen. Die Kirche und darum auch die konkrete Pfarrei dürfen sich nie auf die Sakristei, das heißt: auf den sakramentalen kirchlichen Binnenraum einschränken lassen, soweit das von ihnen abhängt. Das verbietet schon ihr Verkündigungsauftrag.

Hier hat nun die größere Basiseinheit nicht geringe Möglichkeiten. Sie wird auch an gesellschaftlicher Bedeutung gewinnen und Dinge erreichen und beeinflussen können, für die eine Kleinpfarrei einfach zu klein ist. Die Tatsächlichkeit des Einflusses wird freilich sehr von ihren Repräsentanten abhängen. So wird der Großpfarrer oder Pfarreienverbandsvorsitzende Kontakt mit den Behörden, mit im Bezirk einflußreichen Leuten, mit den Kinobesitzern und Gastwirten, mit den Kaufleuten und Leitern der Tourismuszentren pflegen müssen. So wird man das Milieu des ganzen Bezirkes beeinflussen können, was wieder den Sprengelgemeinden und Kleinpfarreien zugute kommen wird.

Dabei wird freilich der öffentliche Auftrag nicht von der Sendung an alle Menschen getrennt werden dürfen. Schon deshalb kann sich *auch,* ja *gerade* die konkrete Kirche nicht mit gesell-

---
22 Diakonia 6 (1975) 196—198.

schaftlichen Interessenverbänden oder mit politischen Parteien identifizieren; sie kann auch nicht deren Vorfeldorganisation sein und muß auch jeden Schein vermeiden, es zu sein. Diese parteipolitische Neutralität darf freilich nicht ihre Verkündigung verkürzen, sie ermöglicht vielmehr erst eine glaubwürdige, unverkürzte Verkündigung, die freilich auch die Botschaft Jesu nicht für Dinge beanspruchen darf, die von ihr nicht hinreichend abgedeckt sind. Nur unter dieser Voraussetzung wird der Pfarreienverband auch in der Lage sein, die in den verschiedenen kirchlichen Gruppen und Gemeinden, aber auch in den verschiedenen Interessenverbänden und politischen Parteien getrennten Christen und Katholiken zu verbinden, unter Umständen auch zu versöhnen und um die notwendige Einheit unter ihnen sich zu bemühen.

3.3.5. All das muß der Pfarreienverband bei der Erstellung seines spezifischen Pastoralkonzeptes und Pastoralplanes auch für seine Substrukturen bedenken. Er wird für die Entdeckung, Pflege, für den optimalen Einsatz der in den Pfarreien des Verbandes vorhandenen Charismen, für die Koordinierung des kirchlichen und gemeindlichen Lebens innerhalb seiner Grenzen, für die Kommunikation nach unten und oben und für die notwendige Einheit und Kontinuität Sorge tragen. Er muß dafür sorgen, daß weiterhin missionarische und dynamische Impulse von ihm ausgehen und daß der Geist in seinem Bereich nicht ausgelöscht wird.

3.3.6. Schließlich braucht der Pfarreienverband für seine schwierigen und vielfältigen Aufgaben die Hilfe der übergeordneten Ebenen, des Bezirkes und vor allem des Bistums und seiner Pastoralkammer, die aber selbst wieder nur in engstem Kontakt mit den Pfarreien wirksam werden kann. Der Pfarreienverband muß ja sein eigenes Pastoralkonzept in das größere Konzept des Bezirkes und des Bistums einbauen. Vor allem aber kann die Personalfrage angesichts der personellen und finanziellen Engpässe nur in Zusammenarbeit und im größeren Rahmen des Bistums, ja der Gesamtkirche eines Landes optimal gelöst werden.

3.4. Das Problem der Polarisierung

Wir haben das Problem schon eingangs erwähnt. Nun gab es gewiß Christen und christliche Gruppen mit verschiedenen theologischen, spirituellen und pastoralen Vorstellungen immer schon in der Kirche. Man denke nur an den schweren theologischen und pastoralen Konflikt zwischen Paulus und Petrus, in dem Paulus dem Petrus Heuchelei und evangeliumswidriges Verhalten vorwarf und ihn öffentlich zur Rede stellte. Den ganzen Konflikt machte Paulus überdies noch in einem öffentlichen Gemeindebrief publik, wie man im Galaterbrief heute noch nachlesen kann. Oder man denke an die Parteiungen in der korinthischen Gemeinde.

So sollte es uns nicht zu sehr stören, wenn wir solchen Dingen auch in unseren Gemeinden begegnen. Das eigentlich Üble bei all dem ist nur die zunehmende Polarisierung, die Gruppenideologie, Gettomentalität, Dialogverweigerung und Intoleranz, die Nichtbereitschaft, voneinander zu lernen, und mitunter ein immer fanatischeres sich Festklammern an äußeren Formen und Formeln. Wir müssen auch in der Kirche lernen, mit Konflikten zu leben, und es ist zweifellos besser, Konflikte offen und ehrlich auszutragen als zu verdrängen und nicht vorhandene Konsense zu mimen. Als Christen sollten wir uns freilich um Konfliktlösungen bemühen und uns dabei wohl der Ergebnisse der modernen Konflikttheorie, der Konfliktpsychologie und -soziologie bedienen, aber auch der Motivation, die uns das Evangelium anbietet.

Man wird dann Konflikte rational zu lösen versuchen; man wird den Konfliktpartner nicht verteufeln; man wird Konflikte einzugrenzen und nicht zu eskalieren trachten; man wird Zeit zu gewinnen suchen und nicht alles über Nacht lösen wollen; man wird sich der Grenzen seiner eigenen Wahrheitserkenntnis bewußt sein und vorsichtig sein im Ausspielen letzter Werte und Wahrheiten; man wird Informationen austauschen, Mißverständnisse ausräumen, die andere Position zu verstehen und die eigene zu hinterfragen versuchen, vom anderen zu lernen bereit sein und dem Partner zum mindesten guten

Willen zubilligen, solange nicht das Gegenteil erwiesen ist; man wird im Rahmen des Möglichen flexibel und zum Wandel bereit sein; man wird indirekte Lösungen direkten (durch Gewalt und Unterwerfung) vorziehen; man wird mehrere Wege zur Konfliktaustragung und -bewältigung anwenden und sich nicht nur auf einen verlassen; man wird durch Einschalten Dritter den üblichen Zweierkonflikt zu einer Dreierstruktur aufbrechen und so mehrdimensional machen[23].

Das alles setzt freilich ein Klima der Menschlichkeit, der Freundschaft und Brüderlichkeit, der Offenheit und Mitverantwortung voraus; umfassende Information, allseitige Kommunikationsbereitschaft und Loyalität, Dialog- und Kooperationswilligkeit, Geduld; freilich auch Innovationsfähigkeit, Mut und Zivilcourage; Phantasie, Spontaneität und Kreativität; Reflexion, Rationalität, kritischen Sinn, Erziehung zu kritischem Gehorsam und zu demokratischer Gesinnung, politische Bildung, Immunisierung gegen Manipulation und Propaganda, Kenntnis der rein triebhaften Reaktionen und anderer psychischer Mechanismen, Automatismen und Verbarrikadierungen; Beherrschung der Aggressivität und des Adaptionszwanges, Beweglichkeit, Kontakt- und Anpassungsfähigkeit; Abbau von Angst und Apathie, von Ideologisierungen und Tabuierungen, von Intoleranz und Verteufelung; Einheit in der Vielfalt statt Uniformismus und Wahrung des legitimen Freiheitsraumes.

Nehmen wir als Beispiel die Spannung zwischen Traditionalisten und Progressisten. — Ich zitiere den evangelischen Theologen Jossutis: „Es gibt eine Angst vor dem Neuen, Innovationsphobie, die Angst davor, sich in Frage zu stellen und sich wandeln zu lassen. Theologisch könnte man sagen: Angst umkehren zu müssen, Angst vor der Buße, die immer auch ein Lernen ist. Diese Angst ist auch im kirchlichen Raum da. Wenn jemand mit den Ergebnissen historischer Kritik konfrontiert wird, so ist es verständlich, daß er darauf mit Aggression reagiert, da ein langwierig aufgebautes Sinnsystem attackiert wird. Es ist nicht die Bösartigkeit konservativer Gläubiger, daß sie halsstarrig zur Kirche halten, wie sie sie eben verstehen, es ist eher der Versuch, im ständig bedrohenden Chaos die Existenz aufrecht zu erhalten. Vom Verkünder her muß es freilich ständig Versuche geben, in der Gemeinde Prozesse der Meinungsänderung einzuleiten. Diese gehören aber zu den heikelsten im Bereich menschlicher Kommunikation. Viele Theologen gefallen sich außerdem in provokatorisch-prophetischem Gehabe, ohne nach den Möglichkeiten der Aufnahme ihrer Meinungen zu fragen. Eine wirksame Veränderung auch der Sinnstruktur geschieht aber nur auf der Basis einer personalen Beziehung durch einen geduldigen Gruppenprozeß, durch den das Angebot eines neuen Sinnsystems, das das alte ablösen soll, glaub- und lebbar wird[24]." Im übrigen verweise ich sie nur auf den hilfreichen Konflikt-Hirtenbrief ihres Bischofs zur Bußzeit 1972.

3.5. Das Ziel christlicher Erziehung heute

Das Ziel aller christlichen Erziehung kann in der heutigen geistigen Situation nicht mehr der nur hörende, blindgehorchende, unkritische, problemlose, sogenannte „einfache" schlichte Christ sein, sondern nur der reife, mündige, denkende, auch kritisch denkende, freilich gläubige Christ.

Zweifellos gibt es eine „Einfachheit", eine Schlichtheit, die jedem echten Glauben genuin ist und dem Glauben des Gebildeten ebenso eigen sein muß wie dem des ungebildeten, „einfachen" Menschen, soweit es den überhaupt noch gibt. Glaube ist die freie Antwort des Menschen, die letztlich vertrauende Hingabe an das undurchdringliche Geheimnis, von dem wir umgeben sind, auf das wir verwiesen sind in jedem Akt des Erkennens, der Liebe und des Glücks und das wir Gott nennen. Diese Einfachheit hat mit Naivität und Infantilismus nichts zu tun, sondern eher mit höchster Reife. Neben dieser notwendigen Schlichtheit unseres Glaubens gibt es aber eine zu überwindende Einfachheit, die mit der Unentwickeltheit und

---

23 Vgl. W. L. Bühl: W. L. Bühl (Hg.), Konflikt und Konfliktstrategie (Mn 1972) 48—55.

24 Entschluß (1976) 158.

Unreife der Menschheit und des einzelnen Menschen zusammenhängt und die mit deren Fortschreiten und Reifen weichen muß, wenn es nicht zu ernsten Glaubenskrisen, ja zum Zusammenbruch dieses infantilen, naiven Glaubens kommen soll. Selbst Jesus nahm nach Lukas „zu an Alter, Weisheit und Gnade vor Gott und den Menschen" (2,52). So muß auch der Glaube des Menschen mit der menschheitlichen und menschlichen Reifung und Erfahrung, mit dem sich ständig wandelnden Weltbild wachsen und reifen, bis „wir nicht mehr unmündige Kinder sind, die sich von jedem Wind der Lehre, durch das Trugspiel der Menschen, durch Verführungskünste des Irrtums hin- und herschaukeln und treiben lassen", bis wir „alle zur Einheit des Glaubens und der Erkenntnis des Sohnes Gottes, zum vollkommenen Mann, zum Ausmaß der Fülle Christi gelangen" (Eph 4,14.13).

Ungereifter Glaube mochte in einer Zeit genügen, in der er vom ganz ihn umgebenden Milieu getragen, gestützt und behütet wurde. Hier konnte er vielleicht unangefochten überleben. Heute vermag solch einfältiger Glaube nicht mehr zu existieren; es wird ihm die Luft zu dünn. Darum ist auch der Glaube der „leuchtenden Kinderaugen" und der viel zitierte Köhlerglaube des gelehrten Professors, der sich neben seiner Wissenschaft den schlichten Glauben einer bretonischen Bäuerin bewahrt hat, alles eher als Vorbild. Er genügt heute nicht einmal mehr für die bretonische Bäuerin, geschweige denn für den Professor. Er ist eine äußerst defekte und auch gefährdete Form des Glaubens, psychologisch eine Regression ins Kinderstadium und theologisch ein fideistisches Mißverständnis.

Wir sind am Ende unserer Überlegungen. Jede Zeit hat ihre Chancen und ihre Gefahren, auch unsere. Die Gefahren bestehen, wie Kardinal Suenens kürzlich gesagt hat, in der Spannung zwischen einem Christentum, das die quälenden Probleme des heutigen Menschen nicht mehr sieht und so das „propter nos homines", das „für uns Menschen" der Menschwerdung Gottes vergißt, und einem Christentum, das sich nur mehr am Menschen ausrichtet und in Gefahr steht, seine eigene Identität zu verlieren und damit überflüssig zu werden. Beide Gefahren müssen wir sehen. Wir dürfen aber auch die Chancen nicht übersehen. Einseitige Verteufelungen unserer Zeit und der nachkonziliaren Kirche sind nicht nur nutzlos, sondern auch falsch.

Die Verantwortung für all das tragen wir freilich alle, die ganze Kirche, die ganze christliche Gemeinde, und wir können sie nicht auf Papst oder Bischof oder sonst jemanden abschieben. Die Zeit der passiven, sich nur betreuen lassenden Gemeinde ist vorbei. Von uns allen wird es mitabhängen, ob wir die Gefahren dieser unserer Zeit erkennen und ihre Chancen nützen. Im übrigen glaube ich, und wir müssen es als Christen eigentlich glauben, daß der uns verheißene Geist des Vaters und seines Christus „auch heute bei seiner Kirche ist und bleibt", und daß er, wie es im großen Meßcredo heißt, „Herr und Lebendigmacher" ist. Schon von daher darf und kann Christentum nicht fossil, nicht *noch* so ehrwürdiges Museumsstück werden; es bleibt immer neuer Aufruf zum Umdenken, zum Aufbruch in neues unbekanntes Land, zu immer neuen Ufern und immer neuen Erfahrungen. Dieser göttliche Geist verweist uns nämlich auf den Gott der biblischen Offenbarung, der kein Gott im Beharren, kein Stabilisierungsfaktor ist, sondern ein Gott, der sich *nicht* in feste Bilder, Begriffe und Formeln fassen läßt, sondern der in der sich vollziehenden Geschichte zu uns gesprochen hat und noch spricht, wenn wir gläubig auf ihn hören, der ein Gott des Aufbruchs ist, der Hoffnung und der Zukunft.

*

Altarweihe und Pontifikalamt zur Wiedereröffnung des Limburger Domes

Der Altar als Symbol Christi

Der erste Tag des Bistumsjubiläums war auch der Tag der Wiedereröffnung des restaurierten Limburger Bischofsdomes mit der Weihe des neuen Domaltars. Bereits eine Stunde, bevor der Gottesdienst begann, waren im Dom alle Plätze besetzt. Hier fand sich die Bistumsgemeinde zu dem großen Ereignis der Altarweihe zusammen, um wieder im Dom Eucharistie zu feiern. Der Altar als Symbol Christi — war der Sinngehalt der Predigt des Bischofs.

Predigt des Bischofs bei der Weihe des neuen Altares im Dom

Die Bischofsstadt Limburg und ihr Dom liegen geographisch ziemlich in der Mitte des Bistums. Aber auch im übertragenen Sinne ist dieser Dom die Mitte unseres Bistums. Und im Mittelpunkt des Domes steht der Altar. Um den Altar versammeln wir uns als das neutestamentliche Gottesvolk, damit in der Eucharistiefeier das Kreuzesopfer Christi wieder und wieder heilige Gegenwart werde. Vom Altar her werden wir auch stets von neuem untereinander verbunden gemäß dem Wort des Apostels: „Ist das Brot, das wir brechen, nicht die Teilnahme am Leibe Christi? Weil es nur ein Brot ist, darum sind wir viele nur ein Leib."

Der neue Altar unseres Domes wird nun seine Weihe erhalten, das heißt, er wird aus dem profanen Gebrauch ausgesondert und für den Bereich des Heiligen bestimmt. Das sei uns Anlaß, den Altar zu deuten als Mitte und Mittelpunkt des Gemeindelebens. Dabei sind wir uns bewußt, daß wir es hier zu tun haben nicht mit der Sprache des rationalen Begriffes, sondern mit der Sprache des zeichenhaften Symbols.

Die Religionsgeschichte erweist, daß es Altäre gibt, seitdem der Mensch ein — wenn auch unklares und mangelhaftes — Gottesbild gewonnen hatte. Am Altar brachte man dem erahnten „Numinosum" — gewöhnlich einer Vielzahl von Göttern — Weihegaben der verschiedensten Anliegen, etwa als Zeichen der Verehrung, der Unterwerfung, des Dankes, der Bitte oder Sühne. Eine einzigartige Stellung nimmt dabei der Altar und der Kult des israelitischen Volkes ein; denn er bereitete im Plane Gottes vor, was im Neuen Bund seine Erfüllung und unüberbietbare Vollendung finden sollte im Opfer Jesu Christi. Schon Johannes der Täufer weist hin auf Jesus als „das Lamm Gottes, das hinwegnimmt die Sünde der Welt".

Jesus selbst spricht im Kelchwort des Abendmahles von seinem Blut als dem „Blut des neuen Bundes, das für viele vergossen wird". In der theologischen Reflexion des Hebräerbriefes wird dargelegt, daß der Altarkult des Alten Bundes nur eine vorläufige Bedeutung hatte und durch das Hohepriestertum Christi und sein Opfer endgültig überholt und erfüllt ist. In der Liturgie der Geheimen Offenbarung ist die Rede von einem goldenen Altar vor dem Throne Gottes und Christus erscheint als König und Priester im Bild des „Lammes, das geschlachtet wurde".

So nimmt es uns nicht wunder, wenn in der Symbolsprache der Kirche bei der Errichtung und Weihe eines Gotteshauses der Altar zu einem Symbol für Christus selbst geworden ist. Christus ist der Grundstein und Eckstein, der dem ganzen Bau Sinn, Bedeutung und Einheit gibt. Christus ist der Felsen, aus dem — wie einst in der Wüste — „Ströme lebendigen Wassers fließen". Christus ist der Geistträger, der „Gesalbte", der da kam, das Feuer des Gottesgeistes auf die Welt zu werfen und zu entzünden. Daher sehen wir in dem Altar nicht mehr ein bloß funktionales Gerät — wie dies jeder beliebige Tisch sein könnte —, sondern ein Symbol für Christus. Daher wird er aus Stein errichtet und fest gegründet. Daher wird er mit Chrisam gesalbt. Daher steht er auf dem Höhepunkt der Weihehandlung in Flammen, während wir im Hymnus um das Kommen des Hl. Geistes bitten. Schließlich kommt in dieser Symbolik in einzigartiger Weise zum Ausdruck, daß Christus die bleibende und unerschütterliche Mitte seiner Gemeinde, seiner Kirche ist. Das bekannte Wort „Jesus Christus ist derselbe gestern, heute und in Ewigkeit" findet sich gerade im Hebräerbrief, und zwar im Zusammenhang mit der Mahnung zu unerschütterlicher Festigkeit und Treue im Glauben.

Diesen Gedanken greift auch Augustinus auf, wenn er gelegentlich sagt: Weder Gebet noch Lobpreis, weder Lieder noch Opfergaben können Gott angenehm sein, wenn sie nicht getragen werden von reinem Glauben und fest auf den Glauben gegründet werden wie auf einen Altar.

Wenn Christsein soviel heißt wie Identifikation mit Jesu Denken und Tun, wenn Christsein soviel heißt wie Solidarisierung mit Jesus in einer sakramentalen Verbundenheit, die so eng ist wie die Verbundenheit von Weinstock und Reben, dann ist der Altar auch ein Symbol für die Identifikation unserer eigenen Opferbereitschaft mit der Opfergesinnung Jesu. Auch diese Symbolik finden wir bei Augustinus. Er vergleicht das Menschenherz mit einem Altar. Was der Altar im Gotteshaus ist, das ist das Menschenherz vor Gott. Es ist der Ort, wo Gott das Opfer des Lobes und des Dankes, das Opfer des Gebetes und der Hingabe dargebracht wird. Weil aber diese Gesinnung sich bei allen finden muß, die Christi Namen tragen, bleibt ein solches Verhältnis zu Gott nicht isoliert. Wie in einem Prisma der senkrecht einfallende Strahl sich bricht und waagrecht weitergestrahlt wird, so äußert sich diese Gesinnung in Brüderlichkeit, in Hilfsbereitschaft, in verstehender und verzeihender menschlicher Güte; denn Gottesliebe und Bruderliebe bilden zusammen jenes Doppelgebot, von dem der Herr sagt, auf ihm ruhe das ganze Gesetz und die Propheten. Wir können noch weitergehen und sagen: Am Ernstnehmen dieses Doppelgebotes entscheidet sich das Heil oder Unheil der Menschen, sowohl des einzelnen wie ganz allgemein der menschlichen Gesellschaft.

Im Jahre 1235 — also vor nahezu 750 Jahren — hat Erzbischof Dietrich II. von Trier an dieser Stelle den ersten Altar des neuerrichteten Limburger Domes konsekriert. Es war die Zeit des Hohen Mittelalters, die Zeit der Stauferkaiser, die Zeit der jungen franziskanischen Bewegung, die Zeit des Rittertums und höfischen Minnegesanges, die Zeit der ersten Universitäten: für uns eine längst versunkene Welt. Und doch verbindet uns heutige Christen mit dieser Zeit eine Grundauffassung von überzeitlicher Bedeutung. Sie ist dargestellt in einem Bild unseres Vierungsturmes. Wir sehen dort Christus als den thronenden Kyrios, den Herrn der Geschichte. Zu seiner Rechten und Linken stehen die Patrone des Domes, St. Georg als Ritter und St. Nikolaus als Bischof; symbolische Gestalten für die weltliche und geistliche Macht, beide Christus untergeordnet.

Diese Auffassung vertreten wir Christen auch heute noch inmitten einer Umwelt, die in ihrem Denken weithin säkularisiert ist. Für uns Christen gibt es keine Autonomie der Macht, weder im geistlichen noch im weltlichen Bereich. Wem immer Macht anvertraut ist, hat damit den Menschen zu dienen, wie Christus es getan hat, und ist ihm als dem Herrn der Geschichte verantwortlich und Rechenschaft schuldig. Somit reicht die Symbolik des Altares weit über den kirchlichen Raum hinaus. Mit dem Entlassungsruf „Ite missa est" am Schluß jeder Meßfeier ist eine Sendung gemeint: Gehet hin im Frieden Christi und tretet ein für den Frieden Christi in einer friedlosen und heillosen Welt! Auch das wollen wir bedenken, so oft wir an unseren Altären das Gedächtnis des Herrn in einer Eucharistiefeier begehen.

*

Die Liturgie der Altarweihe war von großer Eindringlichkeit. Nach der Segnung des Wassers zum Gedächtnis der Taufe besprengte der Bischof den Altar und die Gemeinde um den Altar. Dann brachte Weihbischof Kampe die Reliquienbehälter mit Reliquien der Bistumsheiligen Lubentius (Dietkirchen) und Hildegard (Rüdesheim-Eibingen) zum Altar, die nach der Allerheiligenlitanei in den Altar eingemauert wurden. Unter dem Altar wurden Geschenke der Nachbardiözesen als Zeichen der Verbundenheit eingemauert. Anschließend salbte der Bischof den Altar und sprach das Weihegebet: Er sei Quelle der Einheit der Kirche und der Eintracht für die Gemeinde. Jedesmal, wenn sich die Gläubigen um ihn scharen, mögen sie im Geist hilfsbereiter Liebe erstarken. Er sei Mittelpunkt unseres Lobes und Dankes. Dieser Gedanke vollzog sich dann sinnfällig in der Eucharistiefeier, nachdem auf dem Altar aus Wachsdochten und Weihrauch Feuer entzündet wurde.

Der Gottesdienst klang mit einem mächtigen Deutschen Te Deum, das eigens für diesen Tag vom Leipziger Prof. Georg Trexler komponiert war, aus. „Dich Gott loben wir" sang der Domchor unter Domkapellmeister Bernhard mit Begleitung des Sinfonieorchesters der Beethovenhalle in Bonn.

Tag der Orden

14. November 1977

Eucharistiefeier im Dom
Ansprache Weihbischof Gerhard Pieschl

Dank für die radikale Verwirklichung der Botschaft Christi.

Mit einem Gottesdienst im Limburger Dom begann am Montag, dem 14. November, der Tag der Orden. Vor 500 Ordensleuten sprach beim Gottesdienst Weihbischof Gerhard Pieschl. Er sagte:

Meine lieben Brüder und Schwestern
im Ordensstand!

Der bekannte Dichter und Sänger der Heide, Hermann Löns, erzählt in seinen Jagdschilderungen von einem Erlebnis, was er während eines Kirchganges im Sommer hatte.
Aus dem rötlich-grauen Gras erhoben sich am Wege Tausende von purpurrot blühenden Fingerhutstauden wie glühende Fackeln und — mitten in dieser Feuerflut stand ein schmaler Busch mit schneeweißen Blüten.
Löns schrieb in sein Tagebuch: „Ein weißer Busch unter lauter roten Blüten — muß der aber Mut haben."
„Muß der aber Mut haben!"
Das scheint mir nicht nur eine reizende, mitteilungswürdige Naturschilderung zu sein: Ich empfinde es als hintergründige Aussage über jenes intensive, radikale und konsequente Leben nach dem Evangelium in Form der evangelischen Räte, das wir für gewöhnlich Ordensleben nennen.
„Ein weißer Busch unter lauter roten Blüten!" Das ist etwas Unerwartetes, wie ein Geschenk. Und in einer ganz anderen, theologisch-deutenden Sprache sagt das Konzil im Dekret „Lumen gentium" (Nr. 43) vom Ordensleben:
„Die evangelischen Räte sind, in Wort und Beispiel des Herrn begründet und von den Aposteln und Vätern wie auch den Lehrern und Hirten der Kirche empfohlen, ein Geschenk Gottes, das die Kirche von ihrem Herrn empfangen hat und in seiner Gnade immer bewahrt."
Ein paar Zahlen nur möchten das „Geschenk Gottes" in den Männern und Frauen, die innerhalb unserer Diözese Limburg tätig sind, verdeutlichen.
Im Bistum arbeiten 17 Männerorden und Genossenschaften mit 33 Niederlassungen und 36 Frauenorden oder Genossenschaften mit 125 Niederlassungen. 2443 Ordensleute sind in den verschiedensten Feldern der Seelsorge tätig, in der Gemeindeseelsorge, bei der Jugend, bei Ausländern, in Krankenhäusern, in Schulen und Kindergärten, im breiten Arbeitsfeld der Krankenpflege, im Presseapostolat. Immer dann, wenn durch Nachwuchsmangel und Überalterung Niederlassungen aufgegeben werden müssen, und leider geschieht dies heute immer öfters, wird uns schmerzlich bewußt, welchen unverzichtbaren Dienst unsere Ordensleute leisten. Und es ist mehr als eine nur höfliche Pflicht, wenn wir „Weltlichen" uns anläßlich des Ordenstages bedanken bei unseren Brüdern und Schwestern für ihren Mut, radikaler, intensiver und konsequenter als wir übrigen Christen zu leben — anders zu sein als die anderen, gegen den Strom zu schwimmen, sich abzuheben aus der Masse der Bequemen.
Für diesen Mut werden uns Hilfen gegeben. Die eine in der Gestalt des Patrons unseres so schön erstandenen Limburger Domes und unserer nun 150 Jahre alten Diözese. Ich spreche vom hl. Georg. Jener Offizier aus Kappadozien, der im 2. christlichen Jahrhundert lebte, ist seit eineinhalbtausend Jahren eines der großen christlichen Vorbilder für mannhaftes, ritterliches Christentum (und, liebe Ordensfrauen, wie oft sind sie mannhafter und tapferer als wir Männer!).
Unzählige Kirchen sind nach ihm benannt, die Künstler haben ihn dargestellt im Kampf mit dem Drachen.
Natürlich haben wir in unserer aufgeklärten Zeit Riesen und Drachen als Märchengestalten durchschaut. Was sie aber bezeichnen, bleibt

auch heute wahr: Widrige Kräfte, von der Gefährlichkeit und Scheußlichkeit eines Drachens. Sind nicht heute genug Drachen am Werk, denen unerbittlich Menschenwürde zum Fraß vorgeworfen wird?

Aber vielleicht sollten wir den „Mut" differenzierter sehen. Ist es denn wirklich so, daß dann, wenn der Ordensmann, die Ordensfrau sich am Tage ihres Klostereintritts für Gott entschieden haben, alles vorbei ist und nur genügend Mut für diesen entscheidenden Schritt nötig wäre?

Mir scheint, die nur vier Kapitelchen eines Büchleins aus dem Gesamt der Heiligen Schrift geben da sichere Auskunft für geistliche Existenz. Das geschieht dort in einer so menschenverstehenden, freundlichen, humorvollen Weise, daß ich an mich halten muß, Ihnen nicht mehr als nur diese kleine Kostprobe eines gelungenen zeitgenössischen Kommentators vorzutragen:

„Und Gott sah aus von seiner Höh
und sah auf die Stadt Ninive.
Die schöne Stadt, sie macht ihm Sorgen,
die Bosheit blieb ihm nicht verborgen.
Da tranken sie. Da aßen sie.
Die Hungernden vergaßen sie."
Gott sprach, nachdem er das gesehen:
„Nein, so kann es nicht weitergehen."
„Los Jona", sprach der Herr, nun geh
auf schnellstem Weg nach Ninive!
Doch Jona wurde blaß vor Schreck
und sagte zu sich „Nichts als weg".
Ich lösch mein Licht, verschließ mein Haus.
Ich mach mich fort. Ich reiße aus.
Der Staub flog hoch. Er keuchte sehr,
als liefe einer hinter ihm her.
Gott aber, der den Weg schon kannte,
sah lächelnd zu, wie Jona rannte ...

Ja, auch so kann „Mut" aussehen:
Wir halten es für leicht sinnlos, in unserer Zeit zu predigen, und wo ist schon Ninive nicht? Alles Reden über „die Sache mit Gott", alles Beteuern „Gott kann nicht sterben" ändert an den Überlegungen unserer Zeitgenossen nichts, und rasch finden wir uns dann völlig frustriert vor, und manchmal steht dann am Ende jener Klosterwitz: „Der Letzte macht das Licht aus". Aber vielleicht ist das wirklich so, daß unsere Gesellschaft von heute manchmal der Stadt gleicht, deren Bosheit zum Himmel schreit. Und auch radikale, ganz mutige Christen in Reinkultur wie Ordensleute Platzangst bekommen, weil die unlösbaren Aufgaben nie zu bewältigen scheinen.

Die Antwort des Jona auf unsere Frage, woher denn Mut ist so erregend, so tröstend, so mitbringend. Sie lautet: Gott will das Heil aller Menschen. Und er kann dieses Ziel auch dann erreichen, wenn sein Prophet Jona nicht will, und weiter: Auch die Menschen wollen vielleicht ganz undeutlich und unklar Gottes Heil. Sie mögen es Glück oder Lebenssinn oder Sicherheit und Frieden nennen. Sie warten auf ein Angebot, sie sind offen, wollen sich einlassen, sofern ihnen Gott jemanden schickt, der im Gehorsam auch dorthin geht, wo die Sache manchmal aussichtslos zu sein scheint, und manchmal, liebe Brüder und Schwestern, brauchen wir nur eines: einen schnellen Fisch, der uns aufnimmt und in Ninive wieder ans Land speit, wo unsere Aufgabe ist.

*

Nach dem Gottesdienst im Limburger Dom hatten die Ordensleute die Gelegenheit zur Domführung und Domschatzbesichtigung. Am Nachmittag hatten sie eine „Festliche Stunde" in der Limburger Stadthalle. Sie stand unter dem Gedanken „Freude aus dem Glauben". Es sangen Pallottinerpater Heinz Perne und die Limburger Domsingknaben unter Domkantor Mathias Breitschaft. Mit Gebet und Lesung klang der Ordenstag aus.

Tag der Frauen

15. November 1977

*Eröffnung der Veranstaltungen
durch Bischof Dr. Wilhelm Kempf:*

Mit einer so großen Teilnehmerzahl hatte man am „Tag der Frauen" nicht annähernd gerechnet. Die Limburger Stadthalle konnte etwa 1200 Frauen unterbringen. Bischof Dr. Kempf freute sich über das große Echo, das diese Veranstaltung zum Bistumsjubiläum gefunden hatte.

Der Bischof begrüßte am Vormittag die Teilnehmerinnen:

Der Rückblick auf die vergangenen 150 Jahre seit der Gründung unseres Bistums zeigt, wie sehr sich die Schwerpunkte des kirchlichen Lebens ständig verlagern. Die ersten 50 Jahre — etwa bis zum Jahr 1883, in dem Bischof Blum aus der Verbannung heimkehren durfte — sind gekennzeichnet durch ein zähes Ringen um die Befreiung der Kirche aus der Bevormundung des nassauischen und des preußischen Staatskirchentums. Die nächsten 50 Jahre (1883—1933) stehen im Zeichen unterschwelliger, aber höchst bedeutsamer gesellschaftlicher und politischer Krisen, die nach dem ersten Weltkrieg in der Zeit der Weimarer Republik dem kirchlichen Leben volle Freiheit brachten. Dann kam die dritte Phase, in der sich die gesamte Weltsituation von Grund auf verändert hat, ausgelöst durch totalitäre Mächte, sei es in faschistisch-nationalsozialistischer oder bolschewistischer Form.

Diese dritte Phase stellt uns nach dem zweiten Weltkrieg auch kirchlich vor eine völlig neue Situation und dies sowohl in der freien wie in der unfreien Welt. Das Staatskirchentum der nassauischen und preußischen Zeit war ein Kinderspiel im Vergleich zu der heutigen Unfreiheit des kirchlichen Lebens in den Ländern des Kommunismus, und das säkularisierte Denken des 19. Jahrhunderts war ein Kinderspiel gegenüber dem säkularisierten Denken, mit dem wir es heute in der sogenannten „freien Welt" zu tun haben. Die Stützen der christlichen Tradition tragen weithin nicht mehr. „Christsein" ist anspruchsvoll geworden; denn es will heute reflektiert und motiviert werden. Die junge Generation stellt viele Fragen nach dem „Warum". Zum Beispiel: Warum gehen wir zur Kirche, zum Gottesdienst, zur Beichte? Warum lassen wir uns trauen? Warum lassen wir die Kinder taufen? Auf all diese Fragen gibt es gültige Antworten. Aber sie sind anspruchsvoll; denn sie erfordern Reflexion und persönliche Entscheidung.

In diesem Prozeß kommt den Frauen eine entscheidende Bedeutung zu; denn vor allem durch die Frauen und Mütter wird der nachwachsenden Generation — vor allem in der frühkindlichen Phase — ein religiöses Weltbild vermittelt bzw. nicht vermittelt. Wir müssen uns heute Gedanken machen über die Zielgruppen in der Frauenarbeit. Wo liegen die Schwerpunkte? Ist es die junge Familie? Ist es die Zielgruppe der Gemeindekatechetinnen? In diesem Zusammenhang müssen wir uns auch fragen, welchen Charakter der „Tag der Frauen" künftig in unserer Kreuzwoche haben soll. Jedenfalls brauchen wir einen solchen Tag, an dem alljährlich aus der Sicht der Frau ein anspruchsvolles Christsein reflektiert wird und gegenseitige Anregungen und Erfahrungen ausgetauscht werden. Mit unserem Bistumsjubiläum beginnt zweifellos eine neue Epoche unserer Bistumsgeschichte. Dabei dürfen die Frauen nicht abseits stehen.

*Weihbischof Ernst Gutting (Speyer)
„Die Frau von heute und
die Kirche von morgen"*

Ich darf Ihnen verraten, wie sehr die Einladenden über die große Zahl der Teilnahme an diesem Frauentreffen heute überrascht sind. Ich glaube, das ist schon ein positives Ergebnis im Sinne dessen, was wir erreichen wollen und erreichen müssen: Daß die Kirche und die Frauen gemeinsam ihren Weg in die Zukunft gehen. Ihre Anwesenheit beweist doch: Sie lieben die Kirche. Sie beweist auch, daß Sie an der Kirche leiden; und sie beweist, daß Sie für die Kirche sich engagieren wollen. Und ich möchte sagen: Frauen, erobert eure Kirche! — und: Kirche, erobere wieder deine Frauen!

Daß in dieser Richtung heute etwas geschehen muß, davon sind wir alle überzeugt. Vorhin sagte jemand im Scherz zu mir: „Müßte das Thema nicht lauten: Die Frau von morgen in der Kirche von gestern?" Natürlich könnte man Beispiele dafür nennen. Wir werden uns auch an entsprechende Tatsachen kurz erinnern müssen. Was wir jedoch wollen, ist, daß die Frau von heute die Partnerin der Kirche von morgen wird; besser, als sie es je gewesen ist. Deshalb müssen wir uns Gedanken machen über die Kirche von morgen und über die Frau von heute.

Ich habe hier den Brief Ihres Bischofs zur Fastenzeit 1974, in dem er das für die Kirche so wichtige Thema behandelt hat: „Gemeinden von heute — Gemeinden für morgen?" Es ist ein Zeichen des gewandelten Kirchenverständnisses, daß ein Bischof, der an der Situation der Kirche leidet, nicht mehr daheim reflektiert und allein „Gewissenserforschung" macht, sondern daß er aus voller Überzeugung, daß das so sein muß, mit seinem ganzen Bistum diese Gewissenserforschung durchführen will, weil wir heute die Kirche als die Gesamtheit ihrer Gläubigen verstehen. Er geht aus von Fakten, die uns in der Kirche, in den Gemeinden von heute sehr nachdenklich stimmen.

Ich darf Sie an einige Feststellungen erinnern, die Ihnen damals zur Überlegung vorgelegt wurden: „In fast allen Gemeinden ist ein starker Rückgang des Gottesdienstbesuches zu beobachten. In den letzten 10 Jahren hat die Zahl der Gottesdienstbesucher um 21 % abgenommen". Ich werde Ihnen nachher Zahlen nennen aus einer Untersuchung, die vor der Synode durchgeführt wurde. Sie macht deutlich, daß diese 21 % zum Großteil auf den Rückgang des Gottesdienstbesuches von Frauen zurückzuführen sind. Denn allgemeine statistische Zahlen sagen zunächst gar nichts. Erst wenn man sie aufschlüsselt, wird sichtbar, was sich darin verbirgt. Eine Frage also, die uns im Zusammenhang mit unserem Thema interessieren muß. Wir lesen weiter: „Stark rückläufig ist auch die Zahl der Beichten. Das gibt trotz des guten Besuches der Bußgottesdienste zu denken."

Der nächste Punkt ist wieder sehr wichtig, weil er mit dem gewandelten Verständnis von Ehe und Familie zusammenhängt, das sich bei den Frauen heute vollzieht. Dies führt dann zu solchen Erscheinungen, wie sie hier beschrieben sind: „Manche Brautpaare lassen sich nicht mehr kirchlich trauen. Eheprobleme und Ehescheidungen nehmen in den Gemeinden zu. In den letzten 10 Jahren haben durchschnittlich pro Jahr 2000 Katholiken, das sind 0,2 % aller Katholiken, ihren Austritt aus der Kirche erklärt. Zwar ist diese Zahl nicht übermäßig hoch, sie darf uns aber nicht gleichgültig lassen. Die kirchlichen Vereine, die früher im Leben der Gemeinden oft eine wichtige Rolle spielten, haben besonders in den Städten heute an Bedeutung und Einfluß verloren."

Wahrscheinlich hängt der Rückgang der Kirchenbesucher mit diesem Phänomen zusammen. Professor Zulehner hat darauf aufmerksam gemacht, daß die Kirchenbesucher in Zukunft identisch sein werden mit den Gläubigen, die in kirchlichen Gruppen noch informell oder formell organisiert sind. Vor 15 Jahren ist uns bei den statistischen Untersuchungen für die Gebietmission schon aufgefallen, daß die Zahl der Kommunionen fast die gleiche Prozentzahl war wie die der organisierten Katholiken. Professor Zulehner glaubt, daß die Zahl der Kirchenbesucher in Zukunft wahrscheinlich zusammenfalle mit jenen, die außerkirchlich noch in kirchlichen Gruppen einen Ort der Beheimatung haben, wo sie sich mit der Kirche identifizieren können. Wenn er diese die „unwahrscheinlichen Kirchenbesucher" der Zukunft nennt, dann deshalb, weil sich auch hier ein grundsätzlicher Wandel vollzogen hat. Vor 50, vor 100 Jahren war es unwahrscheinlich, daß man aus der Kirche wegblieb. Die Sozialkontrolle war so stark, daß man sich das kaum erlauben konnte. Es war damals skandalös, wenn Männer während der Sonntagspredigt auf der Kirchentreppe ihre Zigarette geraucht haben. Heute ist das umgekehrt. Heute ist es schon unwahrscheinlich, daß einer die Kraft und den Mut hat, nachdem man aufgehört hat, in die Kirche zu gehen, trotzdem zu gehen.

Deshalb möchte ich diese Tatsache unterstreichen, damit Sie nicht vergessen, daß die kirchlichen Vereine, Gemeinschaften, Gruppierungen in Zukunft eine noch wichtigere Rolle spielen als in der Vergangenheit.

Der Rückgang der Priester- und Ordensberufe hängt natürlich auch mit diesem Prozeß zusammen. Die Prozentzahl der jungen Menschen, die heute Priester werden oder in einen Orden gehen, — ganz abgesehen von den Problemen, mit denen sie sich in dieser kritischen Übergangsphase in der eigenen Kirche herumschlagen müssen — ist, gemessen an der Zahl der praktizierenden Katholiken, nicht geringer geworden. Solange wir von der Zahl der Getauften ausgehen, von denen kaum noch 30 % praktizieren, haben wir absolut zu wenig Priester. Man müßte bei der Zahl der Berufungen von den 30 % ausgehen, von denen für 100 % nicht genügend Priesternachwuchs kommen kann. Man soll einfach nüchtern und sachlich die Situation sehen.

Im Hirtenbrief Ihres Bischofs wird in sehr ausführlichen Passagen aufgezeigt, wie die Kirche von morgen wohl sein sollte. Auf die Frage, was Kirche überhaupt in der Welt ist, möchte ich an das Wort eines Kirchenvaters erinnern, das die Bedeutung unserer Aufgabe, die wir in Zukunft nur noch gemeinsam erfüllen können und müssen, deutlich macht: „Was die Seele für den Leib, das ist die Kirche für die Welt!" Kardinal Cardijn — der führende Mann für eine missionarisch werdende Kirche —, er hat dies Problem für den Raum der Arbeiterschaft entdeckt. Er sagte: „Durch die Laien ist die Kirche das Lebensprinzip der menschlichen Gesellschaft." So hat er dem Wort des Kirchenvaters, „Was die Seele für den Leib, das ist die Kirche für die Welt", den Akzent hinzugefügt, der vergessen war: „Durch die Laien ist die Kirche das Lebensprinzip der menschlichen Gesellschaft." Hier zeichnet sich der theoretisch vollzogene Wandel im Verständnis der Kirche bereits klar ab; aber bis er praktisch eingeholt ist, haben wir noch sehr viele Anstrengungen zu machen. Das Konzil hat ja gesagt: „Die Sendung der Laien besteht in der Teilnahme an der Heilssendung der Kirche selbst." Nachdem die Kirche „Salz, Licht und Sauerteig" in der Welt zu sein hat, die große Zahl der Glieder der Kirche aber Laien sind, — in die Welt hinein zerstreut —, deshalb ist die Kirche durch diese Laien „Salz, Licht und Sauerteig" in der menschlichen Gesellschaft.

Wir haben ein anderes Kirchenbild aus der Vergangenheit mitgebracht. Nicht das Bild Priester *und* Laien, sondern das Verständnis einer Kirche, in der die ausführende und die alleinverantwortliche Gruppe für den Auftrag der Kirche die Hierarchie, d. h. die Bischöfe mit dem Papst und mit den Priestern darstellen. Im Sinne des Wandels hat vor dem Konzil das begonnen, was man die „Emanzipation der Laien" in der Kirche nennen könnte. Ich möchte hier auch gleich auf einen Punkt hinweisen, der, wenn man konkret über diese Fragen diskutiert, immer wieder in die Debatte geworfen wird: Wird heute die Aufgabe des Laien nicht gerade unter dem Leidensdruck des Priestermangels so betont und herausgestellt? Die Laien fragen uns immer wieder direkt: „Wenn ihr wieder genug Priester habt, werden wir dann nicht wieder genauso behandelt werden, wie es in der Vergangenheit war?" Daß diese Verwechslung naheliegt, ist verständlich. Aber ich möchte sagen: Der Priestermangel ist auf keinen Fall (denn diese Bewegung begann lange vor dem Priestermangel) die Ursache, daß wir den Laien aufgewertet haben und ihm jetzt die Stellung zuerkennen, die er als Glied der Kirche zu erfüllen hat. Der Priestermangel wurde nur zum besonderen Anlaß, daß wir erkennen, wie arm die Kirche heute ohne ihre Laien wäre.

Wenn ich bis jetzt von den Laien allgemein gesprochen habe, dann möchte ich sagen, daß wir noch für die größere Hälfte der Laien — die Frauen nämlich — ein Sonderproblem zu überlegen und zu lösen haben. Was sich in der Stellung der Laien in der Vergangenheit alles schon geändert hat, ist längst noch nicht für die Frauen verwirklicht, sonst wäre dieses Referat heute hier nicht notwendig.

Ein kurzer Rückblick soll es noch etwas verständlicher machen, wie das Kirchenbild für morgen aus der Geschichte wieder neu entdeckt wurde. In der Urkirche hat sich die Kirche schon richtig verstanden. Wir brauchen nur den hl. Paulus aufzuschlagen, der die Kirche als einen Organismus sieht. Jeder Organismus ist verkrüppelt, wenn ihm ein Glied fehlt. Wenn man sich überlegt, wie Laien weithin ihre Funktion in diesem Organismus nicht recht erfüllen konnten, dann versteht man auch, warum manche die Kirche der vergangenen Jahrhunderte als den „Invaliden der Weltgeschichte" bezeichnet haben. In der Urkirche oder bei Paulus war das nicht so, da er doch ausdrücklich sagt: Die Hand soll sich nicht einbilden, daß sie mehr ist wie da unten der Fuß. Jedes Glied ist an seinem Platz notwendig und wichtig (vgl. 1 Kor 12). Es gibt Charismen für jene, die das Amt innehaben in der Kirche. Nur in Verbindung mit allen anderen Charismen, die den Gläubigen, welche die gleiche Taufe und Firmung empfingen, vom Hl. Geist gegeben werden, und die zum Engagement, zur Entfaltung kommen müssen, kann die Kirche ihre Aufgabe als Licht der Welt erfüllen.

Ein Umbruch geschah durch jene Wende in der Kirchengeschichte, die Kaiser Konstantin herbeigeführt hat. Ich kann die Dinge nur verkürzt sagen, die Sie sich einmal, ob bei Glaubensseminaren, Glaubensgesprächen oder Studienwochen genau anschauen sollten. Historische Betrachtungen werden uns das, was heute ist oder geschehen soll, verständlicher und einsichtiger machen. Durch jene Wende sind Kirche und Staat fast eins geworden: ein Kirchenstaat, eine Staatskirche, wie man das immer nennen will. Die Spannung, die die Kirche durch ihre Funktion als kritischer, prophetischer „Sauerteig" oder als „Licht" in der Welt hat, fiel weg. Dafür sind alle Spannungen und Konflikte nun in die Kirche selbst hineingekommen. Damals wurde die Kirche erst durch diesen Graben getrennt, der hier den Klerus und dort die Laien eingeordnet hat. Dies wurde im liturgischen Raum der Kirche sichtbar: im Chor die Kleriker, im Kirchenschiff die Gläubigen; noch deutlicher durch jenen Lettner, der beide fast völlig voneinander getrennt hat. Sie sehen, wie manche unbewußte Denkweisen in unserm spontanen, nicht reflektierten Handeln sichtbar werden, die in der Kirche oder in uns selbst lebendig sind. Die Qualität der Kirche — von einzelnen Ausnahmen immer abgesehen —, lag beim Klerus, die den Namen „die Geistlichen" erhielten. Die anderen waren mehr oder weniger eben die „Weltlichen". Die einen waren die bestimmenden Kräfte, die anderen hatten nur zu hören und zu folgen. Klerus und Hierarchie sahen die Seelsorge im Sinn dessen, was auf den Missionskreuzen stand: Rette deine Seele! Dazu wurden die Laien immer aufgefordert. Als Hilfe für die religiöse Lebensführung und Profilierung hat man verkündet und Anweisungen gegeben. Auch religiöse Bruderschaften haben weithin nur diesen Zweck gehabt, nicht wie die heutigen katholischen oder kirchlichen Gemeinschaften, die der Sendung der Kirche dienen wollen. Sie dienten nur der religiösen Profilierung ihrer Mitglieder. Die Frau hatte dennoch — weil manche Fehler von Natur aus sich selbst ausgleichen —, jene bedeutende Rolle, die man schon immer ihr zugestanden hat, daß sie als Frau und Erzieherin die Familien und damit das gesamte Leben durch ihre Kraft des Glaubens und durch ihre erzieherischen Fähigkeiten gestaltet. Dieser Einfluß der Frau ist eine so grundsätzliche Wahrheit, — mit der allein wir uns natürlich nicht abfinden dürfen —, daß Lenin einmal gesagt hat: „Wenn wir die Frauen gewinnen, gewinnen wir die Weltrevolution." Gott sei Dank ist das bis heute nicht geglückt. Doch wir müssen heute sagen, weil einige Zeichen in dieser Richtung uns bedrohen: wenn wir die Frauen verlieren, dann büßen wir etwas ein von jener Strahlkraft, Bedeutung und Notwendigkeit der Rolle der Frauen, die sie in Kirche und Welt als unsere Partner zu erfüllen haben. Die Kirche von heute ist prinzipiell zu jenem Kirchenbild des Anfangs zurückgekehrt, wie auch Ihr Bischof in seinem Hirtenbrief es deutlich und gut herausgestellt hat. Heute sehen wir die Kirche wieder als ein Gesamtes. Eine Kirche, die nicht mehr, wie es am Schluß des Hirtenbriefes heißt, eine Betreuungskirche, eine Versorgungsgemeinde sein darf, sondern eine aktive, lebendige Gemeinschaft, die so lebendig und gesund ist, als ihre Glieder gesund, lebendig und aktiv am Leben der Kirche teilnehmen. Und sie darf weder in sich noch der Welt gegenüber eine isolierte Kirche oder Gruppe oder Gemeinde sein, sondern sie muß tatsächlich durch ihr Interesse an allen Problemen dieser Welt, ob im politischen, sozialen, wirtschaftlichen Raum, ihren Beitrag aus den Quellen ihres Glaubens heraus in der Gesellschaft leisten. Eine isolierte Gemeinde wäre genauso für die Kirche wie für die Welt wirkungslos; sie wäre ein Salz, das man im Salzfaß im Schrank stehen läßt. Zwar ist Salz da und es mag sogar Salz mit der Qualität einer Elite sein. Wenn es aber nicht in die Suppe hineingeworfen wird, bleibt die Suppe fad und geschmacklos. Daher müssen wir uns immer wieder neu auf unsere Aufgabe und Sendung besinnen, die Jesus Christus und jetzt mit ihm die Kirche für die Welt hat. Eine lebendige Kirche durch lebendige Gemeinden, das muß die Kirche von morgen werden.

Jetzt befinden wir uns in jener Übergangsphase, die der Hirtenbrief sehr klar mit ihren bedenklichen und an uns appellierenden Erscheinungen beschrieben hat. Bisher waren Gesellschaft und kirchliches Leben vielfältig und oft sehr unmittelbar verbunden. Aber die Verbundenheit ist durch die Säkularisierung gelöst worden. Fast alle Menschen waren getauft und wurden wie selbstverständlich in das kirchliche Leben hineingeboren. Heute werden sie noch hineingetauft, ob sie in das kirchliche Leben hineingeboren werden, das ist, wie wir wissen, eine andere Frage. In München werden schon 40 % aller Kinder nicht mehr getauft. Auch die Taufe ist schon nicht mehr so selbstverständlich.

Die Kirche war eine „Volkskirche". Sehr viele standen und stehen, wenn auch in sehr unterschiedlichem Maß, unter dem Einfluß der christlichen Lehre. Heute, wo man sehr stark und weit mehr als unter dem Einfluß der christlichen Lehre unter den Einflüssen der pluralistischen Gesellschaft steht, sind wir ja schon bei der These des „unwahrscheinlichen Kirchenbesuchers" angelangt. Die Gesellschaft als ganze war christlich geprägt. Heute sind die Mitglieder der Kirche bis zu 70 %, und in manchen Fragen z. B. junge Frauen schon zu 92 % von antikirchlicher oder areligiöser Haltung beeinflußt und geprägt. Wir erleben heute den Übergang von der „Volkskirche", wir wir sie genannt haben, der man selbstverständlich zugehört, zu einer Kirche, für die man sich persönlich entscheiden muß, als der „unwahrscheinliche Kirchenbesucher". Wer Christ bleiben will, wird sich dazu immer bewußter entscheiden müssen. Die Kirche wird einen anderen gesellschaftlichen Stellenwert haben. Sie wird nicht mehr mit dem Staat die Macht teilen, sondern sie wird ihre geistige und moralische Autorität im Sinne des Wortes Christi von der kleinen Herde, die „Salz und Sauerteig und Licht" für die Gesellschaft ist, einnehmen müssen.

Von dieser Übergangssituation ist heute schon jede Gemeinde betroffen. Es hat keinen Sinn, darüber zu klagen. Ich glaube, wir haben aus diesen kurzen Überlegungen schon verstanden, daß dieser Prozeß so kommen mußte. Solche Umbruchzeiten bergen nicht nur Gefahren, sondern auch Chancen in sich. Betrachten wir einen jungen Menschen in der Pubertät. Entweder er wird ein reifer Erwachsener oder es geht schief. Das sind die beiden Möglichkeiten, die in jeder Krise liegen. Aber der positive Sinn jeder Krise ist Vertiefung und Erneuerung des Lebens, und das hat Gott mit seiner Kirche vor. Darum müssen wir auch die Gefahren im Moment erleiden und bestehen, die mit dieser Krise verbunden sind. Es sind Chancen, die der Neuorientierung aus der Kraft des Glaubens dienen. Dabei ist ein Blick auf die frühchristlichen Gemeinden sehr hilfreich; denn hier haben wir schon das prinzipielle Modell, wie die Kirche wieder werden soll. Wer damals Christ werden und bleiben wollte, hatte sich gleichfalls mit anderen Weltanschauungen auseinanderzusetzen. Er hatte sich so zu entscheiden, daß viele, wie Sie ja wissen, das Martyrium nicht nur geistig, sondern auch bis zum totalen Einsatz leben mußten, so daß ihr Zeugnis die Selbsthingabe ihres Lebens beinhaltete, wie Christus es von den Seinen gefordert hat. Daß viele in der Volkskirche weithin aus dieser Kraft nicht mehr leben, ich glaube, darüber sind wir uns einig.

Für eine lebendige Kirche möchte ich einen wichtigen Gesichtspunkt nennen; jetzt noch ganz allgemein, ohne auf die Frau mich zu beziehen. Die Kirche ist ein Organismus, der nicht aus individuellen Zellen besteht, sondern wie unser Körper, aus lauter Organen.

Es gibt keine Zelle im Körper, die für sich allein eine Funktion, einen Sinn oder eine Aufgabe hätte. Organismen bestehen aus Organen. Und deshalb betont man mit Recht, daß die Kirche als Gesamtorganismus, daß die Pfarrei als Organismus nur dann lebendig ist, wenn sie entsprechende Gruppen als Organe außerhalb des kirchlichen Sammel- und Treffpunktes hat. Darum braucht eine Pfarrei Gruppen, die den Menschen eine Heimat bieten; denn am Sonntag findet man sie nicht plötzlich in der Kirche, wenn man sie nicht schon hat. Schließlich bleibt man von der Kirche weg. Ich könnte viele Beispiele dafür nennen. Wenn wir bestimmte Gesetzmäßigkeiten kennen, entdeckt man an einfachsten Ereignissen die Probleme, die sich da kundtun. Wie oft haben z. B. Priester Neuzugezogene besucht oder solche, die aus östlichen Ländern kamen. Sie dachten: „Das sind fromme Leute, die sind ja fast gläubiger als meine Leute." Sie freuten sich schon, am Sonntag die Gesichter in der Kirche zu sehen. Sie haben sie aber nicht gesehen! Denn der Kontakt mit dem Priester allein ist noch kein Hineingenommenwerden in eine Gemeinde. Und diese Leute blieben trotz des Kontaktes weg, weil sie Angst hatten und sich völlig fremd fühlten in den Gemeinden, in die sie als Fremde hineingeworfen wurden. Inzwischen hat man — aber erst sporadisch — Methoden entwickelt, wie man z. B. durch das Netz des Besuchdienstes solche Leute in einer Gemeinde auffängt, sie abholt in die Kirche, mitnimmt zu Veranstaltungen und sie gleich zehn anderen vorstellt. Dann werden sie gewonnen, selbst wenn sie den Pfarrer persönlich noch nicht kennen. So müssen wir einfach umlernen.

Die Kirche braucht Gruppen, die Heimat bieten: Heimat durch Gruppen, in denen man erleben kann, was es heißt, Glauben haben, Hoffnung haben; wie man Leben immer nur mit anderen zusammen haben kann. Keiner hat es aus sich, keiner besitzt es für sich, sondern nur mit anderen. So können wir Glauben, Hoffnung und Kirche nur miteinander leben; nie allein, oder nur als Service gewissermaßen für mein ewiges Leben, für das ich neben meinen anderen Interessen auch etwas tue. Solche Leute werden in Zukunft kaum noch in der Kirche sein.

Die Kirche braucht Gruppen, die jene Probleme in der Kirche zur Sprache bringen, die auf der Kanzel ausgespart bleiben, weil sie von Priestern nicht gesehen und erkannt werden. Eine Begegnung zwischen den Verantwortlichen in der Kirche und den Gläubigen muß vor allem außerhalb der Kirche stattfinden. Das grasseste Beispiel, was sonst geschehen kann, hat einmal ein Mann so formuliert: „Ich bekomme auf der Kanzel jeden Sonntag nur Antworten auf Fragen, die ich niemals gestellt habe." Das sind Nöte, die wir alle kennen. Der Priester braucht diese Gruppen der Begegnung, weil er sonst den Kontakt mit unseren Gläubigen nicht hat, die gleichzeitig für uns Kontakt mit den Problemen der modernen Welt bedeuten. Wir brauchen Gruppen, die ein Kontaktnetz über die Wohnviertel bilden, um gemeinsam zu sehen, welche Menschen in diesen Wohnviertel in jeder Beziehung, ob geistig, religiös oder caritativ Hilfe brauchen.

Wir brauchen Gruppen, die offen sind für andere, für fremde, für neue Pfarrangehörige, damit sie wieder aufs neue in ihrer Kirche aufgenommen und angenommen werden. Wir brauchen Gruppen, in denen Menschen ihre Ängste abbauen können, in denen Blockaden gelöst werden und sie Vertrauen zur Kirche finden. Man identifiziert sich mit der Kirche nur, wenn man mindestens einige Menschen hat, die selbst überzeugte Mitglieder der Kirche sind, mit denen man sich identifizieren kann. Dann nimmt man sogar vieles, was einem an der Kirche nicht gefällt, in Kauf. Für die Jugend ist dies sehr wichtig. Sie braucht Gruppen, die die Möglichkeit schenken, daß man sich dort einfach entspannen und beschäftigen kann; zu denen man hingeht, ohne daß man das Gefühl hat: Ich muß jetzt schon bis vor den Katheder des Pfarrers. Sehen Sie, das sind Formen, die eine lebendige Gemeinde (wir haben sie z. T. schon) in Zukunft systematisch und bewußt entwickeln muß, damit Kirche zu leben beginnt. Und darum gilt heute, — ich könnte es Ihnen aus dem Schlußdekret der Bischofssynode über das katechetische Wirken vorlesen —, daß auch Katechese nur gelingen kann, wenn alle Gläubigen in irgendeiner Art und Weise die Träger dieser Katechese sind. Katechese soll Hilfe zur Glaubensverwirklichung sein. Aber Hilfe für Glaubensverwirklichung muß ich erfahren von denen, die mit mir glauben und mit mir den Glauben leben sollen.

Daß wir hier — ob schuldig oder unschuldig — weithin versagt haben, das zeigt sich darin, daß Glaubensverwirklichung in den Familien für die heutige Zeit — man war nicht darauf vorbereitet — zu schwach war. Das Mitnehmen der Jugendlichen in den Glauben hat nicht ausgereicht, um gegenüber den in der Gesellschaft übermächtigen Einflüssen eine Gegenwehr zu setzen. So sind — ich kenne das aus unzähligen Gesprächen und Diskussionen — die Nöte vieler Eltern, auch aus der Schicht unserer früheren Jungführer und Jungführerinnen, entstanden, die trotz ihres gläubigen Lebens mit der Kirche ihre Jugendlichen verloren haben und manchmal fast verzweifeln, welcher Geist in ihre Familie eingebrochen ist. Das hat seine Gründe. Daß es natürlich immer jenen Punkt gibt, wo jeder Mensch, auch wenn er die heiligsten Eltern hätte, sich frei entscheidet, das ist uns klar. Aber warum haben wir das Gefühl, daß so viele ihren falschen Weg nicht nur aus freier Entscheidung gingen, sondern irgendwo unser Verhalten mitbeteiligt ist? Wir fühlen uns schuldig und gleichzeitig fühlen wir uns unschuldig. Daher kommen dann auch die Fragen an die Kirche: „Warum habt ihr uns nicht rechtzeitig geholfen, diese unsere Aufgaben in der modernen Welt erfüllen zu können?" Wenn man eine Schuld hat, sucht man zwangsläufig immer sofort nach einem Sündenbock, an den man sie vielleicht weitergeben könnte. Von da kommen z. T. berechtigte und unberechtigte Vorwürfe an die Kirche selbst.

Die Kirche sind wir; und wir sind alle mehr oder weniger in den Strudel dieses Versagens hineingeschlittert. Im Papier der Bischofssynode steht ganz klar, daß Hilfe zur Verwirklichung unseres Lebens aus dem Glauben, — das ist Ziel der Katechese — auf der Mitverantwortung aller beruht. Katechese in diesem Sinne ist eine Aufgabe von vitaler Bedeutung für die ganze Kirche. Sie geht alle Gläubigen an, jeden nach seinen Lebensumständen und besonderen Gaben. In der Tat sind alle Christen aufgrund von Taufe und Firmung zur Verkündigung des Evangeliums berufen, besonders den Kindern und Jugendlichen es einsichtig zu machen; es nicht nur durch Worte, sondern durch Taten, durch das Beispiel ihres Lebens zu interpretieren. Deshalb hat Christus 30 Jahre gehandelt und nur drei Jahre geredet. Er hat uns verkündet, wie Er selbst in der Welt stand und lebte, sein Leben verstand und seine Sendung erfüllte. Er hat also viel mehr Jahre den Laien Zeugnis gegeben, wie sie Kirche verwirklichen sollten, als seinen Jüngern, die Er nur knapp drei Jahre heranbildete, damit wir für die Zukunft erkennen, wie durch die Laien tatsächlich die Kirche zum Lebensprinzip der menschlichen Gesellschaft werden muß. Diese Mitverantwortung kann nur wahrgenommen werden durch christliche Gemeinschaft.

Es steht im Dekret ganz eindeutig: der Ort bzw. das Umfeld, wo die Katechese normalerweise geschieht, ist die christliche Gemeinde. Auf mein Bild reduziert: Der Organismus muß sich aufteilen in Organe. Viele Gemeinschaftsformen entwickeln sich in unserer Zeit. Außer der Familie, der „Ecclesiola", der Kleinkirche, wo der Mensch erzogen wird, oder der Pfarrei, dem normalen Ort der sonntäglichen Versammlung oder der Schule als erzieherische Gemeinschaft, entwickeln sich heute vielfältige andere Gemeinschaften: die Basisgemeinden, die Verbände, Jugendgruppen, Kindergruppen, informelle Gruppen, organisierte Gruppen. Alle diese Gruppen müssen ein Ort kirchlicher Katechese werden. In sie müssen die Amtsinhaber hineinwirken und hineingeben, was ihre Aufgabe am „Leib der Kirche" ist.

„Das Amt der Katechese", lesen wir unter dem Titel: Der Bischof und die Katecheten, „steht niemanden allein zu, weil dazu viele Kräfte geweckt werden müssen. Jeder trägt nach seiner Aufgabe und seinem Charisma zur Ausführung bei". So sieht also ganz eindeutig die Kirche heute all ihre bisherigen Aufgaben unter dem neuen Aspekt einer lebendigen Gemeinde, wie es auch im Schreiben des Bischofs von Ihnen erwartet wird und er Ihnen Anstöße dazu gegeben hat. Auf diese Gemeinde der Zukunft bezogen müssen wir jetzt noch einen Blick auf die Frau von heute werfen.

Wer ist die Frau von heute? Wie steht die Kirche zur Frau von heute? Und wo steht die Frau von heute in der Kirche von morgen? Was gibt die Kirche dieser Frau, was kann oder sollte die Frau dieser Kirche, wie wir sie jetzt in einigen Akzenten betrachtet haben, geben?

Die Frau von heute. Werfen wir einen Blick auf die gesellschaftliche Entwicklung. Diese Entwicklung ist nicht durch eine Ideologie von der Übermacht des Mannes und der Abhängigkeit und Minderwertigkeit der Frau entstanden. Seit dem Sündenfall ist der Kampf um die Macht das Laster der Menschen und wird es bis zum Ende der Zeiten bleiben. So hat sich weithin (und dazu gehört unser gesamter Kulturraum) die Gestalt einer partriarchalischen Gesellschaft zu ungunsten der Frau entwickelt. Wenn ich die Schöpfungsgeschichte aufschlage, lese ich, daß Gott „den Menschen nach seinem Bild schuf, und männlich und weiblich schuf er ihn". Ebenso erfahre ich, daß der Schöpfungsbericht sagt: nicht der Mann wurde erschaffen, sondern Adam, d. h. ein Wesen, ein Geschöpf aus Staub. Ihm wurde eine Partnerin beigegeben, die ihm entspricht, eine Hilfe an Gottes statt. Darum ist hier kein Mythos von Mann und Frau, wie wir es manchmal meinen, von der Schöpfungsgeschichte uns vorgegeben worden. Doch beim Sündenfall lesen wir etwas, das oft vergessen wird. Da heißt es plötzlich: „Der Mann wird dein Herr sein". Das gehört jedoch zum Fluch, der sich aus der Sünde in der Geschichte entwickeln wird. Und die Tatsachen haben dem entsprochen. Wenn man darauf acht gibt, wird man sehen, daß die meisten Theorien, von denen wir glauben, daß wir uns nach ihnen gerichtet haben, Ideologien sind, die wir erst gemacht haben, um die aus unserem fraglichen Verhalten entstandenen Verhältnisse nachträglich zu rechtfertigen. Ich mache da immer wieder neue Entdeckungen auf diesem Gebiet. So ist der „Machismo" entstanden, der Mythos von der Überlegenheit des Mannes: Der Mann ist der Härtere, der Herrscher, der Willenstyp, der Mann der Willkür, der Typ des Mutes, der Aggressivität. Er hat die Vaterfunktion, darum ist er der, welcher mit Sicherheit auftritt. Wie das in der Sicht von Psychologen aussieht? Wissen Sie, da fällt fast alles weg, was hier steht. Aber lange ist dieser Mythos aufgebaut worden. Was manche Männer leiden, da sie dem nicht entsprechen, dafür könnte man heute unzählige Beispiele bringen. Dem Mann wurde natürlich auch die Polygamie und die Untreue in weit größerem Ausmaß gestattet. Haben Sie schon einmal gefragt, warum es zu einer doppelten Moral kam, die wir als Christen immer so mitakzeptiert haben? Beim Mann wurden immer zwei Augen zugedrückt, wo bei der Frau nicht mal eins zugedrückt wurde. Und bei Christus plötzlich das Ärgernis erregende Geschehen, daß er ausgerechnet einer Ehebrecherin verziehen hat, weshalb die Männer dagegen protestierten, bei Augustinus noch, er solle doch diese Perikope nicht mehr vorlesen am Sonntag. Sie fordert ja die Frauen beinah zur Untreue auf, wenn man da so glimpflich davonkommt! Daß sie als Männer dieses „Privileg" schon immer beanspruchten, das hat sie nicht gestört! Wir leben Jahrhunderte mit Fakten, die wir einfach nicht hinterfragen, sonst wären wir schon auf die Brüchigkeit unserer Ideologien, die wir manchmal auch noch theologisch unterbaut haben, von selbst gekommen.

In diesem Sinne möchte ich hier eine Aufgabe nennen, auf die ich nicht ausführlich eingehen kann. Mit der Emanzipation der Frau ist schon längst die *Emanzipation des Mannes* überfällig geworden. Wenn der Mann nicht aufgrund des neuen Selbstverständnisses, wie wir die Frau heute sehen — und das kann man bei Christus schon eindeutig finden —, seine Rolle auch ändert, dann kann dies nicht gelingen. Daß er dadurch in größte Nöte kommt, ist verständlich. Aber ohne die Emanzipation des Mannes kann das Gesamte nicht laufen. Und davon haben wir noch wenig gesprochen. Ich will bloß ein kleines Beispiel nennen, damit Sie verstehen, was alles gemeint sein kann: Es ist ein Akt der Emanzipation des Mannes, ein heroischer Akt, gewesen, als er begann, in der Öffentlichkeit den Kinderwagen zu schieben und damit den Spott seiner Kollegen auf sich zog. Oder, daß er schon jahrelang, ohne es zu verraten, daheim, mit der Schürze seiner Frau das Geschirr abgetrocknet hat. Das war doch lange nicht möglich! Oder Dinge wie: ein Junge weint nicht! Von diesem Tabu muß der Junge, muß der Mann befreit werden, damit er endlich auch Mensch werden kann.

Die Frauenemanzipation ist in ihrem ersten Abschnitt bis nach dem 2. Weltkrieg meist falsch gelaufen. Deshalb wird sie auch heute z. T. noch mit Recht angegriffen. Aber ich muß genau unterscheiden können: haben die Angreifer recht oder unrecht; ob z. B. die Emanzipation der Frau dahin betrieben wurde, daß die Frau in die Welt der Männer aufsteigt. Ja, wenn ein vermännlichtes Menschenbild der Frau angestrebt wird, dann wird die Frau noch mehr zerstört. Dagegen wehre ich mich auch. Die Frauen müssen Frauen und die Männer müssen Männer als Menschen werden.

Zunächst einige Daten, denn ich glaube, in 20, 30 Jahren wissen wahrscheinlich Frauen oder junge Frauen oder Mädchen schon gar nicht mehr, was ihre Geschlechtsgenossinnen Jahrhunderte für ein Schicksal hatten: 1691 haben die Frauen in einem amerikanischen Staat schon einmal zufällig das Stimmrecht gehabt. Man hat es ihnen 1780, 90 Jahre später wieder genommen! 1788 hat in Frankreich Coudorcet, ein französischer Philosoph und Politiker, für die Frauen das Recht auf Ausbildung, Teilnahme an der Politik und der Arbeitswelt gefordert.

Arbeitswelt — ein Stichwort nur, mit dem ich mich hier jetzt auch nicht lange befassen kann. Ein Problem, das immer ideologisch behandelt, statt von der sachlichen Ebene her angegangen wird. Die größte Revolution der Neuzeit, die viele mit der Umwälzung der Menschheit, der Völkerwanderung vergleichen, ist die Trennung von Arbeitsplatz und Familie durch die industrielle Revolution in der jüngsten Geschichte.

Es gilt nicht, was man seitdem alles sagt: die Frau muß an den Herd usw. Sicher muß sie das, aber früher, wie sie auch am Herd war auf dem Bauernhof, da hätte sie mal sagen sollen: Lieber Mann, geh du auf den Acker, ich gehör nur an den Herd und sonst nirgends hin! Oder die Geschäftsfrau! Die Welt hat auf die Arbeitskraft der Frau noch nie verzichten können. Daß wir, und wie oft ist uns das passiert, Verhältnisse geschaffen haben — die Technik hat uns ja auch schon längst versklavt —, mit denen wir nicht mehr fertig werden, das können wir nicht durch Theorien korrigieren. Wir müssen dann so gut es noch möglich ist, gegen falsch gewordene Verhältnisse angehen. Ein Problem, das ich Ihnen auch zur Behandlung empfehle, damit hier nicht ideologische Schlachten weiter geschlagen werden, die keinen Sinn haben.

Pius XI. hat einmal ganz deutlich gesagt (man muß sich solche Sätze genau anschauen, denn er hat kein Wort falsch getroffen): „Es ist ein Skandal, wenn eine Mutter aus wirtschaftlicher *Not gezwungen* ist, *außerhäuslich* erwerbstätig zu sein." Man muß den Satz ganz genau hinterfragen, was Pius XI. exakt sagen wollte.

Im Krieg wurde dann alles heiliggesprochen, was man vorher weltanschaulich oder religiös verdammt hat, als die Frauen durch Arbeit das Schicksal eines Volkes auf Jahre hin in die Hände nehmen mußten, weil die Männer an der Front standen.

1870 wurden Frauen schon zum Medizinstudium zugelassen. Sie merken den Mythos: Die Frau ist zum Helfen und zum Heilen da. Gut, aber wer beweist denn das? Ist der Mann nicht auch zum Helfen und Heilen da? Doch weil es um ein Studium geht, haben die Männer sogar schon im voraus diese Domäne ergriffen, in die man die Frau nachträglich auch noch eingelassen hat.

Wenn man den Mythos und die Ideologie, die man verkündete, wirklich geglaubt hätte, dann hätte man sowieso alles anders gestalten müssen. Deshalb sagen heute viele: Wenn ihr ständig erklärt, daß das Amt in der Kirche Dienst ist, wenn ihr den Frauen Jahrhunderte gepredigt habt: Ihr seid zum Dienen geboren, warum habt ihr ihnen dann nicht die Ämter gegeben?

Sie sehen also, daß man mit diesem Jargon nicht durchkommt. Man muß sich da etwas Besseres einfallen lassen.

1889 wurde in Rußland eine Mathematikerin in die Akademie der Wissenschaften berufen. Der Kommunismus hat in Rußland für die Emanzipation der Frau längst die Wege geebnet bekommen, bevor er an die Macht kam, denn 1878 hat Rußland schon eine Universität nur für Frauen eröffnet. Das war immerhin ein großer Fortschritt! Die Kommunisten haben nur etwas, und das leider falsch, weitergeführt, was dort schon besser angelaufen war.

1906 wurde der Frau in Finnland das Stimmrecht gegeben. 1913 in Norwegen, 1917 in den Niederlanden und in Rußland. 1919 in Deutschland, in der Tschechoslowakei, 1920 erst in ganz Amerika. Dieses Land des Fortschrittes lag also hinter uns und den europäischen Staaten. (Wissen Sie, es gibt so viele Schlagworte, die alle, wenn man sie näher anschaut, einfach zusammenfallen.) 1929 erhielten die Frauen das Stimmrecht in Ecuador, 1932 in Spanien, 1945 in Frankreich, in der Schweiz erst 1971, also viel später als Spanien. Da hat zu mir noch eine Schweizer Frau gesagt 1961, genau 10 Jahre vorher, als wir mit ihr diskutierten über die Emanzipation und das Wahlrecht der Frau. „Das brauchen wir doch gar nicht. Ich würde mich bedauern, wenn ich nicht wüßte, was mein Sohn und mein Mann zu wählen hat!"

Natürlich hat man viele Probleme so gelöst. Genau wie ich überzeugt bin, daß manche Diplomatie und Schlauheit der Frau sich niemals entwickelt hätte, wenn sie nicht ihrer Ohnmacht wegen ihre Interessen hätte so verwirklichen müssen. Dann heißt es: Die Frauen sind größere Diplomaten! Es blieb ihnen ja gar nichts anderes übrig!

Das waren einige Daten zur Emanzipation der Frau im gesellschaftlichen Bereich. Nun zur Emanzipation der Frau in der Kirche am Ende des Konzils. Ich will dazu ein paar Sätze in Erinnerung rufen. Ich verstehe unter Emanzipation folgendes: Emanzipiert ist jeder Mensch, soweit er in den Besitz der Freiheit kommt, zu der Christus uns befreit hat, wie es im Galaterbrief (vergl. Gal 5,1) steht. Das ist für mich der recht verstandene Begriff von Emanzipation überhaupt. Die Frau, der nun von der Kirche ihre Emanzipation als Mensch zugestanden wird, hat hinter sich theoretisch in der Kirche fast alles, was überhaupt zu sagen ist. Doch wir müssen jetzt — und das möchte ich betonen — alles tun, daß wir die der Frau zugestandene Stellung auf jeden Fall erobern und so die Theorie auch einholen. Es wird ihnen nichts nachgeworfen werden.

Am Schluß des Konzils wurde ein eigener Aufruf an die Frauen erlassen: „Wir wenden uns jetzt an Euch, Frauen aller Stände, Töchter, Mütter, Ehefrauen, Witwen usw., Ihr macht die Hälfte der großen Menschheitsfamilie aus!" Dieses Schlagwort hat also die Kirche längst schon gebraucht. „Die Kirche ist stolz darauf" — theoretisch kann sie es auf jeden Fall — „die Frau befreit und in ihrer Würde erkannt zu haben und im Lauf der Jahrhunderte, trotz aller charakterlichen Verschiedenheiten, ihre grundsätzliche Gleichheit mit dem Mann verkündet zu haben". In dem Wort „grundsätzlich" verbergen sich also noch ein paar Lücken. „Die Stunde kommt jedoch, und ist schon gekommen, in der die Berufung der Frau ihre letzte Erfüllung findet, die Stunde, in der die Frau im öffentlichen Leben einen nie dagewesenen Einfluß und eine nie dagewesene Ausstrahlungskraft erringt. Deshalb können in diesem Augenblick, in dem die Menschheit so tiefgreifenden Änderungen unterworfen ist, vom Geist des Evangeliums durchdrungene Frauen soviel dazu beitragen, daß die Menschheit vor dem Verfall bewahrt werde." So wurde, im Stil eines Appells, die Auffassung von der Frau der Zukunft von der Kirche formuliert. Ich will Ihnen gar nicht alle Aussagen vorlegen, die Sie selbst nachlesen können. Es wurde in den letzten Jahren, beginnend mit Johannes XXIII., der gar nicht mehr in seiner Aussage überboten, höchstens nur konkretisiert werden konnte, von der Kirche stets das gleiche gesagt. In seiner Botschaft zur Eröffnung der Weltkonferenz für das Internationale Jahr der Frau hat Papst Paul VI. 1975 auch darauf zurückgegriffen. Er erinnert daran, daß Johannes XXIII. in seiner

Enzyklika „Pacem in terris", wo er von den drei Kennzeichen der modernen Welt spricht, als 2. den Aufstieg der Frau nennt, der in den christlichen Ländern bedeutend schneller als in den heidnischen Ländern vorangegangen ist. Das Christentum hat ihn überhaupt erst ermöglicht. Wir sind nur gesellschaftlich und soziologisch wieder im Gestrüpp heidnischer Hypotheken hängengeblieben. Johannes XXIII. also schreibt „als Zeichen der Zeit", „daß die Frau, die sich ihrer Menschenwürde heutzutage immer mehr bewußt wird, sich nicht mehr als seelenlose Sache oder als bloßes Werkzeug einschätzen zu lassen gewillt ist. Sie fordert vielmehr sowohl im häuslichen Leben wie auch im Staat, der Würde ihrer menschlichen Person entsprechend behandelt zu werden". Ebenso verurteilte in diesem Sinne das 2. Vatikanische Konzil, im Bewußtsein der Solidarität der ganzen Kirche mit der Freude und Hoffnung, Bedrängnis und Trauer der heutigen Welt, jede Ungerechtigkeit und Diskriminierung aufgrund des Geschlechts. Es forderte für die Frau mit der Achtung vor den ihrer Natur entsprechenden Rechten und Pflichten eine verantwortungsvolle und uneingeschränkte Teilnahme am gesamten Leben der Gesellschaft. (Pastoralkonstitution, Nr. 29 und Nr. 60). Es würde uns zu lang aufhalten, die anderen guten Ausführungen zu lesen. Was aber sagte Paul VI. zu der Kommission, die er anläßlich des Internationalen Jahres der Frau zur Untersuchung der Frage über „die Stellung der Frau in Kirche und Gesellschaft", berufen hatte. Am 31. Januar 1978 verabschiedete sie ihre Ergebnisse. Im Osservatore Romano vom 20. Februar steht der Text der Schlußrede des Papstes an die Kommission, in der er sagt: „Das Internationale Jahr der Frau ging vorüber und auch die Arbeit ihrer Kommission ist zu Ende, jedoch soll man weniger von einem Ende als vielmehr von einem neuen Anfang sprechen. Mit dem Papier ist das Problem nicht gelöst, sondern die Impulse sind gegeben, daß das Problem jetzt endlich auch tatsächlich in Angriff genommen wird. Die Programme, die sich in den vergangenen Monaten entwickelt haben, müssen nun nach und nach zu Taten führen. Wir wir Ihnen am 18. April 1975 sagten, ist es höchst wichtig, überall dafür zu sorgen, daß die Rechte und Vorrechte aller Frauen gesehen, geachtet und geschützt werden, ob sie nun ehelos, verheiratet sind, ob sie als Erzieherin usw., ganz gleich in welcher Stellung in dieser Welt arbeiten. Denken wir nochmals an die Grundvoraussetzung des Christentums. Gott hat die menschliche Person als Mann und Frau in einer einzigen Liebesabsicht geschaffen, und zwar nach seinem Bild. Mann und Frau sind also völlig gleich vor Gott, gleich als Personen, gleich als seine Kinder, gleich an Würde, gleich auch an Rechten. Diese grundsätzliche Gleichheit muß sich auf verschiedenen Ebenen auswirken, vor allem auf der Ebene der Person. Die Frau besitzt ein unveräußerliches Recht auf Achtung im privaten Leben wie in der Öffentlichkeit. Ihre Würde muß anerkannt und geschätzt werden. Auf diesem Gebiet tut kraftvolles Handeln not. In der heutigen Gesellschaft gibt es neue Formen von Sklaverei und Erniedrigung der Frau. Die Gleichheit von Mann und Frau muß sowohl im Berufsleben wie im sozialen Leben verwirklicht werden."

Wir haben aus diesen wenigen Sätzen gehört, daß man theoretisch nichts mehr Neues über die Stellung der Frau in der Kirche sagen kann. Aber die Vergangenheit, aus der wir kommen, die soll nun aufgearbeitet werden. Dazu noch einige Hinweise für die konkrete Situation. In einem „Dictionaire de droit canonique", (also in einem Lexikon des Kirchenrechtes von 1953, Paris), steht unter dem Stichwort „famme" (= Frau) als Zusammenfassung: „Minderwertigkeit und Unfähigkeit." Im „Dictionario enzyclopedico di theologica morali", (also eine Enzyklopädie über die Moraltheologie, Rom 1973) steht unter dem Stichwort „donna" = Frau: „Klerikale Voreingenommenheit gegenüber der Frau und vermännlichte Liturgie" als Bezeichnung des momentanen Status, wie wir ihn vorfinden.

1908 hat Sertillanges dagegen schon seine berühmten Vorträge gehalten über die Rechte der Frau in Kirche und Gesellschaft. Einige Staaten haben dies aufgegriffen. In England hat es leider zu Repressionen gegen Frauen geführt.

Hier könnte ich auch Therese von Lisieux nennen. Sie können in ihrer Lebensbeschreibung nachlesen, wie sie es wörtlich ausdrückt, daß sie entsetzt ist, wie die Kirche die Frau behandelt, daß sie einfach nicht versteht, was sie bei ihrer Romreise an kirchenrechtlichen Bestimmungen erlebt hat. Sie sagt, daß ausgerechnet die Frauen, welche die treuesten bis unter das Kreuz gewesen sind und den Herrn nie im Stich gelassen haben, dafür in der Kirche nun bestraft werden, obwohl man sich auf die Frauen schon von ihrem Beispiel in der Bibel her hätte besser verlassen können.

Wenn ich kurz auf Christus zurückgreife, möchte ich Ihnen nur zwei Beispiele nennen, wie Christus damals seine Zeitgenossen provoziert hat. Die Stelle, wo Christus zu Maria, die zu seinen Füßen sitzt, sagt: „Maria hat den besten Teil erwählt", verstehen Sie nur, wenn Sie den historischen Hintergrund kennen.

Der Frau war im Judentum das Studium der Bibel, der Thora, verboten. Es gibt ein Diktum aus der jüdischen Tradition, das sagt: „Besser die Thora den Schweinen vorgeworfen, als sie der Frau zum Studium geben!" Vom jungen Mann aber, der die Thora studiert, gilt das Wort: „Er hat den besten Teil erwählt."

Nun kritisiert Martha indirekt Jesus, der diese jüdische Tradition mißachtet. Sie will ihn direkt nicht angreifen. Sie meint aber: Was machst du denn hier? Da sitzt eine Frau, die belehrst du über die Hl. Schrift, das ist doch verboten!

Und dann die Geschichte mit der Samariterin. Die Apostel waren ganz entsetzt. Und wissen Sie, worin das Ärgerniserregende in der Geschichte mit der Samariterin besteht? Jesus spricht mit einer Frau; mit einer Feindin des Volkes; er führt mit ihr ein religiöses Gespräch. Fünfmal war das äußerste, wie oft man geschieden werden konnte. Und sie war dazu noch eine Frau, die schon den Sechsten hatte. Das war provozierend! Das muß man alles wissen, um die Wut der Pharisäer und der damaligen Zeit darüber zu verstehen, daß Christus rücksichtslos mit bestimmten Tabus umgegangen ist. So können Sie, wenn Sie sich mit diesen Fragen über die „Stellung der Frau in der Kirche" befassen, genug Beispiele finden, die uns helfen, heute wieder die Korrekturen zu setzen, die tatsächlich notwendig geworden sind.

Daß es geschieht, ist mit die wichtigste Aufgabe, die nun vor uns liegt. An erster Stelle der Bewußtseinswandel, der sich vollziehen muß. In einer sehr profilierten Schrift über „die Frau und die Zukunft der Kirche" steht ganz nüchtern: „Es sind in der Welt niemals durch Deklarationen Verhältnisse geändert worden." Wenn das, was man hier deklariert und in Thesen faßt, wenn das nicht ein Denkprozeß und ein Umwandlungsprozeß in den Hirnen und Herzen der Menschen wird, dann ist jedes Papier total überflüssig. Darum sind diese Orientierungspunkte, die wir theoretisch haben, der Appell, daß wir einen großen Umdenkungsprozeß in der Kirche einleiten.

Sehen Sie diese Kirche, die großartigen Worte, die der Papst der Welt verkündet hat über die Frau. Gleichzeitig steht 1967 im Dekret von Rom, daß bei der Kommunionausteilung die Frauen nicht beteiligt werden dürfen. Wir haben protestiert. Von der ganzen Welt kamen Anfragen: Wie ist dies möglich heute noch? Es wurde 1969 korrigiert. Dann kam die Einführung der Beauftragung für Lektorat und Akolythat. Da hieß es wieder: „Nach altehrwürdigem Brauch sind diese Ämter den Männern vorbehalten."

Wenn seit 50 Jahren Gemeindeassistentinnen in der Kirche fast alles tun, was Diakone tun dürfen, dann verstehen wir, wenn deshalb aus diesen Reihen von Anfang an, als der Diakonat eingeführt wurde, diese Frauen gesagt haben: Der Diakonat interessiert uns nicht. Den Männern wird er angeboten, die zum Teil jene Ausbildung nicht haben, die wir haben, um das zu tun, was wir seit 50 Jahren ohne offizielle Anerkennung als Amt in der Kirche tun mußten. Wobei ich jetzt „Amt" noch neutral verstehen kann als eine Beauftragung mit einem Dienstamt in der Kirche. Sogar als Lektor, nur um vorzulesen, darf eine Frau nicht offiziell beauftragt werden. Sicher wird dies alles abgeschafft werden. Wir haben hier den Konflikt zwischen einem emotional und einem rational bedingten Bewußtseinsstand. Theoretisch sind wir in der Kirche vorgeprescht und in unseren Handlungen tun wir so, als ob wir der Kirche von gestern noch angehören würden.

Dazu gehören einige kirchenrechtliche Fragen, die auch der Korrektur bedürfen. Die Deutsche Bischofskonferenz hat ein Votum der Synode nach Rom geschickt, daß die Frau zum Diakonat zugelassen werden soll, wie es in der Vergangenheit schon war. Es stimmt, daß den Diakonat, den wir *heute* haben, Frauen nicht hatten; aber den Diakonat, wie wir ihn heute haben, gab es damals so nicht. Als Frauen noch Diakoninnen wurden, da war es ein Diakonat, der den Verhältnissen damals entsprach.

Wir müssen zu einem Schluß kommen. Lesen Sie den Artikel, den Dr. Forster in der Herder-Korrespondenz geschrieben hat: „Neue Ausgangsbedingungen der Frauenpastoral." Dr. Forster hat glücklicherweise, ohne daß wir ihn aufgefordert hatten, dieses Thema aus sämtlichen vorliegenden Untersuchungen, soweit sie vor der Synode durchgeführt wurden, über die Situation der Frau in der Kirche herausgegriffen. Er kam zu Ergebnissen, über die er einen ganzen Tag mit allen Verantwortlichen der Frauenseelsorge konferierte. Wir haben festgestellt, daß das, was wir schon immer gesagt haben, tatsächlich sich mit dem deckt, was nun der Theologe anhand von Untersuchungen feststellt und in diesem Artikel nach sorgfältiger Überlegung festgehalten hat: „Vereinfacht und zugespitzt läßt sich die geschlechtsspezifische soziologische Schichtung der in der Vergangenheit am kirchlichen Leben Beteiligten dahin formulieren, daß die Kirche eine von Männern geleitete Frauenkirche war. Diesem Bild entspricht in einer ähnlich vereinfachenden Skizzierung die sprichwörtliche Prävalenz von Kirche, Kindern und Küche in der sozialen Rolle der Frau." Das ist unsere Vergangenheit. Aber hier sind, was er mit statistischen Zahlen, die Sie nachlesen können, unterstreicht, große Wandlungen im Gange. Ich will nur noch einige interessante Dinge, die hier stehen, nennen.

Ich sagte schon: Der Rückgang der Kirchenbesucher müssen wir bei den Frauen suchen und das muß uns zu denken geben. Die Auswanderung der Frau aus der Kirche hat nachweisbar begonnen. Manche Leute werden böse, wenn man das sagt. So sehr die Frauen, — solche Bilder könnten wieder darüber hinwegtäuschen — noch die Treuen in der Kirche sind, ist hier etwas in Gang geraten, was wir nicht aufmerksam genug beobachten können. Es gehen regelmäßig zur Kirche: 1963 von den Katholiken: 48 % der Männer, 61 % der Frauen; 1976: 34% der Männer und 42% der Frauen, also Rückgang 21% im Gesamt, 19% Abnahme bei den Frauen! In den Altersstufen getrennt betrachtet: Frauen zwischen 16 und 29 Jahren 1963 noch 52%; jetzt 31% weniger. Das sind bewiesene Zahlen. In den Großstädten sind es 25%, die heute noch in die Kirche gehen, also ein paar Prozent mehr als der Rückgang um 21 %, weil dort die Entscheidungskirche schon begonnen hat. Und dann eine Zahl, die gerade Bischöfe erschreckt hat, wie sich die Frauen zur Pille, zur Abtreibung oder zum vorehelichen Zusammenleben stellen. Die Zahlen-verhältnisse haben sich hier erschreckend geändert. Frauen, die glauben, daß in den ersten drei Monaten eine Schwangerschaftsunterbrechung, also die Fristenlösung, grundsätzlich erlaubt ist, sind es von den Frauen zwischen 18 und 29 Jahren über 50 %. Und sogar von den Frauen über 80 Jahren stimmen 22 % der Fristenlösung zu. Welcher Bewußtseinswandel ist hier in der Kirche vor sich gegangen? Wir verkünden unsere Normen und so sehr wir verkünden und predigen, fallen viele aus dem Netz der Kirche bezüglich ihrer moralischen Wertvorstellung heraus. Wir müssen die Tatsachen einfach sehen und untersuchen. Vor 5 Jahren haben erst 24 % von den jüngeren Frauen (18—29) ein Zusammenleben vor der Ehe als möglich gehalten, heute 92 %.

Das sind Fakten, mit denen wir uns auseinandersetzen müssen. Wenn Identifikation mit der Kirche nur über Gruppen geht, dann fragen wir, in welchen Frauengruppen wir die Frauen wieder in die Kirche intregieren können. Das ist vor allem ein Appell an die Frauen selbst. Welche Frauen werden fähig sein, in Frauengruppen wieder das Bewußtsein dessen, wie Kirche über diese Dinge denkt und sie dem Menschen als Wille Gottes verkündet, glaubwürdig im Gespräch zu vermitteln? Wie muß eine Pastoral in der Zukunft ihre Schwerpunkte setzen z. B. das Verhältnis zur Ehe, zur Familie, zum Kind, zu Berufstätigkeit? Wie muß diese Frauenpastoral im Gesamtbild der Seelsorge aussehen? Soll wegen der Emanzipation der Frau die Frauenseelsorge als solche aufhören? Forster sagt das gleiche, was wir schon vor 15 Jahren gesagt haben: Als naturständige Frauenarbeit muß sie aufhören, aber die Zielgruppenarbeit mit Frauen aufgrund der Probleme, die eine andere Spannweite und Problematik wie die Männerwelt hat, muß es eine Seelsorge in Frauengruppen sein. Einen anderen Weg gibt es nicht, um die Frau für die Kirche zurückzugewinnen. Gerade die krisenhafte Neuorientierung, das veränderte Rollenbewußtsein der Frau, die verschiedenen Situationen und Probleme, in denen Frauen leben, mit denen sie sich herumschlagen, fordern eine spezifische mit Frauengemeinschaften und in Frauengruppen durchgeführte katechetische Arbeit in dem vorhin dargelegten Sinn.

In unserem Jahrhundert wurden zwei Frauen zu Kirchenlehrerinnen erhoben: Theresia von Avila, die von Simone de Beauvoir in ihrem Buch „Das andere Geschlecht" die einzige emanzipierte Frau der Vergangenheit genannt wurde. Diese Frau, sehen Sie, sie hat das Wunder in sich vereinigt, eine gläubige, gehorsame und trotzdem unabhängige — weil nur von Gott abhängige — Frau zu sein. Nur ein Prinzip von ihr, die mit der Kirche sich als „verrückte Nonne", wie sie Prälaten nannten, ein ganzes Leben herumschlagen mußte: „Ich werde mich der Autorität immer fügen, ich werde aber kämpfen, bis man einsieht, daß ich recht habe oder man überzeugt mich vom Gegenteil, aber rebellieren tue ich nicht." Sehen Sie, das ist ein Modus, den man kennen muß.

Katharina von Siena, die zweite Kirchenlehrerin, hat so selbständig und bewußt als Glied der Kirche gehandelt, daß sie durch ihre Appelle den Papst aus seinem Exil in Avignon nach Rom zurückgeholt hat. Wegen der ihr von Gott gegebenen Aufgabe hatte sie als Frau — was den Vorstellungen von der Frau in der Kirche damals ja auch entsprach — größte Zweifel wegen ihrer Berufung. Als sie es dem Herrn klagte, daß sie in ihrem Geschlecht ein großes Hindernis für ihre Aufgabe sieht, bekam sie die Antwort: „Mit der Gnade meines Geistes beschenke ich, wen ich will. Es gibt nicht Mann oder Frau, nicht Gemeine oder Adlige, denn vor mir sind alle gleich." Wenn wir diesen Satz zum Leitstern für alle Bemühungen in der Lösung der Frauenfrage in der Kirche machen, wenn wir uns von ihm bei allen Bemühungen in der heute notwendigen Frauenpastoral inspirieren lassen, dann werden die Frauen ihre Kirche und die Kirche mit ihnen viele Frauen erobern.

*

Am Nachmittag besuchten die Frauen die im Rahmenprogramm des Bistumsjubiläums angebotenen Veranstaltungen und versammelten sich dann wieder zu einem Gottesdienst im Limburger Dom mit Weihbischof Walther Kampe. Die Predigt hielt

Prälat Dr. Georg Höhle:

Meine lieben Frauen aus dem Bistum Limburg!

Ein Jubiläumstag, besonders dieser Art, ist eine historische Wegwarte. Da hält man inne und man schaut zurück und man schaut voraus. Heute morgen haben Sie in die Zukunft geschaut, Weisung empfangen für die Zukunft: „Die Frau von heute in der Kirche von morgen." Und jetzt kehren wir gleichsam in die Vergangenheit zurück in diesen altehrwürdigen Dom, der jetzt seit fast 750 Jahren steht, die Hauptkirche des Bistums, restauriert, wenigstens zum Teil, zurückversetzt in die Zeit seiner Erbauung.

Nun, wenn man hier hereinkommt, wird man sich sagen müssen: Das ist — auch wenn wir das gewohnt sind — nicht unsere Welt, das ist eine vergangene Welt. Was war das für eine Welt, für eine Zeit damals, als der Dom gebaut wurde? Was waren das für Menschen, die den Dom erbauten? In welcher Zeit lebten sie, welches Lebensgefühl drückt sich hier in diesem Bau aus?

Nun, die Welt des Mittelalters war klein und eng. Wenn Sie hier zu diesem Dom heraufkommen, dann gehen Sie durch schmale Gassen. Die Häuser sind eng aneinandergerückt, da ja alles in den Schutz der Stadtmauern eingezwängt werden mußte. Von Herbst bis Frühjahr war man von der Welt draußen abgeschnitten, denn die Landstraßen waren im Winter grundlos. Wir können uns heute bei der Weite und Mobilität unseres Lebens die enge Welt von damals nicht mehr vorstellen. Wie war ein solch eingeengtes Leben erträglich?

Nun, die Menschen damals hatten dem Menschen des Industriezeitalters etwas voraus, was uns heute nicht mehr so ganz selbstverständlich ist, nämlich: einen ungebrochenen Glauben. Für sie war die Welt im Alltag beengt, aber sie war nach oben offen. Wenn Sie dieses Gotteshaus betreten, dann treten Sie ein in eine vom Glauben her geprägte und geordnete Welt. Dieser Dom ist nicht aus glatten Wänden gebaut wie unsere oft so trostlosen modernen Kirchen heute, er ist bis ins einzelne gegliedert, eine wunderbare Ordnung drückt sich aus darin, wie die Säulen, die Pfeiler, die Bogen, die Ornamente zusammengefügt sind. Es ist der Glaube an eine feste Ordnung der Welt, die geborgen ruht in den Händen Gottes und die bei aller Unvollkommenheit doch erfüllt ist von einem Sinn. Dessen war man sicher in all der Unsicherheit des damaligen Lebens. Wenn man hier hereinkommt, dann wird der Blick sofort nach oben gerissen, wie von einem unwiderstehlichen Sog. So viel Raum, so viel Höhe ist rationell betrachtet die reinste Verschwendung. Aber der Dom ist gar nicht rationell gebaut. Er ist ein Symbol. Weit und hoch ist dieser Raum, und zugleich spendet er Geborgenheit. So wie unser Leben in Gott Weite findet und zugleich Geborgenheit. Die Menschen jener Zeit hatten ihre große Mühsal: Hungersnöte, die Pest, früher Tod war ihnen vertraut. Aber hier hatte sich ihr Glaube eine Heimstatt geschaffen, in der ihre Seelen Ruhe fanden. Ob uns das nicht zu denken gibt? Unser Leben ist gegen damals unendlich geweitet, unser Blick geht jeden Tag durch die Kommunikationsmittel über den ganzen Erdkreis und noch darüber hinaus. Die Technik hat uns viele Erleichterungen gebracht, viele Gefährdungen gebannt. Und doch — machen wir uns nichts vor —, aufs Ganze gesehen ist unser Leben genauso und vielleicht noch mehr gefährdet wie damals, nur daß es eben andere Gefährdungen sind. Die Ängste und Nöte der Menschheit sind aufs Ganze gesehen wahrhaftig nicht geringer geworden, aber: haben wir auch das rettende Gegengewicht? Haben wir den vertrauenden, gläubigen Blick zur Höhe? Gewiß, dort oben ist nicht Gott, dort oben ist das leere unendliche Weltall, räumlich gesehen, aber es gibt eine Höhe im Geist, es gibt die Fähigkeit des Menschen, aus seiner gefährdeten Welt aufzublicken, sich aufzuschwingen zum unendlichen Gott, zu Gott, der uns in Liebe zugewandt ist, der zu uns gesprochen hat durch seinen Sohn und der noch heute zum gläubigen Menschen spricht.

Das ist es, was dieser Dom auch uns heute kündet, ebenso wie das Evangelium dieses Tages, das uns erinnert an das eine Notwendige, ohne das wir nicht bestehen können.

Lassen Sie mich eine kleine Betrachtung anschließen über dieses Evangelium: Es ist ja eines der berühmtesten und meist berufensten und auch mißdeuteten Bibelworte, was wir da gehört haben: Martha, Martha, du machst dir viele Sorgen und Umstände, aber nur eines ist notwendig, nur eins. Maria hat das bessere erwählt, das soll ihr nicht genommen werden. Dieses Wort Jesu geht uns nicht ohne weiteres ein. Es kommt aus einer Zeit, die von Grund auf anders war als die unsere, eine Zeit, die wie auch die Zeit des Mittelalters noch nicht von der Hektik und Unruhe geprägt war wie unsere Zeit, wo man noch nicht darauf bedacht war, alles so rationell wie möglich zu tun und die kostbare Zeit zu verplanen, wo man das Wort Leistungszwang noch nicht kannte, wo man sich also noch Zeit nehmen konnte, wie wir sagen. Das allerdings tut Martha nicht. Martha ist ganz in Anspruch genommen, heißt es da, ganz in Anspruch genommen. Ach, wie wir das verstehen! Wir sind ja auch in Anspruch genommen vom Erwachen morgens bis zum Einschlafen und noch im Schlaf, wenn die Ängste des Tages in unseren Träumen wiederkehren. Wir sind in Anspruch genommen von unserer Arbeit. Sie ist die Grundlage unserer Existenz. Wir mögen sie lieben oder als harte Notwendigkeit betrachten.

Wir machen uns Gedanken um den Arbeitsplatz, um die Grenzen unserer Kraft, um den Abfall des Leistungsvermögens, die Gefahr des Mißlingens und weiter: wir sind besorgt über unsere Beziehungen zu anderen Menschen. Wir sind angewiesen auf ihr Wohlwollen, ihre Freundschaft, ihre Liebe, auf Gemeinschaft aller Art, auf Hilfeleistung. Und wie leicht ist diese Gemeinschaft gestört durch Mißverständnisse, durch Zorn, Gleichgültigkeit, Eifersucht, vergiftende Feindseligkeit, durch die Angst, liebe Menschen zu verlieren, sie zu verletzen, ihrer nicht wert zu sein. Und eines der schlimmsten Schicksale unserer Zeit ist die Einsamkeit der alten Menschen, eine ganz schlimme Sache. Und dann, was uns ganz persönlich angeht, werden wir unser Leben richtig bewältigen, gehe ich den rechten Weg? Treffe ich die rechten Entscheidungen? Versäume ich vielleicht Wichtiges? und schließlich: wie wirds mit mir zu Ende gehen? Wann und wie wird das sein? Tausend Fragen — Ängste. Dabei darf ich nicht nur an mich selbst denken. Millionen hungern, wir nicht. Tausende werden gequält und gefoltert. Kinder in zerrütteten Familien und politische Gefangene in Kerkern. Das Leid der Welt ist ungeheuer groß! Und wenn ich nicht ein absoluter Egoist bin, kann mich das nicht unberührt lassen! Wenn wir das alles überschauen, wir kennen ja unsere Ängste: Wie werde ich mit all dem fertig?

Und da komme ich zurück auf unsere Erzählung, und wir verstehen, was sie uns sagen will: Martha ist von Unruhe umgetrieben. Sie macht sich viele Sorgen und Umstände. Und da stimmt etwas nicht. Maria hat auch gearbeitet, aber nun nützt sie die seltene Gelegenheit, mit Jesus zu sprechen und auf sein Wort zu hören. Martha lebt ganz von sich selbst her. Sie macht alles abhängig von persönlichem Einsatz, von den eigenen Kräften. Daher ihre Rastlosigkeit, ihre Unruhe. Denn wenn der Mensch sich ganz auf sich selbst stellt, dann wird er geplagt von Sorge und Angst. Er weiß ja, wie wenig man sich darauf verlassen kann, daß die Dinge schon gutgehen werden. Wir sind Christen. Wir sollten uns ja auf Gott verlassen. Aber unsere Ängste beweisen uns, wie wenig wir Christen sind, wie wenig wir in Gott ruhen, in Gott verankert sind.

Und das ist Maria: Sie lebt vom Herrn her. Sie weiß: Das rechte Tun hat das rechte Hören zur Voraussetzung. Das Hören ist die Grundlage für das rechte Tun. Das Hören auf Gottes Wort, auf seinen Ruf. Wenn ich richtig leben will, dann muß ich Einkehr halten können bei mir selbst, um Gottes Anruf zu vernehmen. Gottes Anruf nicht nur im Evangelium, im Wort der Schrift, nein, Gottes Anruf vor allem an mich, Gottes Anruf aus meiner Situation, aus meinen Pflichten, aus den Menschen, die mir begegnen, aus meinem Schicksal. Aber ich kann das alles nur richtig deuten, wenn ich ein besinnlicher Mensch bin und mich ständig frage: Was will Gott von mir? Wie habe ich dies und das in seinem Sinne zu verstehen? Eben nicht als Zufall, als Menschenwerk, sondern als Fügung. Eben dazu sind wir ja gemahnt mit dem Wort Jesu: Martha, du machst dir Sorgen und Umstände gar zu viele. Aber wenn du mit deinen Sorgen in der rechten Weise fertig werden willst, wenn du dich nicht verlieren willst in der Unruhe des Alltags, dann ist nur eines notwendig: Du mußt wissen, daß letztlich alles in Gottes Händen ruht, auch dein Leben, daß nicht der Zufall, sondern seine Fügung dein Leben bestimmt. Deshalb versuche zu verstehen, was Gottes Wille mit dir ist! Versuche, auf Gottes Ruf zu hören, von ihm her deine Situation zu sehen und danach das Richtige zu tun! Denn eben das ist das eine Notwendige!

Meine lieben Frauen, bedenken wir das! Ich glaube, wir haben es nötig! Amen.

Diözesansynode

16. November 1977

Neue Synodalordnung für das Bistum Limburg beschlossen

Am Mittwoch, dem 16. November, nahm dann auch die Limburger Diözesansynode ihr Ende, es war die vierte in der Geschichte des Bistums. Diese Diözesansynode hatte am 17. Juni begonnen und befaßte sich mit rechtlichen Fragen der synodalen Vertretungsgremien. In der neuen Synodalordnung sind erstmals die Ordnungen aller synodalen Gremien zusammengefaßt. Die einzelnen Bestimmungen orientieren sich an den Beschlüssen der Gemeinsamen Synode der deutschen Bistümer in Würzburg von 1971 bis 1975. Bischof Dr. Kempf hatte den Beschlüssen der Synode unmittelbar nach der Synode zugestimmt und die neue Synodalordnung am 23. November, am Gründungstag des Bistums, in Kraft gesetzt. Das Schlußwort zur Synode sprach der Präsident der Diözesanversammlung, Hans Safran. Er danke besonders dem bisherigen Bischofsvikar für die Synodengremien, Weihbischof Walther Kampe, für die langjährige Arbeit in diesen Gremien und begrüßte den neuen Bischofsvikar für synodale Arbeit, Weihbischof Gerhard Pieschl. Zum Abschluß der Synode fand ein mit Bischof Dr. Kempf gefeierter Dankgottesdienst der Synodalen im Dom statt, bei dem Bischofsvikar W. Kampe die Predigt hielt.

Schlußwort
des Präsidenten der Diözesanversammlung,
Hans Safran

Nachdem die Synodalordnung das letzte Wort ausdrücklich dem Bischof zuspricht, möchte ich die mir von Ihnen, lieber Herr Bischof, eröffnete Chance nutzen, wenigstens in dieser Versammlung das letzte Wort zu sprechen. Genau genommen, ist es das vorletzte Wort, denn wie Sie im Gottesdienst die Synode eröffnet haben, werden Sie sie auch im Gottesdienst schließen, und erst das wird dann endgültig das letzte Wort sein.

Wir alle sind froh, daß wir es geschafft haben, daß wir uns durchgequält haben. Für den Ernst und die Gewissenhaftigkeit der Synodalen spricht, daß auch dieses Mal wieder sich nur sehr wenige entschuldigt haben. Mir erscheint es wert, das hervorzuheben.
Es hat Stimmen gegeben, die nach dem Sinn des Ganzen gefragt haben. Sie fragten: Habt Ihr denn sonst keine Sorgen, als Gesetze zu machen? Wird hier nicht ein Vorwand gesucht, um die eigentlichen Fragen zu verdrängen, die man nicht aussprechen darf oder wegen ihres unerbittlichen Drangs zur Konsequenz nicht aussprechen will? Zu gut kann ich die verstehen, die schon in der 1. Vollversammlung dieser Synode das sogar im Codex verbriefte Recht reklamiert haben, auch und gerade die pastoralen Nöte und Fragen der Gegenwart mit Ihnen, Herr Bischof, zu besprechen. Wir wissen, daß mit solchen Fragen kein Vorwurf gegen Sie erhoben worden ist. Niemand hätte Sie daran hindern können, eine Klerikerversammlung nach dem kirchlichen Gesetz aus dem Jahr 1918 zu veranstalten, in der auch das alles hätte zu Wort kommen können. Ihr Bestreben war, diese Synode nicht an den bestehenden synodalen Gremien vorbei zu veranstalten, in denen seit Jahren Priester, Ordensleute und Laien aufeinander hören, voneinander lernen und miteinander den gemeinsamen Weg suchen. So haben Sie in Rom nicht geruht, bis schließlich der Papst selbst die Synode in dieser Zusammensetzung gestattet hat.
Es gab und gibt ja Überlegungen, ob Diözesansynoden nach der Würzburger Synode noch sinnvoll seien. Ich meine, die Erfahrungen dieser unserer Synode lassen diese Frage eindeutig bejahen. Ich würde es bedauern, und es entspräche auch nicht der in Bistümern gegliederten Verfassung unserer Kirche, wenn Stück für Stück die Kompetenzen der Diözesanbischöfe auf die Bischofskonferenz und von den diözesanen Gremien auf eine gemeinsame Synode übergingen. Es muß gewährleistet sein, daß jede Diözese im Spiel der Kräfte ihre Eigenheiten und Besonderheiten zum Ausdruck bringt, in Gemeinschaft mit den anderen, aber nicht in Uniformität.

Ich denke, daß wir uns hierin einig sind. Verschiedene Meinungen mag es darüber geben, ob sich eine solche Diözesansynode gelohnt hat, die sich ausschließlich mit Strukturfragen beschäftigte. Ich möchte auch diese Frage eindeutig bejahen. Wir sollten nicht in den Fehler verfallen, die Dimensionen des Rechtes heute zu unterschätzen, nachdem man sie lange genug, auch in unserer Kirche, überschätzt hat. Es ist eine klare rechtliche Grundlage ermöglicht, ein geordnetes Miteinander in den synodalen Gremien, auch wenn dies erst im Konfliktsfall erfahrbar wird. Allerdings: wenn es Selbstzweck wäre, wenn damit alles zu Ende wäre, dann hätten die Skeptiker recht.

Wir haben ein Instrument geschaffen, wie in unserem Bistum die Amtsträger mit den synodalen Gremien in der Entscheidungsfindung zusammenwirken sollen. Für die praktische Handhabung dieses Instruments gibt es allerdings schon fast neun Jahre Erfahrung, die — von Ausnahmen abgesehen — als ermutigend zu bezeichnen ist. Wir danken Ihnen, Herr Bischof, daß Sie sich für das Zustandekommen dieser Synode eingesetzt haben, statt allein zu entscheiden, daß Sie ihren Beratungen mit so viel Aufmerksamkeit gefolgt sind, ohne ein einziges Mal mit Ihrer Autorität einzugreifen, und daß Sie sich bereit erklärt haben, die Beratungsergebnisse zu diözesanem Recht zu erheben. Wenn hier einmal von Dank die Rede ist, so gebührt dieser in besonderer Weise auch Ihnen, Herr Weihbischof Kampe. Mit dem heutigen Tag ist Ihr langjähriges Engagement für Laienapostolat und synodale Gremien zu einem Erfolg gekommen, jedenfalls was die äußere Form angeht. Bei Anlaß Ihres Jubiläums ist Ihnen nicht nur Dank gesagt, sondern auch Abbitte geleistet worden, und auch dem möchte ich mich anschließen: Abbitte dafür, daß es beim besten Willen nicht möglich war, *jede* Ihrer Ideen in die Tat umzusetzen. Aber Wichtiges wurde Wirklichkeit, und dazu gehört an erster Stelle die Synodalordnung.

Es mag sein, daß mancher Synodale der ersten Stunde, der an den Vorgängen dieser Ordnung mitgearbeitet hat, den heute verabschiedeten Text mit einiger Wehmut mit den Erwartungen und Wünschen vergleicht, die am Anfang standen. Es ist nicht zu bestreiten, daß man damals ein insgesamt „demokratischeres" Modell im Auge hatte. Der jetzige Text erweckt nicht mehr Hoffnungen, die sich von Anfang an nicht erfüllen konnten. Mancher, der etwa Erfahrungen aus der Kommunalpolitik mitbringt, mag die Nase rümpfen, wenn er davon hört, daß die synodalen Gremien nur „beratende" Funktion haben. Aber die Art und Weise, wie Sie, Herr Bischof, im Diözesansynodalrat und die meisten Pfarrer im Pfarrgemeinderat mit diesem Instrument umgehen, zeigt deutlich, welches Gewicht und welche Bedeutung eine solche Beratung tatsächlich haben kann. Von den Mitgliedern des Diözesansynodalrates hat sich bisher noch niemand zu einem demokratischen Sandkastenspiel mißbraucht gefühlt. Freilich ist festzuhalten, daß die Praxis der Synodalordnung vom guten Willen der Beteiligten abhängt, in erster Linie von dem der Amtsträger, aber auch von dem der Laien, die Verständnis für die Spannung aufbringen müssen, in der sich Amtsträger befinden: zwischen der gesamtkirchlichen Einbindung und den Anforderungen der konkreten Seelsorge. Der Weg mit Spaten und Haumesser durch das Gestrüpp der Paragraphen liegt hinter uns. Die synodalen Gremien auf Bistumsebene sind jetzt wieder frei, die drängenden pastoralen Probleme anzupacken. Ich möchte — ohne Anspruch auf Vollzähligkeit — einige wenige nennen, die mir besonders am Herzen liegen:

— das gestörte Verhältnis der heranwachsenden Generation zu der konkreten Kirche. In diesen Zusammenhang gehört die kritische Anfrage an uns, aus welchem Grund wohl junge Menschen die Erfüllung ihrer religiösen Bedürfnisse bei mehr als fragwürdigen Jugendreligionen suchen.

— die Fortsetzung des Weges unserer Pfarreien von der Versorgungsgemeinde zur lebendigen und zugleich für andere geöffneten Gemeinde.

— die Frage, wie man die Folgen des ständig zunehmenden Priestermangels in den Gemeinden verkraftet ohne Schaden an der spirituellen und religiösen Substanz zu nehmen, wie in den Gemeinden ein Klima geschaffen oder erhalten werden kann, in dem Priester- und Ordensberufe entstehen und gefördert werden.

— die Polarisierung der theologischen Auffassung in den Gemeinden, besonders in einem Teil des Klerus.

— und schließlich, um eine *Einzelheit* herauszugreifen, die für viele andere ähnlich gilt: die auf der Würzburger Synode mit so drängendem Ernst gestellte Frage, auf die man bis heute noch immer keine Antwort gehört hat, nämlich nach der Pastoral wiederverheirateter Geschiedener.

Auf solche Fragen soll sich in Zukunft die ganze Kraft und Aufmerksamkeit der synodalen Gremien richten. Alles kommt darauf an, daß es uns gelingt, die Botschaft der Hoffnung, die uns gegeben ist und die uns trägt, anderen Menschen zu vermitteln. Es gilt, in unseren Gemeinden und in unserem Bistum einen Raum zu schaffen, in dem Menschen Hoffnung haben können, weil sie dort zu Gott, zu sich selbst und zu anderen finden können. Immer wieder haben wir uns die kritische Frage zu stellen, die die Würzburger Synode gestellt hat und mit der ich schließen möchte:

„Zeigen unsere kirchlichen Lebensformen uns selbst und den Menschen unserer Lebenswelt hinreichend diese Züge einer Hoffnungsgemeinschaft, in der sich neues beziehungsreiches Leben entfaltet und die deshalb zum Ferment lebendiger Gemeinschaft werden kann in einer Gesellschaft wachsender Beziehungslosigkeit? Oder ist unser öffentliches kirchliches Leben nicht selbst viel zu verdunkelt und verengt von Angst und Kleinmut, zu sehr im Blick auf sich selbst befangen, allzusehr umgetrieben von der Sorge um Selbsterhaltung und Selbstreproduktion, die die allseits herrschenden Formen der Beziehungslosigkeit und der Isolation gerade nicht brechen helfen, sondern eher bestätigen und steigern?"

Dem ist nichts hinzuzufügen.

Weihbischof Walther Kampe:
Predigt in der Eucharistiefeier im Dom

„Ich sah die heilige Stadt, das neue Jerusalem, von Gott her aus dem Himmel herabkommen. Sie war bereitet wie eine Braut, die sich für ihren Mann geschmückt hat."
Diese Lesung hörten wir aus der Offenbarung des Johannes.

Hochwürdigster Herr Bischof,
meine lieben Mitsynodalen!

Diese Synode, die wir heute abgeschlossen haben, hatte in erster Linie rechtliche Ordnungen für unser Bistum zu beschließen. Nach soviel Diskussionen um Paragraphen ist es leicht möglich, daß man vor lauter Bäumen den Wald nicht mehr sieht, d. h. daß der Blick für das Ganze verlorengeht. So ist es gut, daß wir hier in unserem neueröffneten Dom noch einmal Gelegenheit haben, vor das Angesicht Gottes, vor den neuen Altar hinzutreten und noch einmal zu bedenken, was denn unsere Aufgabe als Synodalen gewesen ist und was unsere Aufgabe sein wird, wenn wir nun als Christen unseres Bistums darangehen, diese Ordnungen mit Leben zu erfüllen.

Liebe Synodalen, diese Aufgabe kann doch keine andere sein als die, in unserem Bistum durch die Kraft des Gottesgeistes dem Reich Gottes zum Durchbruch zu verhelfen, d. h. die Stadt Gottes aufzubauen. Wir tun das in unserem Zeitalter auf unsere Weise. In einer so kompliziert gewordenen Gesellschaft, wie die unsere, bedarf es klarer Strukturen, die in einer Rechtsordnung begründet sind. Allerdings müssen wir wissen, daß solche Ordnungen gleichsam nur ein Grundriß sind, nach dem die Fundamente gelegt werden. Oder wir können, da wir ja nicht völlig am Anfang stehen, sondern schon einige Jahre der Erfahrung hinter uns haben, sagen: Das ist der Plan des Architekten, nach dem das Haus gebaut werden soll. Aber dieses Haus müssen wir noch bauen!

So wichtig es ist, daß die Baumeister die Pläne zeichnen, daß die Statik stimmt und daß das zu bauende Haus wohnlich ist und die rechten Maße besitzt, so ist es doch nicht minder wichtig, nun die Steine aufzubauen und das Dach darüberzusetzen. Unsere gläubigen Vorväter, die diesen Dom im 13. Jahrhundert erbaut haben, haben auf ihre Weise — gewiß eine andere Weise — versucht, dem, was sie wollten, Gestalt zu geben in diesem Dom, den sie zu Gottes Ehre und für das Heil der Menschen erbaut haben und den wir als Erbe in Besitz genommen haben.

Ich will darum in dieser Stunde den vielleicht etwas kühnen Versuch machen, dieses Bauwerk theologisch zu deuten, denn das Mittelalter hat ja nicht nur eine künstlerische Darstellung versucht, sondern es hat immer auch einen theologischen Inhalt ausdrücken wollen. Nun gewiß, die Deutung eines Symbols ist niemals völlig eindeutig, und sie ist immer auch irgendwie subjektiv. Aber ich glaube, wir können genauso wie unsere Vorväter das Recht in Anspruch nehmen, die Freiheit uns zumuten, daß wir das Zeichen deuten, daß wir es zum Sprechen bringen auf unsere Weise, damit es uns den Weg weise, eben den gemeinsamen Weg, den wir gemeinsam gesucht haben und den wir gemeinsam begehen wollen.

Wenn wir den Dom von der Lahn aus vor uns sehen, etwa von einer der drei Lahnbrücken, dann wird es uns unmittelbar klar, was er eigentlich sein will: Die Stadt Gottes, die Stadt auf dem Berge, wie es im Evangelium heißt, das himmlische Jerusalem, wie wir es in der Lesung hörten, wie der Seher der Offenbarung es geschaut hat, das himmlische Jerusalem, das niedersteigt wie eine Braut geschmückt für ihren Bräutigam auf diese Erde. Diese Vision hat sichtbare Gestalt angenommen in diesem Gotteshaus. Die neue Außenbemalung, die ja der ursprünglichen weithin entspricht, verdeutlicht uns das aufs neue. Dieser Bau steigt nicht wie ein graues Mauerwerk aus der Erde heraus, er will nicht sein Erde von Erde, Materie aus Materie, sondern er ruht wohl auf dem Felsengrund, kommt aber selbst aus einer anderen Welt, die nicht Natur ist, sondern über der Natur steht. Das wird ganz besonders deutlich in der Nacht, wenn er angestrahlt ist — wir können es ja wohl nachher noch sehen, wenn wir aus dem Dom wieder herausgehen — vor allem, wenn man es von unten her sieht, erscheint gleichsam der Dom zu schweben, er scheint von oben zu kommen, die Civitas Dei, die Stadt Gottes, das Haus Gottes, das Haus voll Glorie, in dem Gottes Herrlichkeit sichtbar wird oder wenigstens einen Abglanz dieser Herrlichkeit uns ins Bewußtsein bringen will. Trotzdem, meine lieben Synodalen, steht dieser spätromanische Bau festgewurzelt auf dem Felsen bewehrt mit den sieben Türmen, die ihn fast wie eine Burg, wie eine Festung erscheinen lassen. Die Sieben war ja schon für unsere Väter eine heilige Zahl. Ich weiß nicht, ob sie damals im 13. Jahrhundert schon an die sieben Sakramente gedacht haben, aber diese Deutung ist sicherlich doch auch legitim. Nach Westen, dem Untergang der Sonne zu, dort wo die Nacht beginnt, das Reich der Dämonen, nach dem Glauben der Vorväter, dort sind die beiden Haupttürme, das Sinnbild der Initiationssakramente Taufe und Firmung, die uns dem Bösen, dem Reich der Dämonen entrissen haben oder uns Kraft geben zum Kampf mit den Unheilsmächten unseres Lebens und dieser Welt. Nach Norden, wo der Tod zu Hause ist, in Eiseskälte, wo aber auch über den Tod hinaus die Ewigkeit anfängt, da stehen die kleineren Türme als Zeichen der heilenden Sakramente der Buße und der Krankensalbung. Nach Süden, dort wo die Stadt der Bürger liegt, stehen die Zeichen der beiden sozialen Sakramente, der Gemeinschaftssakramente Ehe und Weihe. Und schließlich noch nach Osten, oder besser noch gesagt, in der Mitte, die Vierung überturmend, über dem Altar das Zeichen der Eucharistie, des Sakramentes, das alle anderen zusammenfaßt und überhöht. Zeichen, die zum Himmel weisen, wie der ganze Bau, die Kirche, das Ursakrament, nach Gott hinstrebt.

Wir treten ein in das Innere. Diese Westseite, gebaut wie ein Stadttor, die Porta Coeli, die Himmelspforte, öffnet sich in dem reichgeschmückten Tor, das uns einläßt. Vor uns liegt eine Straße, der Prozessionsweg, auf dem wir einziehen in das Heiligtum. Es ist der gemeinsame Weg, der Weg des pilgernden Gottesvolkes. Das haben die romanischen Baumeister von der altchristlichen Basilika übernommen.

deren Säulen wie eine Allee hinführten zu dem Altar. Das hat die romanische Kirche übernommen. Dr. Ronig, der uns den neuen kleinen Domführer geschrieben hat, deutet das so: An den beiden Seiten der Straße, der überdeckten Straße, stehen die Häuser der himmlischen Stadt mit ihren Wohnungen, die der Herr uns bereitet hat, als er zum Himmel aufstieg und uns vorausging, die Häuser der himmlischen Stadt. In diesen Wohnungen findet das Volk Gottes seine Heimat. Unten stehen die breiten, festen Bogen, die mächtigen Pfeiler, die sind gleichsam die Türen, durch die man eintreten kann, und in der Mitte sind die Halbbogen wie Fenster, aus denen die Himmlischen, die Heiligen, die bereits am Ziel sind, auf uns niederschauen, die wir ja noch wandern, aber bereits schon einziehen in die heilige Stadt, denn wir sind ja schon Getaufte, Gefirmte, wir sind bereits Bürger der Gottesstadt.

Ganz oben dann im Prätorium die vielen kleinen Bogen, die so reich gegliedert sind, gleichsam die Wohnungen der Dienerschaft, so könnte man sagen, aber die Kleinen stehen Gott näher als die Großen. Sie haben ganz oben bei Gott ihren Platz.

Aber unten stehen die Mächtigen, die Verantwortung tragen für das Ganze. Sie haben eine schwere Last zu tragen und eine größere Verantwortung. Das Volk Gottes ist also keineswegs uniform und amorph. Es ist genauso wie diese Wände reich gegliedert. Es hat vielfältige Formen, aber jeder hat in diesem Gottesreich, in dieser Gottesstadt, seinen eigenen Platz, seine eigene Verantwortung, so wie jede Säule trägt, wie jeder Stein eingebaut ist in das Ganze und das Ganze erst diese herrliche Ordnung gibt. So haben auch wir alle Verantwortung für die Sendung der Kirche, wie unsere neue Synodalordnung das sagt, aber in sehr unterschiedlicher Weise. Ein Leib mit vielen Gliedern, aber kein Glied darf verlorengehen, jeder ist Säule, die mitträgt am Ganzen und muß sich dieser Aufgabe bewußt werden.

Schauen wir uns dann noch einmal den Grundriß an: Er ist ein Kreuz, das vom Westen nach Osten geht und ebenso der kleinere Querbalken von Süden nach Norden. Dieses kosmische Kreuz, das die Gesamtheit des Kosmos in den vier Windrichtungen bezeichnet, ist das Kreuz Christi geworden, das die ganze Welt umfaßt. Und in diesem Kreuz stehen nun die Menschen, die Christen, aber nicht in gleicher Richtung. Sie schauen sich gegenseitig an. Im Ostchor ist der Raum für das Presbyterium und für alle, die besondere liturgische Dienste tun. Die schauen hin zur Gemeinde, und am Ende des Weges in der Apsis steht der Stuhl des Bischofs, die Kathedra. Sie ist der Sitz Christi, des Vorstehers, des obersten Hirten, der im Bischof dargestellt ist, umgeben von den Priestern, die die Vorsteher der Gemeinden sind und von den Diakonen, die die einzelnen Dienste für die Gemeinden tun. Auch hier wieder Strukturen, die Vielfalt der Charismen, der Reichtum der Sendungen, die aber erst alle zusammen den einen und den ganzen Christus darstellen, wie wir es in unserer Synodalordnung auf unsere heutige Weise nachgezeichnet haben.

Und dann schließlich die Mitte, der Christusaltar. Altar und Kathedra stehen in enger Beziehung. Sie sollten, so meinen wir, in der endgültigen Gestaltung des Doms aus dem gleichen Stein gebaut sein, denn beide sind ein einziges Christussymbol. Christus ist Opferpriester und Opfergabe, er ist Lehrer und Hirte, der den Vorsitz innehat, aber zugleich ist er der Hohepriester, der für sein Volk zu Gott hintritt, zum Vater. Wir haben den Altar nach der liturgischen Ordnung unserer Zeit zusammen mit dem Ambo, dem Ort der Wortverkündigung, wieder in die Mitte des Gottesvolkes gerückt, das ihn ringsum umgibt. Schon lange ist der Lettner gefallen, der Priester und Volk trennte, aber auch wir haben dazu die Kommunionbank entfernt und nur leichte Seile sind noch geblieben, damit der Raum um den Altar abgegrenzt wird von dem Besucherstrom. Aber der Chor, der Ort des Presbyteriums, ist geblieben, denn es gehört wesentlich zum Bau, zum Ganzen der Kirche, aber nicht getrennt von der Gemeinde durch eine Mauer, sondern ihr zugewandt. Haupt und Leib, Bräutigam und Braut, Hirte und Herde, König und Volk sind eine Einheit, ein Ganzes im Bau der Kirche. Wollten wir etwas anderes, als wir die Synodalordnung beschlossen und sie dem Bischof übergeben haben, damit er sie nun in Kraft setze?

Aber noch eines ist zu sagen: Im Dom fehlt auch nicht der Raum für die private Anbetung, die Sakramentskapelle und die Grabkapelle unserer Bischöfe.

Bedenken wir doch auch, daß im Leben unserer Gemeinden und der Kirche die Sammlung notwendig ist. Nicht nur das Öffentliche, nicht nur die Gemeindeversammlung und der Gemeinderat sind das ganze Christentum, sondern auch die Gruppe, die Familie, ja der einzelne Mensch, alle gehören zur Kirche und ohne sie wäre das Ganze nichts.

Zum Schluß aber, liebe Synodalen, laßt uns in die Höhe schauen. Oben am Gewölbe und in der Kuppel bricht von Osten her, vor allem wenn die Eucharistie am Morgen gefeiert wird, das Licht der aufsteigenden Sonne ein und fällt in den Raum. Dieses Licht macht den toten Raum erst lebendig. Und ohne das Licht wäre der Raum in Finsternis gehüllt und er wäre für uns und unsere Augen überhaupt nicht vorhanden. Wir könnten nicht die herrlichen Fresken und die lichten Farben sehen, die jetzt wieder restauriert sind. Ja, das Ganze wäre für uns nicht da. Ist das nicht das Zeichen des Geistes, der erst alles lebendig macht und ohne den alles tot ist? Licht und Leben, beides ist identisch. Vergessen wir auch nicht: alles wäre toter Buchstabe, leerer Schall und wertloses Papier, wenn nicht der Gottesgeist der Kirche Leben gäbe. Alle Ordnungen, und wären sie noch so perfekt, alles Recht, und wäre es noch so gültig, alle Funktionen, und wären sie noch so klug ausgedacht und bestens organisiert, sie wären wertloser Ballast, wenn der Geist Christi fehlen würde. Diesem Geist sich zu öffnen, das wird jetzt unsere Aufgabe sein. Und diesen Geist zu erbitten sind wir hier zusammengekommen zur Eucharistiefeier im Gottesdienst. Ihn zu empfangen, sollte der schönste Lohn sein für alle Mühe der Synode. Dann erst können wir am Schluß sagen: „Procedamus in pace!" „Lasset uns in Frieden unseren gemeinsamen Weg gehen hin zu unserem gemeinsamen Herren." Amen.

Tag der Caritas
17. November 1977

„Der Tag handelt nicht nur ein Thema ab", sagte zum Tag der Caritas Ordinariatsrat Josef Frank den weit über 1000 Teilnehmern, „er soll ein Zeichen sein." Er kleidete das Thema in die Frage „Wie stehen wir zum Leiden, zum Sterben und zum Tod?" Als Ehrengäste nahmen der Hess. Justizminister Dr. Günther, der Staatssekretär im Sozialministerium Dr. Steinhäuser, und für das Land Rheinland-Pfalz die Staatssekretärin im Sozialministerium Dr. Hellwig teil.

Zwei Referenten hatten sich das Thema geteilt, der Jesuitenpater Hans Hirschmann von der Theol. Philosoph. Hochschule St. Georgen in Frankfurt und der Limburger Chefarzt und Ärztl. Direktor des St.-Vincenz-Krankenhauses, Dr. Paul Becker.

Einen besonderen Akzent bekam der Tag durch den Abschlußgottesdienst, bei dem der Bischof mehreren Kranken die Krankensalbung spendete. Die Feier wurde musikalisch von behinderten Kindern des St. Vincenzstiftes in Aulhausen gestaltet.

Referat von Professor Pater Dr. Johannes B. Hirschmann SJ, Frankfurt/M.

„Kirche im Dienst an der Grenze des Lebens"

I.

Wir wollen in dieser Zusammenkunft von dem Dienst sprechen, der unseren gemeinsamen Weg im Alltag bestimmt: den Dienst der helfenden Liebe am Menschen in Not. Es ist ein Dienst an dem, was der Mensch lieb hat — und der Mensch liebt das Leben, liebt es bis an die äußerste Grenze menschlicher Existenz. Gerade im Dienst am Leben stößt ja unsere Liebe immer wieder auch an die Grenzen unseres Lebens. Es ist ja vor allem die Not, die diese Grenze immer und immer wieder neu in immer wieder wechselnden Gestalten sichtbar macht.

Unser Dienst kann diese Grenze oft aufbrechen, oft die Ströme des Lebens über diese Grenze hinaus zum Fließen bringen. Aber keine dieser Grenzen, weder das Alter noch die Krankheit, weder die Armut noch die wachsende Einsamkeit, weder Behinderungen aller Art noch das An-den-Rand-der-Gesellschaft-gedrängt-Werden vermögen wir aus der Welt herauszuschaffen. Das gelingt weder dem technischen Fortschritt unserer Apparaturen noch der Vervollkommnung unserer Ausbildung, noch der fortschreitenden Organisation in Gesellschaft und Staat.

Denn: Alle diese einzelnen Grenzen bewegen sich ja im Rahmen einer umfassenderen, einer letzten Grenze, die die Endlichkeit unseres irdischen Lebens sichtbar macht, *die Grenze des Todes*. Auf diese Grenze bewegen wir uns alle und ständig zu, bewegen wir uns in einer untrüglichen Sicherheit zu. Diese Grenze aber stellt alles, was wir erleben und erleiden im Leben, noch einmal von Ganzem her in Frage: dieser letzte Akt, diese letzte Passion, dieses Sterben.

Wir wollen heute besonders vom Dienst der Kirche an dieser Grenze sprechen. Denn, was an ihr vor sich geht, das vermag allem innerhalb dieser Grenzen eine letzte Tiefe und Bedeutsamkeit zu geben. Das vermag ein neues Licht und zugleich ein neues Dunkel zu werfen auf alle Dienste unseres Lebens. Das erschließt uns letzte Hoffnung und führt uns hinein in eine letzte Freiheit. An dieser Grenze erreicht unsere menschliche Existenz ihr tiefstes Geheimnis. An ihr ist sie aber zugleich auch umgriffen von einem grenzenlosen Geheimnis der Liebe; von jenem, das wir Gott nennen und als unseren Gott glauben.

Sie haben zwei Männer aus Ihren Reihen gebeten, über diesen Dienst der Kirche an den Grenzen und an der Grenze des Lebens zu sprechen — einen Priester und einen Arzt. Einen Arzt, der täglich am Lager Sterbender steht, und der, wie wir wissen, seinem ärztlichen Tun gerade in diesem Dienst eine besondere Gewichtigkeit gibt. Sie haben dazu einen Priester gebeten, der im Zusammenhang mit seinem Beruf als Theologe tagtäglich junge Menschen vorbereiten muß auf diesen Dienst der Kirche. Aber auch einen Priester, der selbst vor wenigen Jahren als Patient an dieser äußersten

Grenze des Lebens gestanden hat und der ohne die Erfahrung der Sorge von Ärzten und der Liebe der Kirche jetzt nicht zu Ihnen sprechen könnte. Was ich sagen will, ist infolgedessen weniger eine theologische Lehre als ein Zeugnis von Erfahrungen. Gewiß, keine Erfahrung der Todesnähe gibt uns schon die Erfahrung des Todes selbst, geschweige denn die Erfahrung von dem, was über die Grenze des Todes hinaus auf uns wartet. Was sich jenseits des Todes begibt, übersteigt ja alle Vorstellungen und selbst alle Begriffe, die uns unser innerweltliches Leben vermittelt. Jeder lebt hier sein Leben, und jeder stirbt hier seinen Tod.

Und trotzdem gibt es in dieser Gemeinsamkeit aller eine grenzenlose Fülle von unterschiedlichen Erfahrungen des Sterbens, von der grauenvoll-ängstlichen Angst bis zu der gelösten Ergebung des Heimgangs zu Gott.

Bevor ich über den Dienst der Kirche an dieser Grenze spreche, möchte ich zunächst ein Wort darüber sagen, daß sich in der Gegenwart die Gestalt der Erfahrung des Sterbens zu wandeln scheint. Ich möchte dem etwas hinzufügen über den Dienst selbst, dem die Liebe der Kirche und die Liebe in der Kirche hier Gestalt gibt: Wir alle sprechen hier, und wir alle hören hier als Betroffene. Dabei wissen wir, was das bedeutet, daß besonders Betroffene unter uns sind. Wer von uns steht der Grenze, von der wir sprechen, hier und jetzt am nächsten? Über all dieses hinaus soll dann auch ein Wort über die Dienste stehen, die dann im Vortrag von Herrn Dr. Becker konkretisiert und entfaltet werden.

Nur eines soll deutlich über dem Ganzen heute morgen stehen, über dem ganzen Jubiläum und über unserem gemeinsamen Weg: das Kreuz unseres Herrn selbst, das Gedächtnis seines Todes. Es war ein Sterben für uns, das unser Sterben mit ihm und unser Sterben für andere in seine letzte Gestalt hineinführt.

II.

Von dem Gestaltwandel der Erfahrung des Dienstes an den Grenzen unseres Lebens und dieser Erfahrung selbst.

Bis vor wenigen Jahren hat man den vorherrschenden Zug in der Auseinandersetzung der Menschen unserer Welt mit Sterben und Tod als Verdrängen von beiden bezeichnet. Die Menschen starben nicht mehr wie früher, so oft und so gut, meistens zu Hause, in der Gemeinschaft der Ihren. Das Sterben verlagerte sich in das Krankenhaus. Und selbst im Krankenhaus vollzog sich, so sagte man, langsam die Auswanderung der Sterbenden aus der üblichen Krankenhausgemeinschaft. Selbst für ihr Begräbnis hat die Verschönerungskunst unserer Tage Formen gefunden, die uns das Sterben weiter entrücken. Sie hat den Friedhof, die Stätte der Toten, weniger zu einer Begegnungsstätte mit ihnen gemacht als zu einem integrierten Bestandteil einer blühenden Landschaft.

Wir lesen täglich vom Sterben und Tod, von den Opfern des Verkehrs auf der Straße und in der Luft. Wir sehen täglich auf der Leinwand und im Fernsehen massiert die Darstellung von Tötungen und Morden. Aber, auch diese Massierung kann dazu beitragen, daß wir uns an das doch so Einzigartige und Einmalige, das das Sterben darstellt, allzu sehr gewöhnen. Der Tod wird kaum mehr ein besonders hervorgehobener Gegenstand des Gespräches sein. Und selbst das Schweigen über ihn verliert etwas von dem Charakter eines natürlichen Tabus. Wir scheinen uns an das Sterben zu gewöhnen und lassen es selbst zu etwas sehr Gewöhnlichem werden.

Nun glaube ich, daß sich das seit einigen Jahren etwas zu ändern beginnt. Wieder wird das Sterben und der Tod Gegenstand, beliebter Gegenstand unserer Literatur. Es gibt, und die Fenster unserer Buchläden zeigen sie uns, faszinierende Interviews mit Sterbenden, Berichte über die Grenzerfahrungen von Menschen vor der Schwelle des Todes, ja Versuche darüber hinaus, zu Erfahrungen zu kommen. Es dringen dann durch Bücher Darstellungen zu uns von dem, was jenseits dieser Schwelle auf uns wartet.

Das Sterben wird in der gleichen Zeit ein tiefer als früher erregender Gegenstand politischer Grenzerfahrungen. Wie tief hat doch im Grunde uns alle bewegt der Kampf um das Leben und

Sterben der Ungeborenen im Strafrecht. Und nun kommt auf uns zu die Diskussion über die rechtliche Ausgestaltung des Rechtes des Menschen auf „seinen Tod". Und wir sprechen von der „Sterbehilfe" und ihrer Behandlung im kommenden Strafrecht.

Unheimlich näher rückt uns zu gleicher Zeit der Tod noch in ganz anderen Gestalten: der Tod aus der Vernachlässigung des Umweltschutzes. Der Tod aus dem Strahlen- und Druckgift der Neutronenbombe. Das Gespenst des Sterbens der ganzen Menschheit und nicht mehr bloß des einzelnen Menschen. Irgendwie spürt man in großen Demonstrationen wie in vorweggenommenen Leichengängen kollektive Todesängste unserer Generation.

Und an ein Letztes ist zu erinnern: Wer von uns hat nicht in stärkster Mitbetroffenheit das ungehemmte Töten von Terroristen in den letzten Wochen miterlebt sowie die Todesgefahr der Geiseln, des einsamen Einzelnen und die der großen Gruppe im Flugzeug: die Erfahrung der Grenzen des staatlichen Schutzes vor dieser Gefährdung unseres Lebens bis zu der bedrückendsten Frage — hoffentlich hat mehr als einer von uns sie sich gestellt: Was mag eigentlich in ihren letzten Augenblicken in den vom Leben Abschied nehmenden Sterbenden von Stammheim vor sich gegangen sein? Neue Nähe, neue Erfahrung des Todes!

Aber gerade angesichts solcher Erfahrungen müssen wir sprechen über dieses offene Geheimnis. Und immer erinnere ich mich selbst in diesem Zusammenhang an die erste Frage, die ich selbst vor wenigen Jahren an den Arzt im Essener Klinikum unmittelbar an der Todesschwelle richtete — d. h. ich selbst erinnere mich nicht mehr, andere erinnern mich daran: „Sagen Sie, Herr Doktor, was ist eigentlich der Sinn dieser Stunde?"

III.

Von den Antworten unseres Glaubens auf diese Frage und von dem Ringen unserer Glaubenswissenschaft im Rahmen der Verkündigung der Kirche.

Die Antwort auf solche Frage ist ja mitbestimmt durch das, was uns das Wort Gottes selbst über den Tod des Menschen sagt und was in der Lehrverkündigung der Kirche gesagt und im Denken der Theologen immer wieder erneut bedacht wird.

Zwei extreme Auffassungen über den Sinn des Sterbens werden dieser Antwort unserer Kirche nicht gerecht. Die erste Auffassung sagt: Mit dem Sterben geht alles im Menschen zu Ende. Der Tod ist das absolute Ende menschlicher Existenz. Sterben bringt alles in uns zum Abschluß. — Das widerspricht der Aussage unseres Glaubens „Wer an mich glaubt, der wird leben, auch wenn er gestorben ist; ja, jeder, der an mich glaubt, wird leben in Ewigkeit". Gewiß ist das Sterben das Zu-Ende-kommen all dessen, was die irdische Seite, gleichsam die „Außenseite" unserer menschlichen Existenz darstellt. Es ist das Zu-Ende-kommen all dessen, was der Mensch in eigener Kraft aus seinem irdischen Leben herausholen kann. Aber zugleich ist dieses Leben des Menschen umgriffen von dem treuen Ja seines Schöpfers zum Menschen als seinem Ebenbild. Eben dieser Schöpfer ist um dieses Menschen willen selbst Mensch geworden. Er hat nicht nur mit uns gelebt, er ist auch mit uns gestorben. Er hat in diesem seinem Tod, den er durchlitten hat, dem Tod aller eine verwandelte Gestalt gegeben. Tod ist so nicht absolutes Ende, sondern totale Verwandlung der Gestalt menschlichen Lebens. So, wie wir es singen in der Totenmesse: „Denen, die an ihn glauben, wird im Sterben das Leben nicht genommen, nur seine irdische Gestalt wird verwandelt", und zwar: hineinverwandelt in eine unverlierbare Endgültigkeit und Vollendung menschlicher Existenz.

Die zweite extreme Ansicht, die mit unserem Glauben nicht zu vereinbaren ist, sagt: Im Sterben stirbt eigentlich überhaupt nicht der Mensch. Im Sterben stirbt ja die Seele nicht; der uneigentliche Mensch, der Leib ist es, der zerfällt. Und dieser Leib zerfällt in der Erde, während die Seele ein abgesondertes Dasein führt bis zu dem Tage, der Leib und Seele wieder vereint. Dieses Trennen des Menschen in zwei Stücke, in Leib und die Seele, entspricht so nicht der biblischen Aussage vom Menschen;

ist auch in der Geschichte der kirchlichen Verkündigung niemals so eindeutig gewesen. Es führt ja in eine gewisse Verharmlosung des Todes, als gehe in ihm nur ein unwesentlicher Teil des Menschen zugrunde, aber nicht das Eigentliche des Menschen. Und so wird denn auch der Auferstehung, wie wir sie im Glauben unserer Kirche verstehen, der Auferstehung „der Toten", ihre letzte Fülle genommen; nämlich, daß, wie der Mensch stirbt, es auch der ganze Mensch ist, der in unserem Herrn aufersteht.

Was ist im Licht solcher Aussagen dann Sterben? Wenn der Tod das zu-Ende-kommen aller irdischen Lebensvollzüge des Menschen ist — nach dem hl. Thomas „unter allen menschlichen Übeln das schlimmste, das den Menschen überhaupt trifft und das der Mensch erleidet" — dann ist das Sterben der Eintritt in diese tiefste Leidensnacht. Es besteht aber zugleich die Chance des Menschen, dieses Leid ganz menschlich anzunehmen. Es ist zugleich damit auch seine letzte mögliche Tat der Freiheit; das letzte und umfassende Ja des Menschen zu dem Geschenk, das er Gott in seinem Leben bis zu dieser äußersten Stunde macht.

Ich erinnere mich selbst, wie ich am Rand dieser eigenen äußersten Stunde krampfhaft versucht habe, mein ganzes Leben in seinen vielen Einzelereignissen zusammenzufassen, dafür gleichsam die einheitliche Formel zu finden. Tatsächlich eröffnet der Tod diese Möglichkeit. Er sammelt das ganze menschliche Leben in eine letzte Einheit. Das Gebet sah damals bei mir so aus: „Herr, gib mir in dieser Stunde einen höchst lebendigen Glauben; der so groß ist, daß er nur durch eines überboten werden kann: durch Liebe."

Was ist Sterben? Sterben ist zugleich letzte Bewährung, letzte Prüfung, letzte Versuchung; weil bis in den Tod hinein alles im Leben des Menschen offen ist und er zugleich die letzte Entscheidung des Menschen trifft.

Auch hier erinnere ich mich an Erlebtes an der Grenze des Todes. Wie oft war es mir so, daß mir beim Nachdenken über mein Leben der Gedanke durch den Kopf ging: Wenn nun all dein Glaube und all dein Lehren als Theologe ein Irrtum gewesen wäre, ein Fehlgang? Das ist eine große Anfechtung zuletzt, aber es ist möglich, aus dieser Anfechtung heraus mit seiner Hilfe zu jenem Gebet zu kommen, das wir so oft am Ende von Exerzitien gesprochen haben: „Nimm hin, o Herr, meine ganze Freiheit. All das, was ich habe und besitze in meinem Leben, kommt von dir. Dir darf ich es wieder zurückgeben. Gib mir nur deine Liebe und Gnade. Das genügt, mehr brauche ich nicht."

Was ist Sterben? Ein zur-Ruhe-kommen aller menschlichen Unruhe, eine Lösung aller Konflikte. Das, was als wichtigstes und häufigstes Wort die junge Kirche über die Gräber schrieb, war: Schalom, Eirene, Pax, Friede.

Was ist Sterben? Eine letzte Bewegung des Lebens selbst, in der der Mensch konfrontiert wird mit der Gesamtheit seines Tuns und Lassens, ein Gericht also auch, in das er ganz allein hineingeht; und doch als Mensch hineingeht, für den es niemals in seinem Leben so wenig gut ist, allein zu sein; der eine Hand sucht, die ihn hält in dieser Stunde, bevor er seine Hand umgriffen spürt durch eine umfassendere Hand: „Vater, in deine Hände gebe ich meinen Geist."

Was ist Sterben? Mit dem hl. Franz von Assisi: eine Begegnung mit dem Bruder Tod. Der selbst scheint ein Bruder des Schlafes: ein Schließen der Augen und Entschlafen; und doch ist er zutiefst das gerade Gegenteil. Es ist der Beginn des großen Erwachens des Menschen; die Öffnung der Augen des Menschen für all das, was ihm irdisch verborgen blieb. Ein Verstummen aller Laute dieser Erde und zugleich das Hörbarwerden jener Stimme, die ihn vom ersten Augenblick seines Daseins an leise bei seinem Namen gerufen hat; deren Klang als letzter Klang der Liebe den Menschen in seinem Sterben zu sich ruft; hineinruft in eine unendliche Geborgenheit: „Abba — Vater."

Was ist Sterben? Der letzte Atemzug unseres Lebens und zugleich das Hineingenommenwerden dieses Atems, in dem sich irdisches Leben ausströmt, in den heiligen Atem Gottes hinein, in Seinen Geist, der uns in der Liebe des ewigen Lebens birgt.

IV.

Und wie kommt es aus solcher Sicht des Sterbens heraus nun zum Dienst der Christen an dieser Grenze des Lebens? Einmal dadurch, daß wir Ja sagen zu unserem Leben bis zu dieser Grenze, bis zu der Möglichkeit einer, wenn es geht, möglichst bewußten und möglichst freien und möglichst liebenden Annahme unseres Todes. Es ist gerade das Leben, das im Sterben seine Endgültigkeit gewinnt. Unsere Ewigkeit entscheidet sich in unserer Zeit. Ewiges Leben ist nicht etwas, das irdischem Leben seinen Wert und seine Bedeutung nimmt. Ganz im Gegenteil. Darum kann ich auch nicht sinnvoll sagen: Wenn ich erst am letzten Augenblick die Entscheidung meines Schicksals erfahre, dann kann ich ja eigentlich die Entscheidung aufschieben bis zu diesem äußersten Augenblick. Nein, der letzte Augenblick sammelt ja gerade die Entscheidungen des ganzen Lebens. Sie sind tiefst bedeutsam dafür, wie diese letzte Entscheidung ausfällt.

Und darum darf ich auch nicht eigenmächtig und nicht vorzeitig dieses irdische Leben beenden. Es hat nur als Geschenk, das ich annehme, seinen Sinn, das ich bis zuletzt hinnehmen muß. Es hat als Gegenstand der Liebe und Sorge derer, die mich umgeben, seinen Sinn; auch dann, wenn ich selbst dieses Geschenk nicht mehr bewußt bejahen kann.

Gerade hier liegt der tiefste Sinn der Mühe der Kirche um die Erhaltung jedes, auch des letzten Lebens, bis zu jenem Zeitpunkt, wo der Kampf um die Verlängerung des Lebens nur ein Kampf um die Verlängerung eines alle belastenden Sterbens wäre.

Und eben darum setzt sich die Kirche dafür ein, daß sich in diesem Dienst auch das Gemeinwesen schützend vor jedes Leben stellt. Es schützt, ob es noch ungeboren ist oder ausklingend, bei dem der Zweifel sich einstellt: Lebt es noch oder ist es schon hinübergegangen? Solches Leben darf nicht zum Mittel von Zwecken gemacht werden, die unterhalb der Würde jedes einzelnen menschlichen Lebens stehen.

Ferner: Der Sterbende erwartet in dieser letzten Krise seines Lebens den Menschen, der bei ihm ist. Das ist etwas ganz anderes, als daß er ihn um jeden Preis vor dem Tod bewahren soll. Es gehört zum letzten Sinn unseres Lebens, daß wir geliebt werden und in der Liebe geborgen sind. Diese Liebe dem Menschen bis zuletzt erfahrbar zu machen, erfahrbar zu machen, daß Menschsein zutiefst und zuletzt Geliebtwerden ist, ist nie für ihn so wichtig wie in dieser äußersten Stunde. Die meisten dieser helfenden Liebenden sind Angehörige oder Freunde. Sie bedeuten viel in dieser letzten Stunde; andere sind Pflegende und der Arzt. Sie alle dürfen den Sterbenden nicht verlassen, sondern müssen aushalten bei ihm. Einer dieser Liebenden soll auch der Seelsorger sein. Auch er darf nicht warten, bis der Kranke sozusagen in einer tiefen Bewußtlosigkeit versinkt.

Und es erlebt der Mensch nicht bloß im Sterben das helfende Du, sondern auch, in der Einheit aller derer, die sich um ihn bemühen, das helfende Wir der Liebe; der Liebe seiner Kirche. Denn schließlich und letztlich die Kirche selbst, nicht nur ein Glied von ihr, der einzelne Christ, steht in der Stunde dieses Sterbens neben dem Menschen. Gerade, daß die Kirche als ganze mitgegenwärtig ist, ist etwas, was der Heilsdienst unserer Kirche in unseren Tagen wieder mehr bedenkt. Vereint übrigens mit der evangelischen Krankenseelsorge. Wie viele gute Erfahrungen werden hier in unseren Tagen ausgetauscht. Wieviel können wir lernen voneinander, wie „die anderen" in dieser letzten Stunde sprechen, handeln und mitleiden.

Und wenn wir in solcher Zeit knapp sind an Geistlichen, so daß wir bedauern, daß nicht so viele zur Verfügung stehen, wie eigentlich die Einsamkeit der Sterbenden es verlangt, dann ist es um so wichtiger, daß nun in bestimmten Krankenhäusern exemplarische Arbeit geschieht: in Heidelberg, in Mainz oder auch, darüber wird ja gleich gesprochen, in Limburg. Dann ist es wichtig, weil es sichtbar macht: Es ist eine Sache der Gemeinde, auch in der Gemeinde finden sich immer wieder Menschen, die bereit sind zur Hilfe bei Sterbenden, die Kontakt mit Kranken pflegen, nicht bloß in der äußersten Situation des Menschen, sondern auch, wenn es noch fern ist: bei alten Menschen, bei Schwerbehinderten, bei den Langzeitkranken und bei so vielen, vielen anderen.

Die Sakramentenspendung unserer Kirche hat sich im Zusammenhang mit dem Zweiten Vatikanischen Konzil erneuert. Wir sind dankbar dafür, daß man die Krankensalbung nicht mehr als das Sakrament nur der Sterbenden betrachtet; daß man einmal vor allem die Eucharistie als das Sakrament der Kranken sieht; daß aber die Krankensalbung, so wie wir es heute mittag im Dom erleben, eine neue gottesdienstliche Gestalt gewinnt, die ihr viel von dem Belastenden und Bedrückenden nehmen kann, das das Erscheinen des Priesters am Sterbebett so oft die Kranken und nicht weniger oft die Angehörigen bedrückt hat.

Es ist gut, daß die Kirche in einigen ihrer Gemeinschaften — ich spreche jetzt von den Ordensgemeinschaften — sich in besonderer Weise auch um die Menschen an der Grenze des Lebens bemüht. Sind wir uns klar, daß wir im Krankenhaus eine Institution haben, die vor allem von Orden im letzten Jahrhundert entwickelt wurde?

Ich glaube, wir müssen, bei der Knappheit ihrer Berufe, vielen Ordensgemeinschaften dafür danken, daß sie nicht der gelegentlich auftretenden Versuchung nachgeben, aus den caritativen Diensten abzuwandern in die Pflege der „geistigen Werke der Barmherzigkeit". Nein, gerade auch in sogenannten leiblichen Werken, in diesen Werken der äußersten Not, hat die Kirche ihre letzte Glaubwürdigkeit auch heute noch. Gerade dort wird sichtbar ihr ursakramentaler Charakter: nämlich Zeichen der Liebe und Verbundenheit von Menschen untereinander aus der Liebe ihres Herrn und Schöpfers und Erlösers zu allen Menschen zu sein.

Es verpflichtet uns das, auch in unseren Tagen im Zusammenhang kirchlicher Arbeit zu werben für jene Berufe, die die Nähe des Todes nicht scheuen, sondern die Nähe zum Sterbenden lieben.

Und da spreche ich nicht bloß für unsere Berufe in den Ordensgemeinschaften. Ich spreche von den Berufen in allen Diensten, wo Kranke gepflegt, wo äußerste Not menschlicher Liebe begegnet.

Die Anteilnahme an der Verkündigung der Kirche und am Gottesdienst der Kirche einerseits und die Anteilnahme an ihren caritativen Diensten andererseits schließen unsere Arbeit zu einer letzten Sinneinheit mit ein. Was hier geschieht, ist wirklich keine Vertröstung, sondern Trost. Denn was in diesen entscheidenden Stunden durchschlagender ist als alles andere, ist das gelebte Beispiel von Menschen, die schon in ihrem ganzen Leben im voraus ihre eigenen letzten Stunden an den Stunden des Todes unseres Herrn und seiner Heiligen orientieren.

Ich wollte mich selbst in meinem Leben oft vorbereiten auf das Sterben dadurch, daß ich Todesbetrachtungen machte. Ich dachte, wenn man das in einer bestimmten Weise, etwa in den Exerzitien öfters tut, dann schlägt das doch durch in der letzten Stunde. Das habe ich dann in der Nähe des Todes so selber nicht gespürt. Aber ich erfuhr etwas anderes: Menschen, die ich sehr gut kannte, und die ich sehr liebte, und deren Sterben auf mich aus dem Glauben heraus einen ungeheuren Eindruck gemacht und meinen schwachen Glauben bestärkt hatte, wurden für mich zur stärksten Hilfe an der Grenze des Lebens.

Es waren vor allem zwei: Das eine war mein alter Kamerad aus dem Studium von Frankfurt, Pater Alfred Delp. Er hat bis zum letzten Augenblick im Gefängnis in Berlin gekämpft um sein Leben; er hatte Angst, er würde in der äußersten Bewährung, als er gehenkt wurde, versagen. Und der starb dann in einer Weise, daß sein Gefängnisseelsorger darüber sagte: „So einen Tod habe ich niemals erlebt."

Fast noch mehr beeindruckte mich eine Frau, die ich tief verehre, und die ich im Leben, ohne es zu wissen, auf ihr Sterben vorbereiten durfte: Edith Stein, die Karmelitin von Echt. Sie wußte, daß sie als Jüdin auch eines Tages hineingenommen würde in das Schicksal ihres Volkes. Sie band sich Gott gegenüber an das Versprechen, nichts zu tun, um es in diesen äußersten Stunden ihrer Verfolgung als Christin oder als Ordensfrau in irgendetwas besser haben zu dürfen als die letzte ihres Volkes. Sie sah in diesem Opfer ihres Lebens — sie ist in Auschwitz, wie Sie wissen, vergast worden — einen Erweis der liebenden Solidarität mit ihrem eigenen jüdischen Volk und zugleich der sühnenden Solidarität mit unserem deutschen Volk. Sie starb als christliche Jüdin und christliche Deutsche. Sie meinte: „Angesichts des Hasses, der in dieser Welt von heute ist, müssen wir durch die Art und Weise, wie wir diesen Haß erwidern, d. h. durch Liebe zeigen, daß es nichts gibt, was so schlimm ist, daß es nicht überwunden werden könnte durch die Liebe derer, die an die Liebe glauben, weil sie an Gott glauben; der die Liebe ist."

Dr. Paul Becker

„Kirche im Dienst an der Grenze des Lebens"

Der Einstieg in das mir gestellte Thema ist gewiß nicht leicht. Da soll ein Arzt über den Dienst der Kirche an der Grenze des Lebens etwas aussagen! Sollte das nicht besser *nur* ein Kirchenmann tun, der über die Kirche besser Bescheid weiß als irgendein Laie? So gesehen fühle ich mich eigentlich hier sehr inkompetent, für die Kirche zu sprechen. Und dennoch habe ich diesen Auftrag angenommen und will ihn nunmehr auch ausführen. Fühle ich mich doch genauso als Glied dieser Kirche wie alle oder wenigstens die meisten hier Versammelten. — In einem Limburger Kindergottesdienst hat vor Jahren einmal ein Pfarrer gefragt: „Die Kirche, wer ist das denn überhaupt?" Und er erhielt aus dem Mund und damit aus dem Herzen eines der Kinder die Antwort: „Die Kirche, das sind wir!" Verstehen Sie bitte, daß ich unter einem solchen Aspekt meinen Dienst nicht nur als einen Dienst am Menschen und vor Gott auffasse, ich verstehe mich auch als Glied dieser Kirche, als im Dienste dieser Kirche stehend. Und das ermutigt mich zur Aussage. Das, was ich sagen möchte, soll dabei aber nicht etwa als *repräsentativ* oder gar als *kategorisch* angesehen werden, es ist vielmehr *exemplarisch* gemeint.

Es soll ein Angebot darstellen, Möglichkeiten aufzeigen, Erfahrungen schildern und Impulse setzen, um eben den Dienst an der Grenze des Lebens humaner, christlicher, eben dem Menschen würdiger zu machen.

„*Dienst an der Grenze des Lebens*" — ja, wo ist das überhaupt? — so müßten wir uns fragen. Ist so etwas bestimmbar, abgrenzbar? Wo ist überhaupt Grenze? Wo ist sie spürbar? Wo ist sie letztlich?
Und ist etwa nur dort unser Dienst gefordert, weil da alles andere versagt? — eine Fülle von Fragen. — *Leben ist dort an einer Grenze, wo es in Frage gestellt ist*. Wo alle bisher aus Lebensfülle, Lebenserfahrung und Lebenserwartung heraus gegebenen Antworten selbst fragwürdig geworden sind. Wo die Welt — dem Leben, dem Erfolg, dem Aufstieg zugewendet — selber sprachlos wird. Wo unsere eigene Besinnung auf das Wesentliche unsere Frage nach dem Ursprung, Sinn und Ziel unseres ganzen Lebens in den Raum und zur Disposition stellt. Dort, wo die alleinige Betroffenheit eines Menschen und seine spürbar werdende Selbstbezogenheit zu einer Vereinsamung führen kann, weil seine Umwelt auf seine Fragen jetzt keine passenden und helfenden Antworten mehr zu geben vermag. Dort, wo das Empfinden des Nicht-mehr-mitkommen-Könnens, des Zurück-bleiben-müssens unsere eigene Ohnmacht spürbar werden läßt und von anderen nicht verstanden, geradezu als lästig empfunden wird bis hin zu der Situation, daß dieses zum Störfaktor gewordene Hemmnis doch zur Verfügung „ordnender" Kräfte gestellt werden sollte — da und dort schon in ersten Versuchen unverbindlicher Formulierungen!
In einer Zeit, in der unsere Gesellschaft den Mut aufgebracht hat, ungeborenes Leben durch staatliche Gesetzgebung zur Verfügung zu stellen, halte ich es keineswegs für undenkbar, daß es irgendwann einmal unter barmherzig lautenden Begründungen auch mit dem wirtschaftlich uneffektiv und sozial belastend gewordenen Leben so geschehen könnte, selbst unter einer gewissen Form der Einwilligung, zur Verfügung anderer gestellt zu werden!
Und *da* spätestens ist der Augenblick gekom-

men, wo die Kirche gemäß ihrem göttlichen Auftrag — als Verteidiger dieses Lebens und als Anwalt der Armen im letzten und tiefsten Sinne — ihren Mund frühzeitig auftun muß, um Lösungen anzubieten, die solche Entwicklungen von vornherein unnötig machen — *nicht einfach nur* um der Betroffenen willen, um die es vielleicht heute und hier geht, sondern um aller Zukünftigen willen: denn *Betroffene* sind wir irgendwann einmal alle; und diejenigen, die dann über unser Leben entscheiden werden, kennen wir nicht — oder kennen wir sie vielleicht doch schon? Doch von solchen Überlegungen allein soll unser heute angesprochenes Votum nicht abhängen. Es soll vielmehr von unserer Verantwortung für das Leben im allgemeinen und im besonderen bestimmt werden, besonders wenn diese Verantwortung eine für andere zu tragende geworden ist. Daß solche Voten gewissen Wandlungen unterliegen, sollte nicht verwundern. Die Geschichte lehrt uns nichts anderes. Von den Wandlungen im theologischen Verständnis von Leben und Sterben haben wir eben gehört. Was hat aber nun der Nicht-Theologe, der sich dennoch als Kirche empfindet, zu all dem zu sagen und anzubieten? Wir stehen vor einer Frage, von der wir *alle* betroffen sind. Und um dieser eigenen Betroffenheit willen müssen wir uns in diesem Augenblick einmal alle ganz klar darüber zu werden versuchen, daß wir ohne Ausnahme Sterbliche sind — und eigentlich müßte ich Sie jetzt als solche ansprechen. Wer von uns könnte sich in diesem Augenblick — so oder so — *davonschleichen?* Es geht also hier und jetzt gar nicht allein um die anderen, da wir vielleicht glauben, Nicht-Betroffene zu sein, es geht *auch um uns.* Können wir das akzeptieren? — Auch vor uns steht die Frage, wo ist die Grenze für uns? Wo wird sie für uns spürbar? Wo beginnt sie vielleicht schon? Wo ist sie letztlich? Wie können wir mit solchen Reflexionen uns und anderen dienen? — Wenn wir dies nur in der Betroffenheit anderer zu beantworten versuchen wollten — ohne uns selbst einzubeziehen — bliebe unsere Antwort unvollständig. Unser eigenes Leben und unsere persönliche Betroffenheit und nicht nur das Leben und die Betroffenheit der anderen — muß in unsere Betrachtung einbezogen sein.

Wo ist Leben an seiner Grenze?

Diese Frage bedarf noch einiger klärender Ergänzungen. Ist das etwa festlegbar mit unserer heutigen Lebenserwartung von etwa 70—80 Jahren oder vielleicht mit anderen Parametern? Ich meine: *Leben ist eigentlich potentiell immer an einer Grenze! Wo Leben ist, ist es möglicherweise auch immer in Frage gestellt.* Der Traum vom unbegrenzten Leben *ist eben nur ein Traum.* — Wie oft wird Leben schon in seinem *Entstehen* in Frage gestellt: durch die Verhütung, durch die Unterbrechung, durch Spontanaborte, durch den Rhesusfaktor? Wie oft wird es in Frage gestellt bei der *Geburt:* denken Sie nur an die Geburtskomplikationen und an die Säuglingssterblichkeit? Wie oft waren wir selbst schon in unserer *Kindheit* akut bedroht: auf der Straße oder durch Infekte? Wie sehr bedroht offenbar der *Schulstreß* heute unsere Jugend und wer von uns kann sich da heute schon Folgen für die Zukunft ausdenken? Unter welchen Risiken stehen wir heute im *Berufs*leben, wo oft nur Rücksichtslosigkeit gegen sich selbst und andere zu einem vermeintlichen Erfolg zu führen scheinen? Wer gönnt sich noch eine Verschnaufpause, eine Siesta, wer streßt sich selbst nicht auch noch im *Urlaub?* Welchen Belastungen und Gefahren sind wir alltäglich auf der *Straße* ausgesetzt? Die *Familie* streßt sich selbst auf ein Niveau, auf dem sie glaubt, allein mithalten zu können; was sind wir schon ohne eigenes Auto, was bedeuten wir schon ohne eigenen Besitz? An der Grenze des Möglichen fühlen wir uns aber auch insbesondere dann, wenn wir *älter* werden und wenn uns *Krankheit,* Berufsunfähigkeit, *Rentner*dasein, Nutzlosigkeit, Abhängigkeit und Vereinsamung eine *letzte Grenze* mehr und mehr spürbar werden lassen.

Alle diese aufgezeigten Situationen können Leben in seiner Begrenztheit zum Bewußtsein bringen. Wie oft haben wir vielleicht solche Grenzerfahrungen *heute schon hinter uns?* Sie können aber auch die Frage nach dem Sinn eines solchen Lebens aufkommen lassen, die Evolution unseres Lebens in Frage stellen und den Sinn dieser Evolution problematisch werden lassen. Was haben wir uns mit diesen Risiken eigentlich eingehandelt? *Nichts anderes als Krisen,* die nicht nur midlife — also in der Mitte des Lebens — uns bedrohen. Am spürbarsten und für mich am einfachsten darstellbar werden diese Risiken in unserem Leben auf Abruf in den Krisen von Alter, Krankheit und Sterben. Ist doch gerade dort am ehesten auch die Frage aktuell, ob es sich nicht doch schon um die Zeichen *einer letzten Grenze* handelt, die hier gesetzt werden.

Krankheit wird gerade heute oft als eine Störung oder ein Makel, Alter als Nutzlosigkeit und Belastung, Sterben als sinnlos empfunden und dargestellt. Aber nur deshalb, weil wir Leben *nur dann* für sinnvoll halten, wenn es für uns und damit für die Gesellschaft einen spürbaren Nutzen, einen Wert und nicht etwa eine Belastung oder Behinderung darstellt. *Wäre Leben also schon an einer Grenze, wo es einen Nutzen oder Wert für sich und andere verliert?* Die Folgen solcher Ansichten wären verheerend! Leben stünde in diesem Augenblick für andere zur Verfügung, und denken Sie nur an die Folgen, wenn unter solchen Wertungen entschieden werden sollte, wer reanimiert wird, wer an die Beatmungsmaschine kommt, wer einen Schrittmacher erhält, wer an die künstliche Niere angeschlossen werden soll, wer weiter therapiert werden müßte oder nicht, wer den Vorzug bekommen soll bei der Vergabe von Krankenhausbetten oder Rehabilitationskuren! — Im August dieses Jahres las ich selbst in einer Zeitung die Frage nach der Zweckmäßigkeit einer Vergabe von teuren, den Krebs bekämpfenden, Mitteln an Rentner unter dem Aspekt der bei uns so aktuellen Kostendämpfungswelle! — Denken Sie darüber einmal nach! —

Leben ist auch dort an einer Grenze, wo es von anderen — aber auch einmal von uns selbst — wenn wir nichts für uns tun oder alles gegen uns riskieren — mißachtet wird. Unsere Aufgabe ist es, das zu verhindern oder abzubauen.

Wir tun dies als Kirche sehr eifrig schon bei Elternlosen, bei Unehelichen, bei Behinderten, bei alleinstehenden Müttern, bei Fremdarbeitern, auch bei den Alten; ob immer zur Genüge — das ist eine andere Frage.

Aber tun wir es auch in den Grenzerfahrungen bei Krankheit, im Leiden und Sterben? Dort wo letzte Grenzen spürbar und unausweichlich werden? Fehlt es hier etwa noch an Aktivitäten? Wo ist nun überhaupt *Leben an seiner letzten (irdischen) Grenze?* Letzte Grenzen können *in jeder Krankheit* spürbar werden. Auch eine simple Blinddarmentzündung kann tödlich sein. Bei einem Unfall wird es uns schon klarer. Wir sammeln geradezu im Laufe unseres Lebens solche Erfahrungen, denn jede Krankheit hinterläßt körperlich Narben und gedanklich Erinnerungen. In einem früher gebrochenen Knochen spüren wir noch nach Jahren jeden Wetterwechsel. Wir sind nicht mehr so frei wie vorher und unsere Entfaltung ist nicht mehr so unbedenklich und unbegrenzt.

Und nicht viel anders ist dies *im Alter* — wenn auch weniger akut, sondern um so mehr chronisch —, wenn hier auch nicht nur beispielsweise die Organe der „Sinne", sondern auch die geistige Leistungsfähigkeit in ihrer allgemeinen Belastbarkeit nachlassen — wenn der Mensch sich auf das für ihn Wesentliche beschränkt. Für seine Umwelt ist *das* oft ungenügend, unbrauchbar und nutzlos; es kann nicht mehr berücksichtigt werden; es wird in die Ecke gestellt, es wird Institutionen überlassen, aus denen es nicht gewachsen ist. So delegiert die Familie trotz ihrer Verpflichtung zum Familie-Sein die Kranken, Leidenden, Alten und Sterbenden an das Krankenhaus und Altersheim.

Doch *wo kann da* — immer und auf jeden Fall — von einem Sterbenden *Sinn für sein Leben noch erfahren werden?* Für ihre Umwelt sind sie oft nur noch eine Zeitbelastung, verbunden mit lästigen Verpflichtungen, Verzicht auf eigene Entfaltung, Opfer an Freiheit. Das bringt auch nichts mehr ein, was materiell meßbar wäre. Diese Last wird dann bald weitergegeben, beispielsweise an den Staat, der ja unsere Steuern hat, oder an die Kirche, die sich nur der Caritas bedienen sollte!

Leben ist *dort an einer letzten Grenze, wo ihm spürbar wird,* daß es für seine Umwelt vom Nutzen zur Belastung, von einer Zweckmäßigkeit zu einer Sinnlosigkeit, von einer Verplanbarkeit zu einem Planrisiko geworden ist. Und dabei wissen wir doch alle nur zu genau, daß es dort, wo Evolutionen, auch eine Involution gibt; daß es bei aller Erdbezogenheit des Menschen auch eine Jenseitssehnsucht geben kann. Und dann entlassen wir diesen Menschen aus seiner familiären Gebundenheit in die Vereinsamung, aus seiner lebenslangen Geborgenheit in irgendeine Institution, die trotz guten Willens nicht immer in der Lage sein dürfte, ihm das zu geben, was er braucht.

Worin besteht nun *unsere Verantwortung für dieses Leben an der Grenze?* Wenn wir hier einmal Verantwortung *so* deuten und verstehen wollen, daß dies heißen kann: „für einen anderen Antwort zu geben, der dies im Augenblick oder überhaupt nicht mehr kann", dann paßt das zutreffend in die hier anstehende Grenzsituation des Lebens hinein, die ob der Unerfahrenheit des Betroffenen eine soziale Verpflichtung geradezu fordert. Sterbenlassen in Vereinsamung und damit in Hoffnungslosigkeit ist ganz einfach *inhuman* und das darf nicht sein, wenn sich die Menschheit nicht selbst zerstören will. So steht auch am Ende jeden Bemühens der Medizin allein die Humanität. Wo die genannte Heilkunde nicht mehr heilen kann — und wo kann sie das letztlich ohne Gott? —, da sollte sie wenigstens noch durch Helfen allein tragfähig werden und bleiben.

Voraussetzung aber für unsere Mitverantwortung für den Sterbenden ist unser uneingeschränktes Eingehen auf ihn.

Es hilft ihm nicht etwa ein Aufzwingen unserer Meinung und Vorstellungen, sondern die Verwirklichung seiner Bedürfnisse; es hilft ihm nicht die Rücksichtnahme auf unsere Freizeit und Freiheit, sondern das Eingehen auf seine bemessene Zeit, *seine Uhr geht vor!*

Es hilft ihm nicht die von uns gesetzte institutionelle Beherrschung seiner letzten Entfaltung, sondern die Anpassung an seine Vorstellungen, die *er* noch verwirklichen kann.

Es hilft ihm nicht ein Verhalten nach unserer Tagesordnung, sondern unser Mut zum Dienen bei Tag und Nacht.

Wir müssen es dabei dem Sterbenden selbst überlassen, *wen* er für diese Begleitung auswählt. Das ist ganz allein seine Sache. Denn er weiß ganz genau und viel besser als wir, wer der beste für ihn ist, wen *er* braucht und wer es am besten kann. Das kann einer aus der *Familie* sein, aber nur dann, wenn er schon gelernt hat, diesen Tod zu akzeptieren. Viel eher ist es einer aus unserem *Team* am Krankenbett, ein Freund, ein Kamerad aus dem Krieg, eine Nachbarin. *Wenn* die Auswahl nicht uns, sondern einem anderen gilt, dann sollten wir uns dadurch nicht betroffen oder zurückgesetzt fühlen. Der Sterbende spricht damit *nie* ein abwertendes Urteil aus. Das, was aber nun an Arbeit auf den Begleiter zukommt, muß *von allen* mitgetragen werden.

Müßte man aber eigentlich zu diesem Mitgehen nicht doch besser ein *Erfahrener* sein? Eine solche Voraussetzung erscheint mir *ir*real, denn dann müßte man, um Sterbende zu betreuen, selbst einmal Sterbender, um Kranke zu behandeln selbst einmal krank gewesen sein. Reanimierte Patienten sagen uns übereinstimmend, daß wir nur unsere Bereitschaft erkennbar machen sollen und das genügt schon für ihre Entscheidung. Ich sehe gerade darin eine Aufgabe unserer Kirche, solche Bereitschaft zur Solidarität mit Sterbenden zu wecken, wenn sie dem Auftrag ihres Meisters gerecht werden will. Der Motivationen mangelt es gewiß nicht, sie müssen nur angesprochen und letztlich vom Einzelnen verwirklicht werden. Verlassen wir uns dabei nicht auf andere, auch nicht etwa auf das sogenannte öffentliche Gewissen, etwa auf irgendwelche Verbände und Institutionen; etwa auf die *Einflußreichen,* die *an die Stelle der Reichen* getreten sind und *überall „das Sagen haben wollen"!* Hier ist *jeder von uns* (und nicht nur in diesem Saal) *ganz persönlich und unvertretbar* gefordert und mit dem Maß unserer Bereitschaft wird einmal an uns gemessen werden — das hat nämlich etwas mit Nächstenliebe zu tun *und mit sonst gar nichts!*

Die Fragen, die uns in unserer Arbeit gestellt werden, verlangen Antworten, die uns das

Leben allein gelehrt hat. Dieses Mitgehen in die Fragen des Betroffenen ist dann aber auch schon ein Mitverantworten seines Weges und seiner Haltung. Dies soll ihm ermöglichen, sein Leben abzurunden und an unserer Treue zu ihm zu ermessen, wieviel er doch dieser Welt und seinen Mitmenschen bedeutet hat. *Auch sterbendes Leben ist noch Leben* und es ist es bis zu seiner letzten Sekunde, bis zu seinem irreversiblen Kreislaufstillstand, — wenn Sie so wollen — und *das* verlangt unseren Dienst.

Worin besteht nun unser Dienst?

Voraussetzung für diesen wie für jeden Dienst ist der Mut dazu. Mut zum Dienen, das hat etwas mit *Demut* zu tun und bedeutet letztlich die Hintansetzung persönlicher Wünsche und Vorstellungen. Das wiederum erfordert Geduld und *Ausdauer,* auch zeitlich gesehen. Vor allem aber Duldsamkeit bis zur Akzeptierung des Betroffenen, seiner Wünsche, seiner eingeschränkten Entfaltbarkeit, seines oft eigenartigen Willens und das ist nichts anderes als *Toleranz:* nämlich ein Eingehen auf seine Pläne, seine Sorgen, seine Gedanken und Probleme, die noch unerledigt sind. Dann kann unser Mitgehen zu einer echten *Partnerschaft* werden, die dem Sterbenden hilft, sich auch noch in dieser Lebensphase als Mensch zu verwirklichen. Das erzwingt aber unmittelbare Bereitschaft zum Da-Sein, wann *er* es braucht. Nicht etwa unser Zeitplan ist dabei wichtig, sondern die Gewichte seiner Zeit und seines Inhaltes sind es. Das verlangt oft eine kaum verkraftbar erscheinende *Rücksichtnahme,* selbst wenn einmal ein Gespräch zu ungewöhnlicher Nachtzeit erbeten wird.

Dazu ein Beispiel

Eine auf den Tod erkrankte Patientin ließ mich um Mitternacht zu sich rufen. Nachdem ich mich zu ihr gesetzt hatte, schloß sie die Augen und hielt meine Hand. Wir schwiegen so eine halbe Stunde miteinander. Dann blickte sie mich an, lächelte, bedankte sich für meinen Besuch und schickte mich wieder nach Hause. Ich frug sie natürlich, wozu sie mich habe kommen lassen und da sagte sie: Um feststellen zu können, daß auch noch in dieser Stunde einer bereit sei, sie nicht allein zu lassen. Am nächsten Morgen war sie tot, es war mein letzter Dienst für sie.

Sterbebeistand verlangt aber nicht ein kritikloses Einswerden oder gar Mitsterben. Wir können nicht mit jedem sterben, denn wir haben ja irgendwann einmal unseren eigenen Tod zu bestehen. Aber Partnerschaft und Solidarität müssen für den Sterbenden spürbar werden, um ihm Verzweiflung und Vereinsamung zu ersparen: „*Ich bin doch da*"! Mit diesem Angebot werden wir als Kirche der Zusage Gottes an die Menschen „Ich bin bei Euch alle Tage" gerecht und vermögen der Welt ein Beispiel zu geben, das jenseits aller auf Effektivität und Wirtschaftlichkeit bedachten Planung und Organisation liegt. Diese Partnerschaft hat nicht etwa Anerkennung und Erfolg vor dem Urteil irgendwelcher Leute im Sinn, sondern ist einzig und allein ausgerichtet nach den Bedürfnissen der Betroffenen.

Ja und — werden Sie fragen — braucht man zu diesem Dienst ganz einfach nur den *guten Willen* mitzubringen, oder aber bedarf es etwa doch einer *Anleitung* oder gar einer *Schulung?*

Anleitung — ja, *Schulung* — nein! Denn hier würde in jeder Schulung die Gefahr der Verschuldung stecken, genauso wie hier in jeder Organisation die Gefahr der Kommerzialisierung befürchtet werden müßte. Wir müssen verhindern, daß hier Leistungen am Sterbebett etwa finanziell vergolten werden — etwa wie in den USA für eine Stunde Sterbebegleitung zehn Dollar kassiert werden, denn Sterbebeistand ist eine ganz persönliche Leistung *ohne Entgelt!* Das können alle verantwortlichen Minister mit Beruhigung zur Kenntnis nehmen! Man sollte uns aber auch *erlauben,* in dieser Arbeit über die 40-Stundenwoche hinausgehen zu dürfen! Einen Liebesdienst kann man zeitlich nicht begrenzen. Eine Schülerin sagte mir vor einigen Wochen: wenn wir in dieser Arbeit bei der

40-Stundenwoche bleiben müssen, dann hört Humanität in diesen Verpflichtungen auf! Jede Leistung verursacht dennoch Kosten, um nicht zu sagen *Un-Kosten*. Um diese aufzufangen, sind wir dabei, eine Gesellschaft zu gründen, die gedacht ist für die Kostendeckung dessen, was ganz einfach erbracht werden muß, um unsere Arbeit tragfähig zu machen, Teilnahme an der Ausbildung zu ermöglichen und trotzdem mit einem Minimum an Aufwand auszukommen. Wir können es uns sicherlich nicht leisten, Stationen oder gar Kliniken für sogenannte Sterbendkranke aus dem Boden schießen zu lassen — auch ein Modell wie die Londoner *Sterbekliniken* halte ich in diesem Zusammenhang für undiskutabel. Es müßte uns aber doch gelingen, in unseren Krankenhäusern, Altenheimen und Wohnungen menschenwürdige, in die Lebensgemeinschaft inkorporierte Voraussetzungen zu schaffen, die es schließlich jedem ermöglichen, dort zu sterben, *wo er will*. Und die es ermöglichen, diesen Dienst dort zu leisten, wo er vom Betroffenen erwünscht wird.

Dienst im Sterben = Dienst am Leben; *Zeichen des Sterbens = Zeichen des Lebens.*

Wenn wir als Kirche Dienst an der Grenze des Lebens anbieten wollen, sollten wir wissen, wo dieser Dienst zu beginnen und zu enden hat. Das wird gesetzt durch die Zeichen des Sterbens, solche Zeichen des Sterbens sind aber nicht Zeichen des Todes, sondern Zeichen des Lebens. Die Medizin ist inzwischen zwar schon zu einer recht exakten Definition bezüglich der Bestimmung des Todeszeitpunktes gekommen. Wann aber das Sterben einsetzt, weiß eigentlich niemand genau zu sagen. Die einen sagen 36— 48 Stunden vor dem Tod, die anderen sagen — bereits mit der Geburt — welch diametrale *Gegensätze* in der Meinung. Einig ist man sich nur über den Tod als Endpunkt des Sterbevorganges; das *Sterben selbst ist aber noch Teil des Lebens,* und zwar ein sehr wichtiger, auch wenn dieses Leben nicht mehr an Leistungsqualitäten meßbar, genau so wenig, wie dies beim Embryo oder Säugling der Fall sein kann.

Zeichen des Sterbens werden *objektiv* gesetzt durch die Diagnose und deren Prognose, *subjektiv* werden sie gesetzt durch die Empfindungen des Betroffenen.

Wenn ein Organ einen Krebs hat, dann ist dieser zunächst für dieses Organ tödlich;
    ist dieser Organkrebs entfernbar, dann wird überlebt, ist er aber nicht entfernbar, entsteht eine Lebensbedrohung für den Gesamtorganismus, also für den ganzen Menschen.

Wir wollen aber von diesem biologischen Zeichen nicht in erster Linie sprechen, obwohl dies vergleichsweise sehr interessant wäre, besonders im Hinblick auf darin zu findende Zeichen verbleibender Vitalität. Wir wollen vielmehr von den *uns unmittelbar geltenden menschlichen Zeichen des Sterbens* sprechen, von den — Signalen der Sterbenden, von ihrer Sprache und ihrem Schweigen, von ihren Gesten — alles *Zeichen des Sterbens,* aber doch auch *Zeichen voll des Lebens.*

Zu den Signalen:

Wenn sich eine Patientin im einfachen Gespräch plötzlich abwendet und weint, weil *über sie* geredet und *nicht mit ihr gesprochen wurde* —

Wenn eine alte Frau plötzlich zu einer Schülerin sagt: „Mein armer Mann", nachdem man sie seit Wochen bezüglich ihrer infausten Krebserkrankung belogen hat. —

Wenn ein evangelischer Pfarrer sagen läßt: „morgen ein Brötchen weniger" —

Wenn eine Frau sich plötzlich Sorgen macht um ihre Winterkohle oder daß ihr Geld nicht ausreichen könnte —

Wenn ein junger Mann im desolaten Zustand unversehens Reisepläne etwa in den Süden entwickelt; dann sind das alles untrügliche Zeichen dafür, daß diese Menschen nicht nur wissen, daß sie sterben, sondern auch, daß sie spüren, der Tod steht ganz unmittelbar bevor. *Und wir glauben, sie auch dann noch anlügen zu müssen!* — wie brutal! —

Zur Sprache der Sterbenden:

sie sprechen zu uns direkt oder *verbal,* wie dies ein Krebs-Patient tut, der seine Diagnose kennt und operiert und nachbestrahlt werden mußte. Diese Menschen bedürfen meistens unserer Hilfe kaum noch. Sie helfen uns selbst *mehr* als wir ihnen helfen können. Und sie erleichtern uns damit unsere Arbeit sehr; von ihnen können wir viel lernen, da sie die Angst ihres Sterbens schon überwunden haben;

die *symbolisch-non-verbale* Sprache ist die Sprache der Kinder, der Sprachgelähmten, der an einem Beatmungsgerät angeschlossenen Menschen, die sich einer normalen Sprache nicht oder nicht mehr bedienen können; sie sagen uns in Zeichnungen oder durch Setzen von Buchstaben, also in einer sogenannten „zweifachen Sprache", was sie ausdrücken wollen und welche Hilfe sie brauchen;

die *symbolisch-verbale* Sprache ist die Ausdrucksform derjenigen, die noch eine ganz große Angst haben vor dem Sterben und noch etwas ganz Wichtiges unerledigt wissen, das sie noch erledigen wollen, um auch zum Frieden zu kommen. Lassen Sie mich dazu ein Beispiel berichten.

Ein achtjähriges Mädchen lag auf den Tod erkrankt in einem Kinderspital unter einem Sauerstoffzelt. Mitten in der Nacht rief sie ihre Lieblingsschwester, die gerade Nachtwache hatte, und fragte sie: „Was wird passieren, wenn ich unter diesem Sauerstoffzelt liege und ein Feuer bricht aus?" Die junge Schwester reagierte darauf nur mit der Antwort: „Was soll denn schon passieren, es ist ja niemand hier im Zimmer." Sie informierte aber ihre Oberschwester über das eigenartige Gerede dieses Kindes. Die Oberschwester kam sofort in das Spital und in das Zimmer des Kindes und hat ganz einfach gefragt: „Was hast Du eben der Schwester gesagt mit dem Feuer unter dem Sauerstoffzelt?" und dabei hatte sie den Reißverschluß des Zeltes geöffnet, hat sich auf das Kissen des Kindes gelegt und hat gefragt: „Glaubst Du, daß Dir das ein bißchen hilft?" Da fing das kleine Mädchen an zu weinen und die Oberschwester hat das natürlich nicht unterbunden. Nach ein paar Minuten sagte das Kind: „Ich weiß, daß ich bald sterben muß und ich mußte ganz einfach mit einem Menschen darüber sprechen." Das haben die beiden dann auch lange miteinander getan und das kleine Mädchen konnte alles loswerden, was es an Problemen hatte.

Auch *Schweigen* kann eine Form der helfenden Begegnung sein — es ist das Schweigen die intimste Form der Kommunikation — denken Sie an das Beispiel, von dem ich Ihnen vorhin erzählt habe.

Wir dürfen nie glauben, daß wir unseren Sterbenden mit einer vorgefaßten Rede, etwa mit einer Art von Ansprache oder einer Predigt, einem präformierten Text helfen könnten, sie werden das alles überhören, weil es *aus unserem Verstand* und *nicht aus unserem Herzen* kommt.

Auch Gesten können Ausdruck unseres Angebotes an Hilfe sein: ein Händedruck, ein Festhalten, ein Streicheln, ein Lächeln, aber auch Tränen, ein Miteinander-Zurückgehen an die Stätten der Erinnerung — das alles sind Möglichkeiten, mit denen wir den Betroffenen helfen können. Die uns von meiner Lehrerin, E. Kübler-Ross gezeigten Phasen des Sterbens, nämlich vom anfänglichen *Nichtwahrhabenwollen,* (das muß doch ein Irrtum sein!) über die Phase des *Zorns,* (warum denn ich?) über die Phase des *Verhandelns,* (geht es nicht doch noch einmal anders?) bis hin zur Depression (mit der Auflehnung gegen Gott oder Schicksal) und schließlich zur *Zustimmung,* Akzeptierung hin (Ich bin bereit!) können so bestanden werden, ohne daran zu zerbrechen.

In allen Phasen verliert das Unwesentliche immer mehr und mehr an Bedeutung, es wird sich auf das Wesentliche konzentriert, die Interessen werden bescheidener, aber auch klarer. Von unseren Reanimierten, die ja schon Sterbeerfahrung hinter sich haben, wissen wir, wie sehr dies auch in ihrem Weiterleben nachwirkt, wo vieles an Bedeutung verliert und weniges an Wichtigkeit gewinnt.

Dienst im Sterben = Dienst am Leben

Wenn Sterben Teil des Lebens ist, dann ist im Sterben ein Dienst am Leben zu sehen. In einer Zeit, deren Gesellschaftsstruktur die Leistung und Effektivität eines Menschen zu einem obersten Maxim erhoben hat, darf sich die Kirche dem Ruf nach Hilfe nicht verschließen, wenn sie gemäß dem Auftrag ihres Meisters Anwalt der Armen und Verlassenen sein will.

Ob sie dem immer gerecht geworden ist, das ist eine andere Frage, die uns heute nicht beschäftigen kann. Auch Jesus weinte schon über Jerusalem und mußte dieser Stadt und ihren Menschen sagen: „Aber Du hast nicht gewollt!". Wir wollten vielmehr trotz aller Fehler versuchen, hier einen Dienst zu leisten:

einen Dienst in der WAHRHEIT,
einen Dienst gegen die ANGST und
einen Dienst für die HOFFNUNG!

Einen Dienst *in der Wahrheit*, die zur Bewältigung eine Wegstrecke erfordert, die man miteinander gehen muß; einen Prozeß, den man reifen lassen muß; „man muß die Wahrheit kommen lassen", hat mir einmal ein Sterbender kurz vor seinem Tod gesagt, nachdem ich ihn über neun Monate lang in seinem Sterben begleitet habe. Wahrheit am Krankenbett ist aber nicht etwa erschöpft in der Mitteilung einer Diagnose — sie ist vielmehr *nur in dem Maße sinnvoll*, sofern sie dem Patienten dient.

Einen Dienst *gegen die Angst* vor der unerfahrenen destruktiven Kraft, vor dem der Invitalität Ausgeliefertsein, dem Versagenkönnen, der alleinigen Betroffenheit, dem Verlassenwerden.

Einen Dienst *für die Hoffnung* auf die Verwirklichung einer wesentlichen Absicht, auf Beistand und Treue, auf ein Gültigbleiben gesetzter Werte in der Familie oder im Lebenswerk und schließlich in einer Hoffnung auf irgendeine Verheißung.

Doch welche konkreten Dienste bieten sich heute schon an? Welche Initiativen sind schon ergriffen oder im Werden?

Angestoßen durch den Filmbericht von Reinhold IBLACKER im ZDF „... noch 16 Tage" über die Londoner Sterbekliniken und durch eine Begegnung mit Elisabeth KUEBLER-ROSS auf einer Tagung der Kathol. Akademie in Bayern habe *ich selbst* nunmehr über sechs Jahre lang Sterbebeistand meinen Patienten angeboten — zunächst lange Zeit allein. Dies galt der Erprobung und Sammlung eigener Erfahrungen.

Seit etwa einem Jahr nun nach einem work-shop mit E. KUEBLER-ROSS haben Einzelne den Mut zur Mitarbeit gefunden, in erster Linie sind es unsere Schwestern. In den letzten Wochen haben erstmals Schülerinnen und sogar vereinzelt meine ärztlichen Kollegen ein Interesse daran bekundet, und wir haben nunmehr die Chance zu einem echten Team zusammenzuwachsen und die anstehenden Probleme gemeinsam zu verarbeiten. Diese zum *therapeutischen Team* ausgeweitete Gruppe — zu der Arzt, Schwester, Pfarrer, Fürsorgerin, Heilgymnastin und auch Schülerinnen gehören können — hat die Aufgabe, in einer patientenzentrierten und nicht allein krankheitsorientierten Arbeitsweise dem Hilfesuchenden und Betroffenen, dem Leidenden und Sterbenden sich zu öffnen. Dazu gehört unverzichtbar die Mitarbeit des *Seelsorgers* im Krankenhaus, dessen Arbeit sich nicht erschöpfen darf etwa im Verteilen von Sonntagsblättern, sondern der zu kursorischen Visiten und Gesprächen mit dem Patienten bereit sein muß, damit endlich von ihm der Beigeschmack, man möge mir dieses Wort verzeihen, des „Totenvogels" genommen wird.

Das Setzen zusätzlicher *Schwerpunkte* wird in der Zukunft unausbleiblich sein, wenn wir uns in intensiverer Weise als dies bisher möglich war, unseren Intensivpatienten, den Haemodialysepatienten, den Suicidanten, den chronisch-Kranken, den Ersterkrankten usw. zuwenden wollen und dies auch tun müssen.

Über die Klinik hinaus hat sich in den letzten Monaten ein intensiver Kontakt herstellen lassen zu unseren *Sozialstationen* im Umland des Krankenhauses, was uns beispielsweise ermöglichte, dem Wunsche von Patienten zu entsprechen, zu Hause sterben zu können, wenn eine nahtlose Übergabe an eine Schwester draußen hergestellt werden konnte.

Sollte es dann nicht auch möglich sein, im Rahmen der *Gemeindepastoral* Kräfte zu wecken, die zur Verfügung stehen könnten für die Betreuung Sterbender zu Hause, etwa durch die Nachbarschaftshilfe, durch Gemeindehelferinnen, Altenclubs, Witwenclubs, durch die Gemeindepfarrer selbst, durch Diakone, Pastoralassistenten — gleichsam in neuen Formen einer altbewährten *Diakonie*?

Wie gültig ließe sich in diesem Rahmen *Trauerarbeit* mit den Angehörigen leisten, die uns im Augenblick nur dadurch möglich ist, daß wir den Hinterbliebenen anbieten, etwa sechs Wochen nach dem Tod zu einem Gespräch zu uns zu kommen, wovon reichlich Gebrauch gemacht wird.

Wertvolle Hilfen werden schon seit Jahren geleistet durch die *pastoralen Ausbildungszentren* in Heidelberg (MEYER-SCHEU), in Maastricht (SPORKEN) und in Hannover (PIPER) und ich weiß, daß man sich auch in der Limburger Kirchenleitung darüber Gedanken macht, in welcher Weise man den anstehenden Problemen in der Krankenseelsorge gerecht werden kann, besonders in den Ballungszentren Frankfurt, Wiesbaden und in Limburg selbst, hier ordnend für die ganze Diözese.

Nur zu verständlich erscheint es mir, wenn sich im gleichen Atemzug unsere *Schwesterngenossenschaften* der Überlegung öffnen, ob nicht hier eine ihrem Grundauftrag sehr angemessene Form des Apostolates in der Zukunft gefunden und verwirklicht werden könnte. Wie wertvoll und wichtig dürfte es dann aber auch sein, wenn sich unsere Kirche selbst zu einer großzügigeren Spendung der *Krankensalbung* als eines Sakramentes der Stärkung in Krankheit beispielsweise vor Operationen, in chronischen Krankheitszuständen, in krankheitsbedingten Vereinsamungsphasen bereitfinden könnte, wie dies der Papst selbst im Heiligen Jahr vor den Augen der ganzen Kirche beispielhaft getan hat. Auch unsere Limburger Kirche will heute ein solches Zeichen setzen!

(Die Zeit der letzten Ölung bei Bewußtlosen allein ist doch wohl vorbei!)

Was die *Ausbildung* im Sterbebeistand betrifft, laufen ab 1978 in jedem Quartal je ein Wochenendseminar und möglichst einmal im Jahr eine ganze „WERKWOCHE", die unter Bezug auf die Teamarbeit für alle Berufssparten gleichzeitig angeboten werden.

Vielleicht ergibt sich im Laufe der Jahre einmal die Möglichkeit eines *Ausbildungszentrums* — etwa im Rahmen eines Instituts für Sterbeforschung — wo nicht nur in theoretisch-wissenschaftlicher sondern auch in praktischer Form weitergegeben werden soll, was für die Arbeit draußen „vor Ort" von Wichtigkeit und Bedeutung ist.

Alles in allem, so möchte man meinen, ein fast erdrückendes Angebot in unserem sogenannten „Limburger-Modell", dessen Arbeit sich aber — und das ist wichtig zu wissen — nicht nur auf die Betreuung Sterbender beschränken soll, sondern auch schon dort wirksam geworden ist, wo physische, psychische und soziale Krisen — besonders in Leiden und Kranksein — zu Problemen und Grenzerfahrungen geführt haben und zur Bewältigung anstanden.

Ich möchte aber meinen, wohl für jeden, der sich — auch hier im Saal — davon angesprochen fühlt, irgendeine Möglichkeit sich zu engagieren, sich anregen und ansprechen zu lassen. Wir wollen dabei über der Arbeit mit Sterbenden nicht vergessen, daß wir auch den Lebenden, die die Möglichkeit der Gesundung in sich tragen, zu dienen haben. Bei einem guten Arzt soll man nicht nur gut sterben, sondern auch gut leben können, in einer guten Klinik soll man nicht nur gut sterben, sondern auch wieder gesund werden können! Das sei mit aller Deutlichkeit und zur Vorbeugung von Mißverständnissen gesagt. Wir wollen aber nicht das Eine allein und ausschließlich tun, so daß für das Andere keine Zeit mehr bliebe.

Auch bei uns wird immer noch mit Wasser gewaschen und die Grenzen unserer Möglichkeiten sind für uns sehr oft schmerzlich spürbar. Wenn ich bedenke, daß in einem bestimmten Zeitraum von etwa 27 Sterbenden nur vier von mir betreut werden und das jeweils im Schnitt über die Dauer von etwa fünf Tagen, dann möge Ihnen daraus ersichtlich werden, wie sehr es der Mitarbeiter bedarf, die mit Interesse und Bereitschaft gemeinsam mit anderen an diese Arbeit gehen wollen. Wir sind noch weit von unserem Ziel entfernt, wenn wir uns aber nicht heute auf den Weg machen, erreichen wir es nie.

Lassen Sie mich an dieser Stelle aber auch einmal Dank sagen an alle, die mich in meiner Arbeit bisher verstanden und unterstützt haben, sei es *in unserem Krankenhaus,* dessen Verantwortliche diese Entfaltung toleriert und mit Interesse verfolgt haben, sei es *in unserer Limburger Kirche,* die in vielfältiger Weise diese Arbeit wohlwollend gefördert hat und mir heute und hier Gelegenheit gibt, zu Ihnen zu sprechen. Seien es aber auch die vielen ungenannten *persönlichen und finanziellen Opfer,* die man bis heute schon diesem Unternehmen gebracht hat.

Aller Anfang war schwer, am schwersten ist jedoch der Anfang vom Ende. Ich möchte dies in einem unmittelbaren, aber auch in einem übertragenen Sinne verstanden wissen. Lassen Sie mich zum Abschluß kommen.

Es erscheint mir unerläßlich, daß wir uns an dieser Stelle noch einmal *der Sinnfrage unseres Tuns* stellen. Mühen um begrenztes Leben — ist das *überhaupt sinnvoll?* Es endet ja ohnedies im Tod. *Lohnt* sich da etwa noch unser Einsatz, der an anderen Stellen vielleicht wichtiger erscheint? Könnten wir etwa Gefahr laufen, vor lauter Sterbenden *die Lebenden* zu vergessen? Eine solche Befürchtung erscheint mir geradezu absurd und durch gar nichts in der Vergangenheit begründbar. — Dienen wir aber vielleicht mit unserer Arbeit mehr unserer *eigenen Beruhigung* oder doch tatsächlich den Betroffenen? Sollten wir nicht lieber alles ein Geheimnis bleiben lassen? Warum diese Endtabuisierung des Todes? Warum sind Sterben und Tod heute ein so brisantes Thema geworden? Ich meine, die Menschheit ist sich heute mehr denn je bewußt, daß eine unbegrenzte Entfaltung nicht sinnvoll sein kann und letztlich unmöglich ist. Wir sind *an Grenzen gestoßen* und sogar so weit gekommen, daß wir unsere ganze Welt selbst vernichten könnten. Wir können uns und unsere Welt *selbst in Frage stellen.* Das hat uns zu einer Besinnung auf Grundwerte geführt, durch die unser Leben bestimmt wird. — Wir haben mit Menschen sprechen gelernt, die am Ende ihres Lebens standen, ja sogar mit solchen, die durch eine Reanimation noch einmal in dieses Leben zurückgeholt werden konnten.

Wenn wir diese Menschen fragen, was ihnen aus ihrer Lebensgeschichte und ihren Sterbeerfahrungen heraus an Lehre für den Rest ihres verbleibenden Lebens aufgeleuchtet ist, dann sagen sie uns — sofern sie überhaupt einmal und oft erst nach Jahren zu einer Aussage hierüber bereit sind —, daß: Sterben ganz anders ist, als wir Unerfahrenen es uns vorstellen,

daß wir im Sterben keine Schmerzen mehr haben,

daß wir im Sterben nie allein sind,

daß wir im Sterben unser eigenes Leben beurteilen,

daß wir im Sterben weiterleben und schließlich,

daß sie durch ihre Erfahrungen gelernt haben, nachher anders zu leben und nie mehr Angst vor dem Tode zu haben!

Die Deutung solcher Berichte, die zwischen Neuseeland und Schweden, zwischen Alaska und Australien miteinander übereinstimmen, steht noch aus und das bisher Gehörte soll uns nicht zu wilden Spekulationen veranlassen. Auch wir haben mit solchen Menschen gesprochen, aber nicht um irgendeiner Sensation willen, sondern um von ihnen auch für uns zu erfahren, was in diesen letzten Augenblicken vor dem erwarteten Tod *wichtig und sinnvoll* erscheint. *Beweise* für ein *Leben nach dem Tode* sind damit *nicht gegeben* oder davon zu erwarten: *Glauben würde damit sinnlos.* Eines aber dürfte schon jetzt aussagbar geworden sein: die im Sterben Erfahrenen selbst werden in ihrer Lebenshaltung für die Zukunft neu bestimmt und leisten uns damit selbstlos gleichsam einen beratenden Dienst um unserer eigenen Zukunft willen.

Auch hier sind die *Sterbenden unsere Lehrer* geworden, von denen wir *das* tausendfach zurückerhalten, was wir ihnen zu geben beabsichtigen. Wir wollen gerade aus diesem Grund den „Hoffnungslosen" nicht aus dem Weg gehen, weil wir auch in deren letzten Stunden ihnen nicht nur helfen, sondern auch von ihnen empfangen können. Vielleicht verlieren wir damit selbst auch einiges von unserer eigenen Todesfurcht.

Wir lernen, wie sehr der Tod zum Leben gehört und wie wichtig es ist, die Gewißheit zu akzeptieren, daß man selbst einmal stirbt. Die *Gab-*

des Lebens ist *untrennbar mit der Verheißung des Todes* verknüpft. *Leben wird nie unter anderen Bedingungen gegeben* und mit dieser Selbstverständlichkeit müssen wir zu leben lernen. Wir lernen dabei aber auch, daß wir von allem Abschied nehmen müssen und daß uns das Leben des Anderen nicht etwa gehört wie ein unveräußerlicher Besitz. Menschenwesen gehören nicht unabdingbar einander, Kinder sind nicht etwa Eigentum ihrer Eltern, sie sind ihnen nur anvertraut. Menschen sind eine Gottesgabe und wir dürfen nicht an ihnen hängen oder uns weigern, sie gehen zu lassen, *wenn „Er" sie ruft.*

Wir lernen daraus schließlich, daß *menschliches Da-Sein nicht allein für sich selbst* da ist, sondern für andere. Im Dienst für andere verwirklicht sich der Mensch und eine solche Selbstverwirklichung wird uns möglich, indem wir Sinn erfüllen im Dienst an den Leidenden. *Auch im Leiden ist Sinn findbar*, wenn das Alleinsein überwunden wird und eine letzte Sinnmöglichkeit dort erscheint, wo Krankheit und Tod Zeugnis ablegen für den, der *aus einer Tragödie einen Triumph* werden läßt. Dort wird auch für Unheilbare ein Sinn aufleuchten können und dieser Sinn macht vieles, vielleicht alles tragbar. *Und wir* — wir können bei dieser letzten Sinnverwirklichung seines Lebens einem Sterbenden helfen. Gott braucht uns dazu nicht, wie Martin BUBER gesagt hat, *aber er will uns brauchen — auch seine Kirche.* Und wenn die Kirche von Limburg in diesen Tagen nicht nur jubiliert, sondern gleichzeitig nachdenkt über ihren Weg aus der Geschichte über die Gegenwart in die Zukunft hinein, dann hat sie ein Angebot der Hoffnung zu machen, in dem man leben und sterben kann, weil sie ein Dasein verständlich macht, „in dem neben Jugend, Glück, Kreativität auch Alter, Begrenztheit und Tod ihren Ort haben. Diesen Begrenztheiten des Daseins sollten wir ein Optimum an Freiheit und Liebe abzugewinnen versuchen." (AUER) Denn in diesen verdichtet sich wie nirgendwo sonst der Sinn des Menschseins. Und dort, wo etwa von einem *Glaubenslosen* nicht nach Gott gefragt werden könnte, sollte die Kirche wenigstens versuchen, auch diesen Menschen ein *humanes Angebot des Beistandes* ohne jeden religiösen Druck bereitzuhalten. — Als Sterbebegleiter vermögen wir — nicht etwa als perfekte Könner —, sondern eingedenk unserer eigenen Ängste nicht mehr zu *heilen*. Wer vermag das überhaupt außer Gott? Aber wir können *helfen!* Wir ermöglichen es damit wenigstens dem Sterbenden noch, sein Recht auf Leben und seinen eigenen unmanipulierten Tod, letztlich sein Recht auf Freiheit zu verwirklichen. Diese Freiheit des Sterbenden ist von uns zu respektieren. Dazu noch ein Beispiel:

Eine Patientin mit einer jahrelang bestehenden Lungenblähung wurde von uns über sechs Wochen lang intensiv durch ein Beatmungsgerät behandelt. Nachdem sich der Zustand gebessert hatte, konnte sie abgeschlossen werden, bedurfte aber bereits nach wenigen Tagen eines neuen Anschlusses. Als ich ihr die Notwendigkeit darlegte, erklärte sie mir ganz eindeutig und ohne lange Umschweife: „Herr Doktor, bitte nicht, ich kann nicht mehr." Sie sagte nicht etwa: ich mag nicht mehr oder ich will nicht mehr, sondern ganz einfach, ich kann nicht mehr, ich halte das nicht noch einmal über Wochen durch mit der apparativen Beatmung." Ich hatte hier ganz plötzlich und untrüglich empfunden, daß ich über den Willen der Patientin nicht hinweggehen dürfe, denn hier lag für mich ohne jeden Zweifel eine von einer langjährig rezidivierenden und dadurch nicht mehr erträglich gewordenen Krankheit bestimmte, echte personale Entscheidung eines Menschen vor, die mir nicht erlaubte, seinem Wunsche zuwiderhandeln. Ich konnte ganz einfach gar nichts dagegen tun. Ich empfand es als meine Pflicht, der Bitte der Patientin zu entsprechen und von Intensivmaßnahmen Abstand zu nehmen. Wir ließen sie natürlich nicht allein, gaben ihr menschlichen Beistand und Hilfe. Sie verstarb noch am gleichen Tag. Ob ich recht gehandelt habe? — Gott wird mein Richter sein!

Meine Damen und Herren, ich habe versucht, Ihnen anzudeuten, wie diese Arbeit an den Grenzbereichen des Lebens begonnen wurde und was daraus bisher geworden ist. Irgendwann einmal wird es auch Ihnen so gehen oder schon ergangen sein, daß man spürt, nicht einfach nur in der pflichtgemäßen Erfüllung seines Berufes alles tun zu müssen, um gerechtfertigt nach Hause gehen zu können. Was von uns erwartet wird ist mehr, wenn wir *als Kirche dieser Welt ein Beispiel* geben wollen, nämlich unser selbstloser Einsatz, um die Menschheit aufzurichten, damit man von uns wieder sagen kann: „Seht, wie sie einander lieben!" *So* wie die Menschen an der endgültigen Grenze ihres Lebens vermögen, uns aus unserer eigenen Furcht herauszuhelfen und uns schon Jahre vor unserem eigenen Sterben lehren, daß wir uns in Hoffnung mit unserer eigenen Begrenztheit abfinden.

Ich wäre kein guter Arzt, wenn ich Sie nicht mit einem guten Rat entließe. Wir wissen zwar, daß wir nur *Gast auf Erden* sind, aber wird sind auch zur Freude an diesem Leben geboren. Denn es ist ein Geschenk Gottes. Sehen wir aber auch immer das Ziel dieses Lebens vor unseren Augen, selbst wenn es mit dem Tode verknüpft ist. Und dieser Intention entspricht der Rat eines Dichters unserer Sprache, R. M. RILKE, der gesagt hat:

„*Sei allem Abschied voran*"

Seien *auch wir allem* und *unserem eigenen* Abschied voran — und mit dieser Motivation möchte ich Sie aus der Aufmerksamkeit für meine Überlegungen mit Dank wieder entlassen!

*

Schlußwort des Bischofs bei der Veranstaltung am „Tag der Caritas" am 17. November 1977

Das mir zugedachte Schlußwort muß ein Wort des Dankes sein. Dank sage ich unseren hohen Gästen für ihre freundlichen Grußworte, Dank den beiden Rednern, Herrn Professor Dr. Hirschmann und Herrn Chefarzt Dr. Becker, für ihre Darlegungen, Dank den Veranstaltern dieses Tages und Dank der großen Caritasgemeinde im Bistum, die durch die hier anwesenden Teilnehmer so zahlreich repräsentiert ist.

Die Thematik des diesjährigen Caritastages war ungewöhnlich und eben deshalb von besonderer Bedeutung. Daß wir nach Christi Willen dem Menschenbruder in allen Etappen seines Erdenlebens Hilfe schuldig sind, ist uns bewußt. Daß aber auch das Erlöschen des Erdenlebens eine solche Etappe ist, und zwar, wie wir hörten, die eigentlich ausschlaggebende und somit wichtigste Etappe, diese Erkenntnis wird von uns leicht verdrängt. Gewiß muß jeder von uns die letzten Schritte in das Dunkel des Todes allein tun. Aber solange ein Mensch noch irgendeiner Kommunikation fähig ist, wird er äußerst dankbar dafür sein zu spüren, daß er bis zu dieser äußersten Grenze seines Lebensweges begleitet und nicht allein gelassen wird.

Als Franz von Assisi spürte, daß sein Ende nahe, fügte er seinem Sonnengesang eine letzte Strophe bei. Sie beginnt mit den Worten: „Laudatu si, mi Signore, per sora nostra corporale, dalla quale nullu homo vivente po scampare" — „Gelobet seist du, Herre mein, durch unseren Bruder den Tod...". Von seinen Ordensbrüdern begleitet, wurde er von dem Bruder Tod wie von einem Freund umfangen und zum Herrn, dem Urgrund und Inbegriff allen Lebens, geleitet. Was Franz von Assisi hymnisch aussagte, hat ein christlicher Philosoph unserer Zeit, der im Jahre 1944 im Konzentrationslager Oranienburg zum Sterben kam, in einer Reflexion über den Tod auf seine Weise so formuliert: „Heute, da das Christentum oftmals äußerst mittelmäßig geworden ist, sieht es sich von einem neuen, fanatischen und zuweilen auf seine Weise heroischen Paganismus bedroht. Das Christentum wird entweder verschwinden oder seine ursprüngliche Tugend wiederfinden. Wir glauben nicht, daß es verschwinden kann, doch es muß sich sicherlich erneuern, sich seines wahren Charakters bewußt werden. Es ist also nicht überflüssig, heute durch Hervorhebung eines bestimmten Problems zu zeigen, daß die christliche Moral nicht irgendeine natürliche oder vernünftige universelle Moral ist, sondern die lebendige Manifestation einer paradoxen Offenbarung. Auch kann es nicht überflüssig sein, sich heute daran zu erinnern, daß die christliche Moral keine Moral des Kompromisses und der Feigheit ist, sondern daß sie uns einen tieferen, absurderen, in gewissem Sinn unerbittlicheren Heroismus abverlangt als irgendeine andere Moral. Bestimmte Dinge, die noch kurz nach der Zeit der Martyrer selbstverständlich waren, müssen heute ausdrücklich in unser Bewußtsein treten." (Paul Ludwig Landsberg „Die Erfahrung des Todes" Suhrkamp Verlag, S. 130). Wir sind dankbar, daß uns durch die beiden Referate „der Dienst an der Grenze des Lebens" als ein helfender Bruderdienst heute wieder ausdrücklich in unser Bewußtsein getreten ist.

Lassen Sie mich schließen mit der Ehrung zweier Persönlichkeiten aus unserem Kreis, denen wir für ihren Einsatz im Bereich der Caritas besonderen Dank schulden. Es sind die Herren Lorenz Buchberger aus Frankfurt und Dr. Karl Humbert aus Offenbach. Ich habe die Ehre und Freude, den beiden genannten Herren im Namen des Heiligen Vaters ein Zeichen der Anerkennung und Dankbarkeit für ihre Verdienste um die Caritasarbeit zu überbringen:

Ihnen, lieber Herr Buchberger, das Ehrenkreuz „Pro Ecclesia et Pontifice" für den Aufbau und Ausbau der Selbsthilfegruppen in der Krankenkonfraternität, jener glücklichen Initiative, die — von Verdun ausgehend — über Trier nach Frankfurt kam und sich durch Ihre Aktivität inzwischen in drei Regionalgruppen konsolidiert hat. Ich darf Ihnen dieses Ehrenkreuz nun anheften und die dazugehörige Urkunde überreichen zugleich mit unser aller herzlichem Glückwunsch und Dank für Ihren unermüdlichen Einsatz.

Sie, lieber Herr Dr. Humbert, haben nahezu zwanzig Jahre lang das wichtige Referat für Anstaltswesen bei der „Konferenz der Caritasverbände in Hessen" mit Sachkenntnis und größtem persönlichem Engagement geleitet. Inzwischen haben Sie das 70. Lebensjahr vollendet und möchten, daß jüngere Schultern diese Last auf sich nehmen. Dieser Wunsch ist verständlich und muß respektiert werden. Es ist aber auch verständlich, daß die drei hessischen Caritasverbände — heute hier vertreten durch Herrn Bischofsvikar Domdekan Plettenberg von Fulda, Prälat Weis und Caritasdirektor Emig von Mainz sowie Ordinariatsrat Frank und Generalvikar Seidenather von Limburg — sich freuen, Ihnen zum Abschied mitteilen zu können, daß der Heilige Vater Sie in Anerkennung Ihrer vorbildlich geleisteten Arbeit zum „Komtur des Gregorius-Ordens" ernannt hat. Auch Ihnen darf ich das entsprechende Ehrenkreuz und die Verleihungsurkunde überreichen mit unserem gemeinsamen Glückwunsch und Dank für zwei Jahrzehnte fruchtbarer Zusammenarbeit.

Tag der Religionslehrer
18. November 1977

Religionsunterricht ist eine Chance für die Kirche

Der Tag der Religionslehrer begann mit einer Vesper im Dom am Nachmittag.
In der Stadthalle begrüßte Schulrat i. K. Günter Reusch, der Leiter des Dezernats Schule und Hochschule im Bischöflichen Ordinariat, die Anwesenden.
Bischof Dr. Kempf dankte in einem Grußwort den Religionslehrern für ihr Engagement in Schule und Kirche. Er forderte sie auf, in ihrem Bemühen um Verkündigung der christlichen Botschaft nicht nachzulassen.
Das Hauptreferat hielt Prof. Dr. Exeler (Münster i. W.) zum Thema „Entfremdet der Religionsunterricht von der Kirche?"

Begrüßung
Ordinariatsrat Günter Reusch

Sehr geehrte Damen und Herren!

Als zu Anfang des vorigen Jahres in der Bistumsleitung die näheren Vorbereitungen für die 150-Jahr-Feier unseres Bistums begannen und die einzelnen Zielgruppen den zur Verfügung stehenden Tagen zugeordnet wurden, wurde auch der Vorschlag unterbreitet, im Rahmen der Festwoche einen Tag der Religionslehrer vorzusehen. Diesem Vorschlag haben Sie, verehrter Herr Bischof, spontan zugestimmt und somit bekundet, wie wichtig Ihnen die Begegnung mit den Religionslehrern Ihres Bistums ist, die als Ihre Mitarbeiter unter oft schwierigen Bedingungen mit großem Engagement im Religionsunterricht aller Schulformen tätig sind. Dafür sei Ihnen hier an dieser Stelle ganz herzlich gedankt.
Sehr verehrter Herr Bischof, in Ihrer Einladung an die Religionslehrer schrieben Sie unter anderem: „Dieser Tag soll ein Zeichen meiner Verbundenheit mit Ihnen sein." Dieser Wunsch ist von den Religionslehrerinnen und Religionslehrern erfüllt worden. Etwa 600 Religionslehrer haben sich für den heutigen Tag angemeldet und sind hierher gekommen. Sie wollen damit ihrerseits ihre Verbundenheit bekunden mit Bischof und Bistum.

Liebe Kolleginnen und Kollegen!

Ihnen, die Sie aus allen Teilen unseres Bistums in die Bischofsstadt gekommen sind, und dies nach einem vollen Unterrichtstag, gilt mein ganz besonderer, herzlicher Willkommensgruß. Ich gestehe Ihnen ehrlich, mit einer solch großen Zahl hatten wir nicht gerechnet. Ihr Interesse an diesem Tag ist dem Dezernat Schule und Hochschule Auftrag, die Bemühungen um Intensivierung von Begegnungs- und Gesprächsmöglichkeiten zu verstärken. Katholische Religionslehre ist ordentliches Lehrfach in allen Schulen der Länder Hessen und Rheinland-Pfalz. Diese Tatsache bringt es mit sich, daß die Kirchen in permanentem Dialog mit den staatlichen Schulbehörden stehen. So finden u. a. in regelmäßigen Abständen Gespräche der Kirchenleitungen mit dem Kultursministerien, den Regierungspräsidien, den ehemaligen Schulräten, die Bezeichnung ist in Rheinland-Pfalz und in Hessen anders geworden, den Direktoren von beruflichen Schulen, Gymnasien, Gesamtschulen und Sonderschulen, sowie den Studien- und Fachseminarleitern statt. Alle diese Begegnungen dienen der Verbesserung der Situation des Religionsunterrichtes in diesen beiden Ländern. So ist es mir eine große Freude, folgende Vertreter staatlicher Schulverwaltungen begrüßen zu können:
Vom Kultusministerium Rheinland-Pfalz Herrn Ministerialdirigent Dr. Landré und Herrn Leitenden Ministerialrat Müller, vom Regierungspräsidium Darmstadt den Leitenden Regierungsschuldirektor Dr. Wagner,
von der Bezirksregierung Koblenz Herrn Regierungsdirektor Walzig und vom Regierungspräsidium Kassel, mit dem wir immer mehr zu tun haben in unserem Bistum, Herrn Leitenden Regierungsdirektor Buse. Der Leiter der Schulabteilung im Hessischen Kultusministerium, Ministerialdirigent Dr. Schreiber, ist leider heute verhindert, hat aber in einem ausführlichen

Brief der Tagung heute die besten Grüße übermittelt.

Mit diesem Gruß darf ich den Dank des Dezernates Schule und Hochschule im Ordinariat Limburg verbinden für die seit Jahren ununterbrochene gute und vor allem offene Zusammenarbeit mit allen staatlichen Stellen bis hin zu Schulleitern im Interesse des Religionsunterrichts.

Den Vertretern der Evangelischen Kirchen, mit denen wir im Bereiche der beiden Länder manche gemeinsame Wege gehen, gilt mein besonderer Gruß: Herrn Kirchenrat Kraft von der rheinischen Kirche und den Herren Studienleitern Thelemann, Veit und Volk von der Evangelischen Kirche in Hessen und Nassau. Die Landeskirche Kurhessen-Waldeck und die Pfälzische Landeskirche haben herzliche Grußworte gesandt.

Einen herzlichen Gruß auch den Professoren, Dozenten, Wissenschaftlichen und Pädagogischen Mitarbeitern der Betriebseinheit Katholische Theologie des Fachbereiches Religionswissenschaften an der Universität Frankfurt, des Instituts für Katholische Theologie des Fachbereiches Religionswissenschaften an der Universität Gießen, des Fachbereiches Katholische Theologie an der Erziehungswissenschaftlichen Hochschule in Rheinland-Pfalz, Abt. Koblenz, die für die Ausbildung der Religionslehrer verantwortlich sind und sie in unsere Diözese, zu einem Teil zumindest, entsenden, sowie in der Fort- und Weiterbildung von Religionslehrern in unserem Bistum engagiert tätig sind.

Schließlich gilt ein Gruß den Mitarbeitern in den Schulabteilungen der benachbarten Diözesen, sowie den Vertretern der Kommissariate der Hessischen und Rheinland-Pfälzischen Bischöfe.

Sehr geehrte Kolleginnen und Kollegen!

Der Religionsunterricht steht seit Jahren, und das wissen Sie alle, im Brennpunkt der Diskussion. Einer der vielen Vorwürfe an den Religionsunterricht lautet: Religionsunterricht kommt oft über die gewiß wichtige Information nicht hinaus. Es gelingt ihm zu wenig, Glauben zu wecken und zu stärken. Der Religionsunterricht tut zu wenig, um die stille Emigration vieler Schüler aus der Kirche zu verhindern. Von diesem Vorwurf bis hin zu der Formulierung des heutigen Referates ist es kein weiter Weg. Entfremdet der Religionsunterricht von der Kirche? Wir sind sehr froh und dankbar, daß wir zu diesem Thema einen der führenden Religionspädagogen im deutschsprachigen Raum gewinnen konnten. Ich begrüße Herrn Professor Adolf Exeler aus Münster.

Prof. Exeler war entscheidend an dem Synodenbeschluß „Der Religionsunterricht in der Schule" beteiligt und ist gerade vor einigen Tagen aus Rom zurückgekehrt, wo er als Berater der an der Bischofssynode teilnehmenden deutschen Bischöfe wirkte, die sich mit Problemen der Katechese befaßten. Ehe Herr Prof. Exeler mit seinem Referat beginnt, darf ich unseren Herrn Bischof um sein Wort bitten.

*

Eröffnung

Bischof Dr. Wilhelm Kempf

Ich freue mich, daß Sie meiner Einladung zum „Tag der Religionslehrer" im Rahmen der Jubiläumsfeier unseres Bistums so zahlreich gefolgt sind. Ich freue mich besonders deshalb, weil ich damit Gelegenheit habe, Ihren Dienst an den Jugendlichen und Kindern unserer Gesellschaft an einem Zeitpunkt dankbar zu würdigen, in dem unser Bistum im Begriffe ist, die Schwelle zu einer neuen Phase seiner Geschichte zu überschreiten. In dieser neuen Phase werden wir ohne Zweifel auch mit neuen Problemen konfrontiert, nicht zuletzt im Bereich von Schule und Erziehung.

Wenn es richtig ist, daß es von jeher im Schulbereich Fächer gab, die leichter, und solche, die schwerer zu unterrichten sind, dann gehört der Religionsunterricht heutzutage auf allen Schulstufen wohl zu den schwierigsten. Schwierig dadurch, weil zur Zeit das Ansehen dieses

Faches unverdient gering ist; schwierig, weil oft die Eltern, aber auch Kollegen und Schulleiter, die Bedeutung dieses Faches und dessen, was hier zu leisten ist und geleistet wird, unterschätzen und eher bereit sind, Religionsstunden ähnlich wie Musik- oder Sportstunden ausfallen zu lassen, als den Unterricht in anderen Fächern — etwa Biologie oder Mathematik — einzuschränken.

Schwierig ist dieses Fach auch, weil die Anforderungen an das Fachwissen der Lehrer in Theologie und den anderen Bezugswissenschaften — der Würzburger Synodenbeschluß zum Religionsunterricht nennt neben den Erziehungswissenschaften und der Philosophie auch Geschichte, Soziologie und Psychologie — in den letzten Jahrzehnten außerordentlich gestiegen sind. Das pädagogisch unverzichtbare Eingehen auf die Erfahrungen der Schüler und auf die „Vielstimmigkeit der Theologie" (SynB 1.1.2), die sich auch im konkreten Unterricht niederschlägt, führen nicht selten dazu, daß manche Eltern und Seelsorger sich bei den oft vereinfachenden Schilderungen der Schüler fragen, ob das eigentlich noch katholischer Religionsunterricht genannt werden kann. Sehr schnell wird ein solcher Religionsunterricht als Sozialkundeunterricht verdächtigt, weil nicht jeder Schüler die religiöse und spezifisch christkatholische Dimension bei der Behandlung von Themen wie Familie, Freundschaft, Arbeit und Beruf, Eigentum usw. mitbekommen hat, Themen übrigens, die — wie ein Blick in den alten Katechismus lehrt — immer schon im Religionsunterricht behandelt wurden.

Schwierig ist der Religionsunterricht schließlich auch deshalb, weil die Schüler — ich spreche jetzt vom Lande Hessen — mit 14 Jahren sich abmelden können und dies auch tun, wenn der Unterricht ihnen nicht attraktiv genug erscheint. Keinem Lehrer ist es gleichgültig, wenn sich Schüler aus seinem Unterricht abmelden. Deshalb stellt der Religionslehrer besonders hohe Anforderungen an sich und sucht, die Qualität und Attraktivität seines Unterrichtes ständig zu verbessern. Hierzu werden ihm zwar vielerlei Hilfen angeboten; doch ist die Literatur zum Religionsunterricht in den letzten Jahren so umfangreich geworden, daß es kaum möglich ist, neben dem täglichen Unterricht einen auch nur einigermaßen erschöpfenden und zugleich kritischen Überblick zu behalten. Dann gibt es für den Religionsunterricht schon länger und sicher mehr als in den meisten anderen Fächern Unterrichtsmaterialien, Modelle, Textsammlungen, Medienangebote und eine immer größer werdende Zahl von Religionsbüchern. Aber das alles ist von recht unterschiedlicher Qualität. Es muß daher sorgfältig geprüft und auf die jeweilige Klasse in ihrer unverwechselbaren Eigenheit bezogen werden. Bei den beschränkten Mitteln, die den Schulen für Lehrmaterial zur Verfügung stehen, sind in vielen Fällen die für gut befundenen Materialien gerade nicht verfügbar.

Ich weiß, daß die Liste der Schwierigkeiten noch weitergeführt werden könnte. Ich weiß auch, daß unter solchen Umständen nicht jede Religionsstunde gelingen kann und daß hier und dort Bedenkliches zu beobachten ist. Insgesamt aber leisten Sie den Dienst des Religionsunterrichtes nach Kräften und mit Erfolg, und dafür gebührt Ihnen mehr Dank und Anerkennung, als Sie in der Öffentlichkeit gemeinhin erfahren. Lassen Sie mich den Grund für diesen Dank noch etwas ausführen.

Die „missio canonica", die der Bischof Ihnen erteilte, ist nicht irgendein Berechtigungsschein. Sie ist vielmehr die Beurkundung eines kirchlichen Auftrages, durch den Sie Anteil am kirchlichen Lehramt haben. Da nun heute viele junge Menschen ohne oder fast ohne Kontakt zu ihrer Pfarrgemeinde aufwachsen und leider häufig genug auch im Elternhaus kaum mit christlichem Leben bekannt werden, ist der Religionsunterricht und das persönliche Zeugnis des Religionslehrers von geradezu missionarischer Bedeutung. Das Bild, das solche jungen Menschen von der Kirche und ihrer Botschaft haben, wird maßgebend von dem Religionslehrer — seinem Unterricht wie auch von seiner Persönlichkeit — beeinflußt, d. h. von seiner eigenen Identifikation mit dem, was er vertritt.

Sie leisten somit einen wertvollen Dienst an den Jugendlichen und damit an unserer Gesellschaft. Der Synodenbeschluß von Würzburg über den Religionsunterricht in der Schule, den ich für eine gültige Aussage und für eine gute Orientierungshilfe in diesem Unterrichtsfach halte, sagt in Ziffer 2.6.1.: „Zu einer Kirche, die sich auf Jesus Christus beruft, gehört als ureigene Aufgabe dieses ‚Dasein für andere'. Unabhängig davon, ob die Menschen zu ihr gehören oder nicht, muß sie bereit sein, ihnen mit dem zu dienen, was sie ist, und was ihrem Auftrag entspricht. Religionsunterricht in der Schule ist eine der Formen, in denen sie diesen Dienst an jungen Menschen vollziehen kann. Er ist insofern unter diakonischem Aspekt zu sehen". Seien Sie überzeugt, daß Sie den Jugendlichen helfen zur Orientierung in der Welt und bei der Suche nach dem Sinn ihres Lebens, und das auch dann, wenn die jungen Menschen sich nicht immer im christlichen Sinne entscheiden. Die christliche Botschaft ist Angebot und Einladung. Aber bei aller Dringlichkeit dieser Botschaft muß die Freiheit der Entscheidung respektiert werden und darf die unterrichtliche Vermittlung dieser Botschaft nichts von Manipulation an sich haben.

Dem Dank, den ich Ihnen ausspreche, sei die Bitte angefügt, in Ihrem Bemühen nicht nachzulassen und auch durch gelegentliche Mißerfolge sich nicht entmutigen zu lassen. Nutzen Sie die Angebote, die die Arbeitsgemeinschaften für den Religionsunterricht und die religionspädagogischen Ämter Ihnen machen und stellen Sie vor allem Ihre Erfahrungen den Kollegen zur Verfügung. Ich schließe mit dem letzten Satz des Synodenbeschlusses. Er lautet: „Die Synode appelliert an die katholischen Lehrer, ihre Erfahrungen in die katechetische Arbeit der Gemeinde einzubringen. Sie bittet aber auch die Gemeinden, die Sorge für den schulischen Religionsunterricht mitzutragen". Herrn Professor Exeler bin ich dankbar, daß er nun zu uns sprechen will über die Frage „Entfremdet der Religionsunterricht von der Kirche?"

*

Prof. Adolf Exeler (Münster i. W.)
Entfremdet der Religionsunterricht
von der Kirche?

Zwei Bemerkungen zur Einleitung:

1. Das angekündigte Thema enthält keine rhetorische Frage. Dann liefe das Ganze darauf hinaus, daß — womöglich in pathetischer Form — einer Feierstunde gemäß — beteuert würde: Nein, natürlich nicht! Die Frage, ob der Religionsunterricht von der Kirche entfremdet, ist durchaus ernst gemeint. Und diese ernste Frage gibt es nicht erst heute. Aus der 150jährigen Geschichte der Diözese Limburg bringt die Festschrift eindrucksvolle Beispiele dafür, daß es wiederholt ein deutliches Interesse etwa des Staates daran gab, einen Religionsunterricht zu haben, der eben nicht darauf angelegt war, die Verbindung mit der Kirche zu stärken. Die Kirche mußte wiederholt darum kämpfen, daß ein Religionsunterricht zustande kam, dem sie zustimmen konnte. Im Laufe von 150 Jahren hat sie viel dafür einsetzen müssen. Heute ist es nicht so sehr der Staat, der sich für einen Religionsunterricht einzusetzen scheint, der nur in schwacher Verbindung mit der Kirche steht, heute scheinen es manchem vor allem die Religionspädagogen selber zu sein, die diese Distanzierung betreiben. Jedenfalls wird von vielen Seiten ein solcher Vorwurf erhoben, nicht nur von extrem traditionellen Gruppen, sondern von sehr beachtlichen Gremien und Organen, und diesen Vorwürfen müssen wir uns stellen.

2. Das Ziel dieses Vortrags ist nicht Beschwichtigung. Beschwichtigung wäre es, wenn ich zur Seite der Anwälte der Kirche hin versichern würde, es sei doch alles nicht so schlimm, wie es manchmal dargestellt wird, und wenn ich zur Seite der Religionslehrer hin mahnen würde, sie sollten es nicht zu toll treiben. Das Ziel dieses Vortrags ist vielmehr, die Klärung der tatsächlichen Probleme voranzutreiben und auf dem Weg über eine Klärung nach Möglichkeiten für eine neue Aktivierung des Zusammenhangs von Religionsunterricht und Kirche zu suchen, womöglich nach einer neuen Aktivierung, die ganz anders geartet ist als früher. Ich weiß, daß ein solches Vorhaben nach beiden Seiten hin mit

vielen emotionalen Belastungen verbunden ist, aber das Thema lohnt einige Mühe.

Manchen mag ein solches Unterfangen von vornherein als unmöglich erscheinen, aber ich möchte wenigstens dazu ansetzen.

Die Überlegungen sind in fünf Abschnitte eingeteilt:

1. Die Frage, die das angekündigte Thema enthält, soll verdeutlicht werden.
2. Einige Konturen zur gegenwärtigen Situation des Religionsunterrichtes sollen aufgezeigt werden.
3. Es soll nach der theologischen Verantwortung eines problemorientierten Religionsunterrichtes gefragt werden.
4. Es soll gefragt werden, ob nicht ein Religionsunterricht, der dem Vorwurf der entfremdenden Wirkung entgehen will, seinerseits das Recht hat, bestimmte Wünsche an die Kirche und an die Gemeinden zu äußern.
5. Schließlich soll ein Ausblick auf eine mögliche praktische Weiterführung des behandelten Themas versucht werden.

I. Verdeutlichung der Frage

Mit dem Vorwurf, der gegenwärtige Religionsunterricht entfremde von der Kirche, ist etwas sehr Gewichtiges gemeint, nicht nur dieser oder jener einzelne Religionslehrer, der seinen Auftrag schlecht ausführt. Gemeint ist die ganze Richtung, die manchem nicht paßt, die ganze Richtung der neueren Religionspädagogik mitsamt den Lehrplänen und Unterrichtswerken, gemeint ist vor allem das heute vorherrschende Konzept des problemorientierten Religionsunterrichtes. Gemeint ist ein Religionsunterricht, der sich deutlich abhebt von Gemeindekatechese, der also seine unmittelbare Aufgabe nicht mehr wie früher darin sieht, Schüler in das Leben der Kirche und der Gemeinde einzuführen. Oft wird der Vorwurf erhoben, der Verzicht auf diese uralte Aufgabe sei doch nichts anderes als das Ergebnis einer Kapitulation der Religionspädagogik vor der gegenwärtigen religiösen und kirchlichen Krise. Ein solcher aus Kleinglaube geborener Unterricht müsse ja das Gegenteil von Hinführung zur Kirche bewirken, nämlich Entfremdung von ihr. Die entfremdende Wirkung eines solchen Religionsunterrichtes sei ja bereits mit Händen zu greifen, etwa im grassierenden religiösen Analphabetentum, im Schwund christlicher Tradition und in der Verdünnung christlicher Gehalte in unserer Gesellschaft. Das Weiterbestehen des schulischen Religionsunterrichtes täusche höchstens noch über diesen grassierenden Schwund hinweg, sei aber nicht in der Lage, diesen Schwund zu beheben. Der Vorwurf besagt, daß dieser Religionsunterricht zwar wohl die Schüler dort abholt, wo sie sind, daß er sie aber eben nicht mehr dorthin führt, wohin er sie führen soll, nämlich zu Kirche und Gemeinde. Faktisch habe man es inzwischen oft mit einem Unterricht zu tun, in dem christlicher Glaube und Evangelium kaum noch vorkämen. Dann aber setze sich der Religionsunterricht zu guter Letzt der Lächerlichkeit aus, auch bei den Schülern, die einen solchen Typ vielleicht zunächst noch interessant finden. Er setze sich der Lächerlichkeit aus, weil Lehrer, die so unterrichten, anscheinend gar nicht mehr an die Kraft dessen glaubten, was sie zu vertreten haben.

Der Vorwurf, der heutige Religionsunterricht entfremde von der Kirche, besagt, es sei durchaus nicht nur ein unglücklicher Zufall, wenn in der Alltagspraxis viele Religionslehrer bei der Erörterung der empirischen Probleme der Schüler stehen blieben; wenn sie gar nicht mehr zur Erschließung der christlichen Botschaft vordringen. Wenn ein solcher Unterricht sich von einer allgemeinen Lebenskunde oder Gemeinschaftskunde oder ähnlichem kaum noch unterscheide, dann sei das kein Zufall, und darum wird von manchen mit Vehemenz gefordert, der Religionsunterricht müsse schleunigst wieder zur alten Konzeption zurückkehren und endlich die Schüler mit der unverkürzten Glaubenslehre der Kirche konfrontieren. Dem entspricht auch der in jüngster Zeit immer lauter werdende Ruf nach einem Katechismus.

Soviel zur Verdeutlichung der Frage. Ich denke, das Problem ist gewichtig genug, als daß man es mit rhetorischen Fragen abtun könnte. Es läßt

sich nicht übersehen, daß der gegenwärtige Religionsunterricht vielerorts Unzufriedenheit auslöst, und er muß sich solchen Anfragen stellen. Bei der Auseinandersetzung mit diesen Anfragen möchte ich versuchen, einige Erkenntnisse aus der Bischofssynode einzubeziehen, die im Oktober dieses Jahres in Rom stattfand und bei der ich als Berater teilnehmen durfte.
Wenn dort von Katechese die Rede war, dann ist immer auch der schulische Religionsunterricht mitgemeint und es tut vielleicht uns Deutschen ganz gut, daß beides dort in engem Zusammenhang gesehen wurde.

II. Einige Konturen zur gegenwärtigen Situation des Religionsunterrichtes

In diesem Rahmen möchte ich drei Momente hervorheben:

1. Entfremdung als Anlaß, nicht als Wirkung des Religionsunterrichtes

Damit ist dies gemeint:
Die neue Konzeption des Religionsunterrichtes, die Lehrpläne und Unterrichtswerke und auch den konkreten Unterricht prägt, entstand nicht aus der übermütigen Laune von Neuerern, die „mal wieder was Neues" einführen wollten, womöglich um sich einen Namen zu machen, sondern diese Konzeption erwuchs in langer Auseinandersetzung aus einem geradezu lebensbedrohlichen Existenzkampf des Religionsunterrichtes Ende der 60er Jahre. Das wird oft vergessen. Bildungspolitiker stellten die Berechtigung eines Religionsunterrichtes grundsätzlich in Frage, der sich als Seelsorgestation der Kirche in den Räumen der Schule verstand. Schüler meldeten sich in beängstigendem Ausmaß ab. Lehrer weigerten sich, noch weiterhin ein traditionelles Konzept von Religionsunterricht zu vertreten usw. Der Hauptgrund für diese Phänomene war die Feststellung, daß dieser Unterricht faktisch in einer Situation arbeiten mußte, die geprägt war durch eine weitgehende Entfremdung der Schüler von der Kirche.
Mindestens für den Anfang der Entwicklung wird man also kaum sagen können, dieser Unterricht habe eine Entfremdung von der Kirche bewirkt, es lief in Wirklichkeit genau anders herum: der Religionsunterricht wurde sich darüber klar, daß er in eine schon vorhandene Entfremdung hineinsprechen müsse. Es ist gut, hier Ursache und Wirkung nicht zu verwechseln. Die faktische Entfremdung von der Kirche wurde als Herausforderung verstanden, um einen Religionsunterricht zu entwickeln, der nicht nur für kirchlich identifizierte und kirchlich engagierte junge Christen ergiebig war, sondern auch und vielleicht sogar zuerst für den durchweg größeren Anteil der kirchlich Distanzierten. Es hieße den Religionsunterricht hoffnungslos überfordern, wollte man ihm zur Aufgabe stellen, nun müsse er aber sehr zügig aus allen kirchlich distanzierten Schülern kirchlich engagierte machen. So etwas läßt sich nicht machen.

Inzwischen ist das Schulfach Religion nicht mehr so heftig umstritten. Es mehren sich die Stimmen der Religionslehrer und sogar der Schüler, denen der Unterricht wieder Spaß macht. Dennoch steht die wieder gewachsene Zustimmung auch weiterhin unter dem Vorzeichen einer Distanz vieler junger Menschen von der Kirche. Diese Distanz wird sich, realistisch betrachtet, durch Religionsunterricht allein kaum irgendwo überwinden lassen[1]. Damit ergibt sich die Frage, ob denn nicht in dieser Situation dieser Unterricht womöglich eine ganz andere Aufgabe wahrnehmen muß als die traditionelle, eine andere Aufgabe, indem er nämlich — und hier wage ich einen etwas riskanten Ausdruck — indem er den Schülern hilft, in der faktischen Distanz von Kirche und Gemeinde dennoch als Christen zu leben und wenigstens Grundkontakte mit dem christlichen Glauben und seinen Ausprägungen wahrzunehmen. Ich lasse diese Frage offen, sie ist mit ungeheuer vielen Einzelproblemen belastet. Aber sie muß gestellt werden.

Ein zweiter Aspekt zur Situation des Religionsunterrichtes:

---

[1] Vgl. zu diesem Abschnitt E. Feifel, Ein Beitrag zur religions-pädagogischen Rechenschaft über unsere Hoffnung. Schülerorientierter Religionsunterricht in: Katechetische Blätter 1977, S. 792—803.

2. Religionsunterricht im Kontakt mit kirchlich Distanzierten

Zweifellos ist heute Religionsunterricht einer der hervorragenden Orte, an denen für die Kirche der Kontakt mit distanzierten Christen überhaupt noch möglich ist. Auf der Bischofssynode in Rom wurde dies gerade von deutschen Bischöfen hervorgehoben. So erklärte z. B. Kardinal Höffner: „Man muß dafür sorgen, daß die Evangelisation alle Jugendlichen erreicht, auch die nichtpraktizierenden. In gewissen Gegenden kann der Religionsunterricht, der in der öffentlichen Schule im Auftrag der Kirche erteilt wird, den Kontakt auch mit den nichtpraktizierenden Kindern und Jugendlichen herstellen, die die Gemeindekatechese nicht mehr erreicht." In demselben Rahmen erklärte Weihbischof Rolly, es sei bedenklich, wenn der Religionsunterricht nur aus der Perspektive der Kerngemeinden beurteilt würde. Der schulische Religionsunterricht könne gerade durch den Kontakt mit den nichtpraktizierenden jungen Christen eine wichtige pastorale Aufgabe wahrnehmen, die die Gemeinde selber kaum wahrnehmen könne. Religionslehrer und Gemeinden haben also verschiedene Aufgaben, die sich gegenseitig ergänzen.

Noch einmal Bischof Rolly. Er sagte: „Unter diesem Gesichtspunkt ist es wichtig, für ein fruchtbares Verhältnis zwischen Religionslehrern, Gemeinden und Kirchenleitung zu sorgen, damit die Religionslehrer nicht isoliert, überfordert oder falsch beurteilt werden oder sich gar selbst von der Kirche entfremden. Es gilt, die missionarische Bedeutung dieses Unterrichts bewußt zu machen und schätzen zu lehren."

Der Religionsunterricht spricht also in eine zum großen Teil erheblich andere Situation hinein als etwa die Gemeindepredigt. Das bedeutet aber etwas, denn eine veränderte Situation bedingt auch ein verändertes Sprechen, und hier wird die Sache kritisch.

Deutlich hat dies bereits das ‚Directorium Catechisticum Generale' hervorgehoben, das 1971 im Auftrag des Papstes von der Kleruskongregation herausgegeben wurde. Wir haben ja in Deutschland gewöhnlich erhebliche Vorbehalte gegenüber römischen Texten, wir haben die Meinung: was von dort kommt, kann ja nichts taugen; ich bin inzwischen im Laufe der Jahre erheblich anderer Meinung geworden, wenn man auch differenzieren muß. Dort wird in Art. 48 folgendes dargelegt: Wenn heute in der Katechese (mit diesem Wort ist immer auch der schulische Religionsunterricht mitgemeint) die früher oft sehr direkte Sprache über den Glauben zurücktritt, so hängt dies mit der heutigen Situation zusammen: Denn der Säkularisierungsprozeß, in dem viele Menschen mehr die Ferne, ja die Abwesenheit Gottes, als seine Nähe spüren, „treibt uns auch an", vor dem Geheimnis demütiger zu werden, gemäß Jes. 45,15: „Du bist fürwahr ein verborgener Gott, du Erlösergott Israels."

Natürlich ist ein Sprechen über den Glauben, das mit Menschen zu tun hat, bei denen der Glaube keineswegs mehr selbstverständlich vorausgesetzt werden kann, alles andere als leicht. Es ist naturgemäß mit einer Menge von Hilflosigkeit, Ratlosigkeit und Problemen verbunden. Ein Sprechen vom Glauben, das über binnenkirchliche, allzu vertraute Sprechweise hinausreicht, sind wir in unserer Kirche kaum gewohnt. Auch den Fachtheologen gelingt es ja nur selten, so zu sprechen, daß kirchlich distanzierte Zeitgenossen ernstlich aufhorchen. Und wo dies einmal gelingt, ist es gewöhnlich mit erheblichen Schwierigkeiten verbunden. Ein Beispiel dafür scheinen mir die Auseinandersetzungen um Hans Küng zu sein. Er ist zweifellos einer der ganz wenigen Fachtheologen, die über den binnenkirchlichen Raum hinaus Gehör finden; aber gleichzeitig ist er auch einer der Theologen, die, sicher nicht ohne Grund, von kirchenamtlicher und auch von fachtheologischer Seite aus am meisten mit Skepsis und Ablehnung bedacht werden. Gewiß ist das eine nicht unmittelbar Ursache des anderen, aber es hängt doch wohl auch miteinander zusammen. Denn, wie gesagt, die veränderte Situation bedingt auch ein verändertes Sprechen.

Ich meine, in einer ganz ähnlichen Lage befinden sich manche neueren Bemühungen um den Religionsunterricht, nämlich eine Sprechweise vom Glauben zu entwickeln, die tatsächlich wirksam hinausreicht über den binnenkirchlichen Raum. Und darum ist auch hier ein gewisses Maß an Hilflosigkeit und auch an Problemen gar nicht verwunderlich, sondern von vornherein zu erwarten. Es sollte grundsätzlich einen Vertrauensvorschuß haben, denn hier geht es um missionarische Versuche, und eine Kirche, die auf ihre missionarische Ausstrahlungskraft überhaupt verzichtet, ist sehr schlecht beraten.

3. Das veränderte Verhältnis zwischen Religionsunterricht und Gemeinden

In früheren Zeiten, genauer seit Ende des 18. Jahrhunderts, war der schulische Religionsunterricht einer der wichtigsten, wenn nicht der wichtigste Ort, an denen die Kinder in das konkrete Gemeindeleben eingeführt und eingeübt wurden. Man mag dieser Zeit nachtrauern; aber sie ist wohl endgültig vorbei. Die verschiedenen Faktoren, die dazu beigetragen haben — Schulbezirke, Schulsysteme, Wohnorte, Einstellungen der Lehrer usw. — brauche ich hier nicht aufzuführen und zu erörtern. Für unseren Zusammenhang scheint es mir wichtiger zu sein, in Rechnung zu setzen, daß die meisten Gemeinden eine geklärte Einstellung zum neuen Religionsunterricht und seinen Möglichkeiten noch gar nicht gefunden haben. Ich glaube, daß ich nicht übertreibe. Viele bleiben nämlich immer noch bei den alten Erwartungen stehen und werden dann naturgemäß enttäuscht; und Angriffe auf Religionsunterricht und Religionslehrer, die dann einsetzen, verbessern das Verhältnis nicht, sondern wirken sich höchstens so aus, daß nun nicht nur die Schüler, sondern auch noch die Lehrer in die Entfremdung von Kirche und Gemeinde hineingetrieben werden. Die Einstellung von Eltern, die selber früher einen ganz anderen Typ von Religionsunterricht kennenlernten, ist natürlich verständlicherweise oft irritiert, wenn sie sich die neuen Religionsbücher anschauen oder sich über den Religionsunterricht berichten lassen. Sie gehen manchmal von der Meinung aus, sie könnten auch heute noch wie früher die Aufgabe der religiösen Erziehung der Kinder samt ihrer Einführung in die Gemeinde getrost dem schulischen Religionsunterricht delegieren, und dann sehen sie sich komplett frustriert. Vielleicht haben aber auch die Religionspädagogen sich zu wenig bemüht, die neue Ausrichtung und Aufgabenstellung des Religionsunterrichtes den Eltern so zu verdeutlichen, daß ein Einvernehmen entstehen konnte, und hier liegt vielleicht auf die Zukunft hin eine besonders dringliche Aufgabe.

Historisch gesehen handelt es sich ja bei der Orientierung des Religionsunterrichtes an den kirchlich distanzierten Christen um eine neue Aufgabe. Darum ist es gar nicht verwunderlich, daß diese neue Aufgabe nicht überall in den Gemeinden gleich verstanden und anerkannt wird. Die Spannungen, die sich aufgrund der neuen Orientierung unvermeidlich zwischen der Situation der Kerngemeinden auf der einen Seite und der Situation der Schüler auf der anderen Seite ergeben, belasten das Verhältnis von Religionsunterricht und Gemeinden um so mehr, je weniger sie verarbeitet sind. Hier zeigt sich die Aufgabe.

III. Problemorientierter Religionsunterricht in theologischer Verantwortung

Um hier weiterzukommen, werden wir uns im dritten Teil unserer Überlegungen mit einigen pastoralen bzw. theologischen Aspekten des problemorientierten Religionsunterrichtes befassen. Wir fragen also: Inwieweit wird der problemorientierte Religionsunterricht genau den Aufgaben gerecht, die die Kirche in der heutigen Welt zu erfüllen hat? Wir brauchen hier gar nicht darüber zu streiten, ob man nicht besser statt „problemorientiert" andere Ausdrücke gebrauchen sollte wie „lebensorientiert" oder „erfahrungsorientiert" oder sonstwie, das sei geschenkt. Der entscheidende Punkt liegt m. E. an folgender Stelle: Heute wird auf höchster Ebene, nämlich in der Bischofssynode dieses Jahres, dafür plädiert, sehr ausdrücklich eine rein binnenkirchliche Sprechweise des Glaubens hinter sich zu lassen und stattdessen eine Sprache des Glaubens zu entwickeln, die Rechenschaft abzulegen vermag über den Glauben im Angesicht der Fragen, die die Menschen von heute stellen. Das aber nenne ich der Sache nach „problemorientierten" Religionsunterricht.

Eine theologische Klärung dieses Konzeptes ist dringend nötig, nicht nur zur Rechtfertigung dieses Unterrichtes gegenüber den Gemeinden, sondern auch für den Unterricht selbst. Denn wenn leider in vielen Fällen vom Religionsunterricht tatsächlich nur noch Lebenskunde übrigbleibt, dann hat das sicher einen Grund in einer ungenügenden Reflexion über die theologischen Voraussetzungen, die hier im Spiele sind.

Ein theologisch tief genug reflektierter Unterricht führt nämlich gerade nicht zur Entfremdung von der Kirche oder zur Verdünnung des christlichen Glaubens, sondern hilft im Gegenteil, eine „Inkarnation" des Wortes Gottes im konkreten lebensgeschichtlichen Erfahrungsfeld der Schüler zu ermöglichen[2]. Er kann dazu beitragen, daß auf dem Weg über die Erfahrungen mit dem Religionsunterricht schließlich die ganze Kirche lernt, verständlich mit den Zeitgenossen zu reden, so daß deutlich wird, was denn der christliche Glaube für das Leben der Menschen von heute bedeuten könnte. Hier kann Kirche sehr viel lernen, denn im Religionsunterricht spürt man, was geht und was nicht geht. Bei der Predigt spürt man das nicht so sehr. Theologisch durchdachter problemorientierter Religionsunterricht will ja nicht die Glaubensaussagen auf die Seite drängen oder gar verstecken, er will sie „inkarnieren". Das sieht manchmal ganz ähnlich aus, aber die Wirkung ist eine völlig entgegengesetzte.

Es geht ganz wesentlich um eine Konfrontation des Neuen mit dem Alten. Von der einen Seite her muß natürlich die Ur-Kunde des Glaubens ins Gespräch eingebracht werden; zur anderen Seite hin müssen die Impulse dieser Ur-Kunde mit heutigen Fragestellungen sehr deutlich konfrontiert werden. Der Anspruch des Evangeliums muß also in die heutige Lebenswelt übersetzt werden[3]. Darum ist er, wenn man sich die Religionsbücher anschaut, vermischt mit dem, was ich „Weltstoff" nenne. In der Verbindung der Elemente wird die „Inkarnation" hier angestrebt. Der neue Zielfelderplan für die Grundschule ist sehr stark von dieser Konzeption geprägt.

Gegenwärtig besteht, soweit ich sehe, eine gewisse Neigung, gerade nicht mehr sich die Mühe zu machen, eine solche theologische Vertiefung des problemorientierten Religionsunterrichtes vorzunehmen, sondern es besteht eher die Neigung, diesem Unterricht den Garaus zu machen. Manche möchten wieder mit aller Kraft zurück zu einem Unterricht, der sich konzentriert auf Bibel, auf kirchliche Glaubenslehre und auf kirchlich-sakramentale Vollzüge. Es besteht eine gewisse Neigung, sehr praktisch die neuen problemorientierten Bücher auf die Seite zu drängen und durch eine neue Schulbibel und einen neuen Katechismus zu ersetzen. Würde man dieser Neigung nachgeben, so wäre dies — vor allem nach dem, was die römische Bischofssynode zur Katechese gesagt hat — ein eindeutiger Rückschritt. Gewiß sollen im Religionsunterricht eindeutige Vorstellungen vom christlichen Glauben und Leben vermittelt werden, aber das muß in einer Weise geschehen, daß sich der Unterricht ständig, nicht nur am Rande, herausgefordert weiß durch die konkrete Situation der Menschen und der Welt von heute, durch die individuellen, die mikro- und die makro-sozialen Probleme. In für mich völlig unerwarteter Weise wurde die römische Bischofssynode zu einer Bestätigung dessen, was wir in Deutschland als problemorientierten Religionsunterricht bezeichnen. Natürlich wurde der Ausdruck nicht gebraucht, aber die Sache kam unübersehbar deutlich zur Sprache. Ich vermute, daß es einige Zeit braucht, bis die Reichweite dessen, was auf dieser Synode zu diesem Aspekt gesagt wurde, voll erkannt wird. Die ungeheure Vitalität, die hier zu Tage trat, drang leider nur wenig an die Öffentlichkeit. Es war ja das erste Mal in der gesamten Geschichte der Kirche, daß ein oberstes kirchliches Gremi-

---

[2] Vgl. J. Schulte, Verdrängt der problemorientierte Religionsunterricht den christlichen Glauben? in: Katechetische Blätter 1977, S. 931—940.

[3] Vgl. E. Feifel, a.a.O. S. 795 f.

um sich so ausführlich und so intensiv mit dem Thema Katechese befaßte. In der Presse hat man gelegentlich gefragt, ob denn Katechese überhaupt ein geeignetes und lohnendes Thema für eine Bischofssynode sei. Ob denn die Bischöfe die Voraussetzungen mitbrächten, um kompetent über Katechese zu sprechen. Nun, ich meine, natürlich ist eine Bischofssynode alles andere als ein Fachkongreß; es geht eher darum, Rahmenbedingungen zu benennen, als darum, bis in Einzelheiten hinein ein Konzept oder eine Theorie der Katechese und des Religionsunterrichtes zu bestimmen; aber gerade die spezifischen Voraussetzungen der Bischöfe dürften dazu beigetragen haben, daß so über die Katechese gesprochen wurde, wie es dort geschah. Damit das verständlich wird, muß ich ein wenig weiter ausholen.

Immer wieder wurde auf dieser Synode hingewiesen auf die Kontinuität mit den vorhergehenden Bischofssynoden. Das bedeutet konkret: Die Synode von 1971 befaßte sich vor allem mit dem Thema „Gerechtigkeit in der Welt", die von 1974 mit dem Thema „Evangelisierung", Und beide Male wurde Bedeutsames gesagt, das leider hierzulande kaum bekannt geworden ist. Beide Themen nun wirkten in die jetzige Bischofssynode über „Katechese" hinein. Das hatte zur Auswirkung, daß Katechese verstanden wurde als Konkretisierung der Evangelisation und diese wiederum nie losgelöst wurde von ihrem Zusammenhang mit einer umfassenden Förderung der Menschen in Freiheit und Gerechtigkeit. Mag sein, daß hier ganz simple Umstände mit im Spiele sind, daß nämlich viele Bischöfe gar nicht so zentral an Katechese interessiert waren und daß sie weithin das Stichwort „Katechese" als Anlaß benutzten, um ihre wichtigen pastoralen Anliegen zu Wort zu bringen, das, was sie bedrängte: Inkulturation, Basisgemeinden, Jugendpastoral und vieles andere. Aber wenn dies der Fall war, dann möchte ich darin so etwas wie eine List des Hl. Geistes sehen. Das Ergebnis war nämlich ein Sprechen von Katechese, das sich eindeutig von binnenkirchlicher Verengung löste und das sich herausgefordert weiß durch die konkrete Situation unserer Welt.

Das sah dann so aus: Eine große Rolle spielte auch in dieser Synode das Thema „soziale Gerechtigkeit". Auch hier handelt es sich um ein kontinuierliches Thema. Schon das Directorium Catechisticum Generale von 1971 legte darauf besonderen Wert. Da heißt es: „Menschliche Themen" wie „Liebe, Krieg, soziale Gerechtigkeit, Frieden" usw. „gehören nicht bloß als Beispiele zu pädagogischen Zwecken der Katechese an, sondern sie gehören ihr als Inhalt an, den das Wort Gottes erleuchten muß". (Dir. Catech. Art. 49, S. 46) „Wenn auch das Ziel der Katechese das ewige Heil der Menschen ist, so bringt der Glaube an Gott doch die dringende Pflicht mit sich, zur Lösung menschlicher Probleme Hilfe zu leisten."

In dieser Perspektive sprach schon das Directorium 1971 von einer befreienden Katechese. Dieser Gedanke wurde dort mit Berufung auf Texte des Zweiten Vatikanums sogar auffallend breit entfaltet[4], und dieser selbe Gedanke wird in dem Text, der die Ergebnisse der Bischofssynode 1974 unter dem Titel „Evangelii Nuntiandi" zusammenfaßt, sehr ausführlich erörtert. Um dies zu verdeutlichen, genügt es hier, die Zwischentitel der Artikel 30—39 zu nennen. Da heißt es: „Botschaft, die das Leben erfaßt"; „Eine Botschaft der Befreiung"; „In notwendiger Verbindung mit der Entfaltung des Menschen"; „Die Befreiung durch das Evangelium"; „Ausrichtung auf das Reich Gottes". Genau diese Linie einer Botschaft der Befreiung, die in der Ausrichtung auf das Reich Gottes zugleich um die hiesige Entfaltung des Menschen und seiner Würde besorgt ist, wurde von der Bischofssynode zum Thema „Katechese" fortgeführt. Da und dort wurden auch einige Bedenken laut, man solle diese Aspekte nicht zu sehr in den Vordergrund rücken. Außerdem wurde nachdrücklich vor jeder Art von ideologischer Vereinnahmung dieses Ansatzes gewarnt, sowohl von links als auch von rechts. Aber insgesamt wurde doch dieses The-

---

[4] Sacra Congregatio pro Clericis, Directorium Catech. Generale, Città del Vaticano 1971; dtsch. Übersetzung von Raphael von Rhein unter dem Titel: „Hl. Kongregation für den Klerus, Allgem. Kat. Direktorium. Fulda (Verlag Parzeller) 1973; hier: Vorwort von Kardinal Wright, dtsch. Ausg. S. 8; Artikel 9. 29. 49. 71.

ma mit einer erstaunlichen Intensität, geradezu mit Leidenschaft betont. Die Soziallehre der Kirche, so wurde nachdrücklich gefordert, müsse endlich in der Katechese, d. h. auch im Religionsunterricht, stärker zur Geltung kommen. Diesem Akzent entspricht auch die Betonung der Menschenrechte. Eine ganze Reihe von Bischöfen betonte, die Respektierung der Menschenrechte sei nicht nur Vorbedingung der Katechese, sondern der Einsatz für die Menschenrechte gehöre zu ihrem Inhalt, denn in ihren Gliedern müsse sich die Kirche für die Verteidigung der Menschenrechte einsetzen. Das waren keinesfalls Zufallsäußerungen, etwa wegen des zeitlichen Zusammenfallens mit der Belgrader Konferenz; das spielte sicher auch mit. Aber schon zwei Jahre vorher in den Lineamenta, den Grundlinien, die zusammen mit einer Reihe von Fragen an alle Bischofskonferenzen der Welt verschickt worden waren, war von der doppelten Beziehung zwischen Katechese und Freiheit gesprochen: „Einerseits soll nämlich die Katechese für die Heranbildung freier und verantwortungsbewußter Menschen Sorge tragen. Andererseits benötigt die Katechese wirksame Vorbedingungen religiöser Freiheit, vor allem, wenn es um Kinder- und Jugendkatechese geht" (19). Eigenartig, daß dieser Akzent sich so stark durchzieht, und das dürfte gesellschaftlich eine enorme Bedeutung haben. In einer Zeit, in der Totalitarismen von rechts und links immer stärker vordringen und den Menschen zu knechten drohen, ist das Insistieren einer Kirche auf der Freiheit und der Würde des Menschen von unschätzbarer Bedeutung.

Bereits das Instrumentum laboris der Bischofssynode, also schon das Arbeitsinstrument oder Arbeitspapier, das der Synode zugrunde lag, forderte, die Katechese bzw. der Religionsunterricht müsse sich auf viele anscheinend recht weltliche Probleme einlassen, auf soziale Fragen ebenso wie auf solche der politischen Aufgabe der Christen, auf Fragen der Sexualität, der Liebe usw. (16)

Das „colloquium super vitae problemata", wie es dort hieß, das Gespräch über die Lebensprobleme müsse bereits in der Katechese für die Kinder zur Geltung kommen. (35) Das kam nicht von deutscher Seite her, was dort gesagt wurde, aber die gleiche kirchenamtliche Bestätigung des problemorientierten Religionsunterrichtes hat sich m. E. für unsere Verhältnisse auch aus der deutschen Synode ergeben; gestatten Sie, daß ich kurz darauf hinweise. Es wird oft übersehen, weil man beim Religionsunterricht nur auf den einen Beschlußtext schaut. Aber betrachten Sie bitte die Tatsache, daß in erstaunlich vielen Texten der deutschen Synode (1971—1975), in denen Probleme der heutigen Kirche und Welt erörtert werden, Dienst am Frieden, Entwicklungshilfe, soziale Gerechtigkeit, Mission usw., nachdrückliche Ansprüche an den Religionsunterricht enthalten sind. Wenn der Unterricht diesen Ansprüchen ernstlich gerecht werden will, dann kann er nur so verfahren, daß er ständig die Verbindung sucht zwischen heutiger Erfahrung und heutigen Problemen und den Glaubensaussagen.

Der Synodenbeschluß „Unsere Hoffnung", der eine Art von programmatischer Konzentration der gesamten deutschen Synode ist, darf als Modell einer problemorientierten Darstellung christlichen Glaubens bezeichnet werden. Dieses Modell kann zwar nicht unmittelbar in den Religionsunterricht übertragen werden, aber es gibt doch wichtige Impulse verschiedenster Art.

IV. Erwartungen des Religionsunterrichtes an die Gemeinden

In einem vierten Teil der Überlegungen soll die Frage aufgeworfen werden, welche Anforderungen vom heutigen Religionsunterricht an die Gemeinden zu stellen sind. Diese Frage mag manchen von Ihnen ungewöhnlich erscheinen, denn normalerweise tut das der Religionsunterricht nicht, daß er Ansprüche an die Gemeinden stellt. Es gibt fast nur das Umgekehrte. Aber das halte ich eigentlich für verwunderlich, denn es gibt zwar viel Kritik von seiten der Gemeinden, insbesondere der Kerngemeinden, am Religionsunterricht, aber ganz selten nur wird der Spieß umgedreht. Vielleicht fehlt es den Religionslehrern noch an dem nötigen kirchlichen

Selbstbewußtsein. Auch sie sind ja Kirche und sie sind sogar ein besonders wichtiger Teil der Kirche. Sie erfüllen ja eine wesentliche und zugleich eine sehr schwierige pastorale Aufgabe, die die Gemeinden kaum zu erfüllen vermögen, nämlich Kontakt zu halten mit den kirchlich distanzierten Christen bzw. darüber hinaus noch mit einer säkularisierten Welt, die dem Glauben und der Kirche grundsätzlich skeptisch gegenübersteht. Darum wäre es durchaus berechtigt, den Spieß umzudrehen. Das wäre keine Aggressivität. Dann aber ergäben sich etwa drei Anforderungen:

1. Religionsunterricht braucht lebendige Gemeinden, auf die er verweisen kann

Was ist damit gemeint? Ein Religionsunterricht, der überzeugend vom christlichen Glauben sprechen will, muß doch Realitäten vorzeigen können, Realitäten, in denen christlicher Glaube heute gelebt wird. Religionsunterricht, der in der überwiegenden Mehrheit, und das ist die durchschnittliche Situation, mit kirchlich distanzierten Schülern zu tun hat, ist einfach darauf angewiesen, daß er etwas zum Vorzeigen hat. Und genau an dieser Stelle kommt er nicht selten in Verlegenheit. Es gibt verzweifelt wenig Gemeinden zum Vorzeigen, bei denen man sagen kann: So sieht heute authentisches christliches Leben unter ganz normalen Umständen aus, in Gemeinschaft gelebt. Wo sind denn Gemeinden, die man fragenden und suchenden jungen Leuten nennen und zur Kontaktaufnahme empfehlen kann? Sicher gibt es einzelne Menschen, die man vorweisen kann. Es gibt gegenwärtig vor allem drei Identifikationsfiguren, die allerdings dann auch immer wieder bemüht werden, die Heiligen unserer Tage: Mutter Teresa, Helder Camara und Roger Schutz. Zweifellos sind solche Menschen eine unschätzbare Gabe Gottes an unsere Zeit. Aber wenn immer nur von ihnen gesprochen werden kann, wenn man nichts anderes zum Vorzeigen hat, dann sind sie nach einiger Zeit verbraucht. Ebenso wichtig wie solche herausragenden Personen wären Gemeinden, in denen christlicher Glaube auf sehr alltägliche Weise und in unmittelbarer Nähe zu diesen jungen Menschen als etwas Greifbares sichtbar wird. Ist es wirklich völlig falsch, wenn nicht nur die Jugendlichen, sondern auch ihre Religionslehrer nur allzu oft den Eindruck haben, sie hätten es vorwiegend mit sterilen Gemeinden zu tun, denen jede Ausstrahlungskraft abgeht? Mit wehleidigen, kränkelnden Gemeinden, die um ihre Selbsterhaltung bangen? Mit mißtrauischen Gemeinden, die keinen frischen Wind und keinen jugendlichen Schwung zulassen? Ist es nur ungerecht, wenn man solche Fragen stellt?

Wie soll denn der Religionsunterricht unter solchen Voraussetzungen Gemeinde als etwas Interessantes und Reizvolles zur Sprache bringen? Wie soll denn Religionsunterricht Menschen, die der Kirche entfremdet sind, zur Gemeinde einladen? Das Instrumentum laboris der Bischofssynode spricht hier eine sehr deutliche Sprache: „Die christlichen Gemeinden sind die Kirche, die den Menschen in einer konkreten Form gegenübertritt. Die Kraft der Katechese hängt oft von dem Bild ab, das diese von sich selbst geben. Sie stellen nämlich jenes Zeichen dar, durch das die Botschaft des Herrn bereits mehr oder weniger glaubhaft wird, noch bevor diese Botschaft in Worten ausgerichtet wird..." (38).

2. Religionsunterricht braucht Gemeinden, in denen die Jugendlichen eine eigenständige Rolle spielen können

Wir fragen: Kann sich Jugend innerhalb unserer durchschnittlichen Gemeinden entfalten, fühlt sie sich nicht in vielen Fällen eingeengt, übermäßig kritisiert, mit Mißtrauen beobachtet? Gewinnt man nicht oft das Bild einer Gemeinde, die so sehr von der älteren Generation okkupiert ist, daß die Jugendlichen höchstens einen gewissen Spielraum für ihre eigenen Interessen haben, aber nur einen Raum zum Spielen, daß sie aber nicht wirklich mitreden und mitgestalten können? Gewinnt man nicht allzuoft den Eindruck einer Gemeinde, okkupiert von der älteren Generation, die sich gar nicht in Frage stellen lassen will? Nur selten haben wir es, so meine ich, mit wirklich jugendfreundlichen Gemeinden zu tun. Dann aber darf man sich nicht wundern, daß die nachwachsende Generation sich nicht angezogen fühlt, hier mitzumachen. Religionslehrer könnten hier eine wichtige pastorale Aufgabe erfüllen. Sie könnten Anwälte der Jugend gegenüber den Gemeinden sein, natürlich nicht allein, sondern in Zusammenarbeit mit vielen anderen Faktoren, insbesondere der kirchlichen Jugendarbeit; aber sie könnten es.

Wiederum ein Hinweis auf die Bischofssynode: Hier wurde sehr deutlich über die notwendige eigenständige Rolle der jungen Generation in der Kirche gesprochen. Manche Bischöfe sprachen sogar davon, es sei notwendig, daß die Kirche sich zur Jugend bekehre und daß sie im Hinhören auf die junge Generation eine neue Sprache ihres Glaubens finde. Das Instrumentum laboris, das Arbeitspapier, spricht vom „Charisma der Jugend" (36). Gemeint ist dies: Die Jugend hat Fähigkeiten, die älteren Menschen nicht mehr so haben, Kräfte des Entdeckens, des Engagements und der Konsequenzen und vieles andere. Und nun ist es für die Kirche lebenswichtig, daß die besonderen Gaben jeder Generation in die Gemeinden eingebracht werden können. Noch einmal das Instrumentum laboris; es erklärt: „Den nachwachsenden Generationen kann man nicht zumuten, nur zuzuhören und zu lernen; sie müssen auch die Möglichkeit haben, ihre spezifischen Möglichkeiten zur Verlebendigung und Ausweitung der Kirche und für das Leben der Welt einzubringen. Man soll die Jugend weder fürchten noch ihnen schmeicheln, aber man soll ihnen zuhören und sie auf ihre Weise mitarbeiten lassen." „Und es müsse", so sagt das Arbeitspapier, „zu einer fruchtbaren Kooperation der Generationen kommen, wenn die Gemeinden lebendig sein wollen" (36). Auch dieser Aspekt wurde von den deutschen Teilnehmern der Bischofssynode kräftig unterstützt. Kardinal Höffner erklärte: „Es besteht Gefahr, daß wir in der Verkündigung, in der Predigt und in der Katechese nur die Sprache der Erwachsenen verwenden", es sei aber nötig, darauf hinzuwirken, daß die Jugendlichen auf ihre Weise die Sache des Evangeliums zum Ausdruck bringen können[5]. Das bedeutet m. E. etwas. Erzbischof Degenhardt erklärte: „Die christliche Gemeinde muß den Dienst der Jugend annehmen, auch wenn sie manche kritischen und schwierigen Fragen vorbringen und nach neuen Wegen verlangen." Die Gemeinde der Erwachsenen solle die Vorschläge und Beiträge der Jugendlichen ohne Vorurteile erwägen. Es sei nötig, daß die Erwachsenen mit den Jugendlichen offen und ehrlich sprechen. Dann bestehe Aussicht, daß die Jugendlichen in der Gemeinde auf kreative Weise ihr Zeugnis des Glaubens zum Ausdruck bringen. Ich meine, die Tatsache, daß so etwas von Bischöfen gesagt wird, die ja nicht nur als Individuen dort auftreten, sondern als Delegierte ihrer Bischofskonferenz, hat ihr Gewicht. Darum möchte ich noch einmal zitieren, und zwar von Weihbischof Rolly. Er erklärte: „Jugendliche denken, empfinden und sprechen zum Teil erheblich anders als Erwachsene und ältere Menschen, und das muß in der Gemeinde zur Geltung kommen können." „Für die Lebendigkeit der Kirche sind die Beiträge der jüngeren Generation in der Bekundung des Glaubens unverzichtbar. Man wird zwar kritisch und genau zusehen müssen; aber man sollte nicht durch voreilige Kritik die Äußerungsbereitschaft der Jugendlichen von vornherein behindern." — Weihbischof Rolly fügt dann hinzu: „Es erscheint wichtig, die Angewiesenheit der ganzen Kirche auf den Beitrag der jungen Generation zum Bewußtsein zu bringen." Und derselbe erklärte: „Bei aller Bedeutung der gemeinsamen Bekenntnisformeln darf die Bedeutung subjektiver Glaubensentdeckung nicht übersehen werden. Der einzelne soll ermutigt werden, das, was ihm persönlich am Glauben wichtig ist, zum Ausdruck zu bringen. Dabei sollten Unzulänglichkeiten in dogmatischer Hinsicht nicht so sehr unter dem Gesichtspunkt gesehen werden, was fehlt, sondern unter dem Gesichtspunkt, ob hier

---

5 Die Beiträge der deutschen Bischöfe auf der Bischofssynode 1977 erscheinen in deutscher Fassung in den Katechetischen Blättern Anfang 1978. Gelegentliche Unterschiede in der Formulierung können sich daraus ergeben, daß ich den lateinischen Text benutzt habe, nach dem die Beiträge auf der Synode vorgetragen wurden.

Menschen Zugänge zum christlichen Glauben entdeckt haben, die für sie bedeutsam sind. Objektiv periphere Aussagen und Erkenntnisse können zeitweilig im Glaubensbewußtsein und Glaubensleben des einzelnen eine bedeutsame Stellung erhalten. So sehr auch Wert darauf gelegt werden muß, daß der einzelne in das ganze Glaubensbekenntnis der Kirche hineinwächst, so wenig darf man den Prozeß des Hineinwachsens in seiner Bedeutung übersehen. Darum muß das katechetische Sprechen daraufhin geprüft werden, ob nicht vielen jungen Menschen unserer Zeit der Zugang zum Glauben eher erschwert wird, vor allem durch eine allzu sichere Sprechweise." Ich weiß nicht, ob es Ihnen so geht wie mir, aber mir scheint so etwas bedeutsam und kostbar für die Arbeit der Religionspädagogen.

3. Religionsunterricht braucht menschenfreundliche Gemeinden

Die Menschenfreundlichkeit Gottes, die nach dem Zeugnis des Neuen Testaments in Jesus Christus offenbar und greifbar geworden ist, muß sich auch in einer menschenfreundlichen Kirche kundtun. Das bedeutet nicht falsche Nachgiebigkeit oder gar ein Verbiegen der Forderungen des Evangeliums. Aber es bedeutet ein klares Bekenntnis zu jenem Satz, der dem Anspruch Jesu über den Sabbat nachgebildet ist, und der da lautet: Der Mensch ist nicht für die Kirche da, sondern die Kirche für den Menschen.

An das Gewicht dieses Satzes kann ein Religionsunterricht, der die Kritik distanzierter Schüler verbalisiert und verarbeitet, die Gemeinden immer wieder erinnern; denn von kirchlich distanzierten Zeitgenossen wird nämlich heute zum Thema Entfremdung nicht der Vorwurf erhoben, der Religionsunterricht entfremde von der Kirche sondern ein ganz anderer Vorwurf: Die Religion entfremde den Menschen von sich selbst. Dieser Vorwurf aber, träfe er zu, wäre viel schlimmer als der erste. Eine Kirche, die im Verdacht steht, sie hindere den Menschen daran, zu sich selber zu kommen,

mag noch so sehr die Bedeutung von Kirche betonen, sie kann ihre Aufgabe gar nicht erfüllen. Und hier kann der Religionsunterricht immer wieder die gesamte Kirche in all ihren Gliedern an ihre Aufgabe der Menschenfreundlichkeit Gottes erinnern, die sichtbar gemacht werden muß. Religionsunterricht kann und muß zugleich überzeugend deutlich machen, daß der christliche Glaube unter den heutigen Lebensbedingungen wirksame Motive des Lebens und der Hoffnung zu geben vermag, Motive, die das Leben tatsächlich tragen können[6]. Wir wissen heute weiß Gott angesichts der nachwachsenden Generation, wie wichtig das ist, daß es in der Welt Menschen gibt, die solche tragfähigen Motive zu vermitteln wissen. Religionsunterricht muß deutlich machen, wie christlicher Glaube befreit von Angst und Zwängen, wie er tatsächliche Kreativität fördert, wie er zur Gemeinschaft befähigt, wie er Vergebung, Frieden und Geborgenheit vermittelt[7]. Die Frage nach der Menschenfreundlichkeit der Kirche bzw. der Gemeinde wird heute, so meine ich, zum Prüfstein für die Glaubwürdigkeit der Kirche. Ich bitte um Verständnis dafür, daß ich immer wieder auf römische Erfahrungen zurückgreife, aber ich bringe sie deswegen zu Wort, damit das alles nicht als meine persönliche Vorstellung erscheint. Im Rahmen der Arbeit des Internationalen katechetischen Rates, dem ich angehöre und der die Kirchenleitung in Rom beraten soll in katechetischen Fragen, wurde unter den 25 Mitgliedern aus der ganzen Welt einhellig folgendes festgestellt: Unter den Jugendlichen gibt es heute eine weltweite Allergie gegen die institutionellen Momente der Kirche, aber es gibt bemerkenswerte Ausnahmen. Polen ist eine, Brasilien ist eine und einige andere Länder Lateinamerikas. Man fragt sich, wie es dazu kommt, und es wird sichtbar: Bei diesen Ausnahmen handelt es sich jedesmal um Länder, in denen die Kirche gegen Staatsdiktaturen linker oder rechter Prägung überzeugend als Anwalt der Menschen und ihrer Freiheit wirksam wird; Länder, in denen

---
[6] Vgl. 2. Vatikanum, Pastoralkonstitution „Gaudium et Spes" Art. 31, Ende des Artikels.
[7] Vgl. E. Feifel, a.a.O. S. 796.

die Kirche Hort der historischen Identität eines Volkes ist, Verteidiger der Gerechtigkeit und Förderer der Menschen, mit einer Perspektive, die über dieses Leben unendlich hinausreicht.

Nun darf man doch die Frage aufwerfen: Muß denn die Kirche erst auf staatlichen Druck warten, um in überzeugender Weise als Anwalt und Förderer der Menschen in Erscheinung zu treten? Könnte sie nicht vorher dafür sorgen, daß das Moment des Institutionellen überzeugend als Dienstmoment erscheint? Wo Kirche vor allem als machtvolle Institution hervortritt, die um ihre Selbsterhaltung besorgt ist, da kann ein ehrlicher Religionsunterricht kaum umhin, junge Menschen in ihrer Kritik an der Institution Kirche zu bejahen, und wenn dann solchem Unterricht der Vorwurf gemacht wird, er entfremde von der Kirche, dann muß er solchen Vorwurf gelassen hinnehmen, um des Evangeliums und um der Menschen willen. Das heißt weiß Gott nicht, daß institutionelle Momente an der Kirche überhaupt abgelehnt würden, aber sie gehören eindeutig ins zweite Glied und nicht ins erste. Ein Religionsunterricht, auch wenn er die unverzichtbare Bedeutung des Institutionellen an der Kirche eindeutig vertritt, kommt trotzdem um der Menschen willen an einer starken Relativierung dieser Momente nicht vorbei. Notwendig ist das alles, diese Organisation, aber nehmt sie doch nicht so sehr wichtig! Das alles hat nur Daseinsrecht, insofern es hilft, daß Menschen sich unter dem Zuspruch und Anspruch Gottes zu dem entfalten können, was ihnen zugedacht ist. Der Religionsunterricht muß deutlich machen, daß die Institution im Dienst jener Bewegung zu stehen hat, die von Jesus Christus ausgehend den Menschen zu ihrer vollen Verwirklichung unter dem Zuspruch und dem Anspruch Gottes helfen will.

Im letzten Abschnitt der Überlegungen, den ich kurz halten möchte, soll nur auf eine einzige Perspektive für eine sinnvolle Zusammenarbeit von Religionsunterricht und Gemeinde hingewiesen werden.

V. Der Religionslehrer als Vermittler

Viele andere Fragen als die hier genannten wären in einem solchen Schlußabschnitt eigentlich zu behandeln, wenn man fragt, wie das bis jetzt Gesagte konkret werden soll. Dann stünde manches an, so etwa die Frage nach einer Spiritualität des Religionslehrers, die nicht auf Anpassung ausgerichtet ist, sondern auf Freisetzung jener Energien, zu denen das Evangelium anregt. Oder etwa die Frage nach einer richtig oder falsch verstandenen Identifikation des Religionslehrer mit seiner Kirche. Oder die sehr drängende Frage, ob denn tatsächlich ein neuer Katechismus wünschenswert sei und wie er aussehen könne.

In diesem Rahmen soll nur eine Perspektive aufgegriffen werden, nämlich die Frage nach dem Verhältnis des Religionslehrers zur Gemeinde. Das ist sehr schlicht, aber ich glaube, sehr wichtig. Religionslehrer können, zusammen mit ihren kirchlich engagierten Schülern, nach beiden Seiten hin wirksame Vermittler, oder wenn man so will, Botschafter sein zwischen den Gemeinden und den kirchlich distanzierten Zeitgenossen[8]. Eine wichtige Voraussetzung ist allerdings, daß sich die Religionslehrer in ihrer gewiß nicht leichten Situation unterstützt wissen vom Interesse und vom Wohlwollen der Gemeinden, und daß man sie nicht mit falschen, überzogenen Erwartungen bedrängt. Die Kerngemeinden könnten durch aufmerksames Hinhören auf die Erfahrungen und Probleme der Religionslehrer viel für ihre eigene Einstellung zum Phänomen der kirchlich distanzierten Christen lernen. Hier liegen viele unausgeschöpfte Möglichkeiten.

Zur anderen Seite hin müssen Religionslehrer einfach ein hohes Maß an Solidarität auch mit den kirchlich distanzierten Christen unter den Schülern entwickeln. Denn sie sollen ja einen Religionsunterricht gestalten, der auch diesen etwas bedeutet und der ihre Mitarbeit ermög-

---

8 Der Schlußabschnitt dieses Vortrags wiederholt zum Teil Aussagen, die ich bereits an anderer Stelle habe: Religionslehrer und Gemeinden, in: Lebendige Seelsorge 1976, 210—214; ähnlich in dem von mir herausgegebenen Bändchen: „Umstrittenes Lehrfach Religion", Düsseldorf 1976, 109—117.

licht. Religionsunterricht kann sich ja nicht als Dauerkonflikt abspielen. Er kann ja nicht so verlaufen, daß ein großer Teil der Schüler dauernd ausgesprochen oder unausgesprochen mit Vorwürfen bedacht wird, weil sie nicht mitmachen in Gemeinde oder Kirche. Natürlich wirft das wieder eine neue ungelöste Frage auf: Wenn sich der Religionslehrer solidarisch weiß mit den kirchlich distanzierten Schülern, werden dann nicht die kirchlich engagierten unter den Schülern frustriert? Kommen die dann nicht zu kurz? Manche Phänomene scheinen inzwischen in diese Richtung zu tendieren. Oder sollten diese Schüler selbst sich als Mittler ihrer Altersgenossen zur Gemeinde hin betrachten? Auch diese Frage muß hier wie so vieles offen bleiben.

Die Zwischensituation, in der sich die Religionslehrer befinden, ist in mehrfacher Beziehung heikel. Sie stehen wirklich zwischen den Erwartungen. Auf der einen Seite Erwartungen der Kirche, konkret der Gemeinden, der Eltern und der Priester, auf der anderen Seite die sehr verschiedenartigen Interessen der Schüler.

Um so wichtiger ist es, daß sie einen emotionalen Rückhalt in den Gemeinden haben. Und ich meine, dieser lasse oft zu wünschen übrig. Man spricht viel über Religionsunterricht und Religionslehrer, aber meistens negativ, wenig mit ihnen. Das kann zu einer starken Verunsicherung führen, die auch dem Unterricht nicht gut tut. Denn wo Rollenunsicherheit das Feld beherrscht, da kann im Unterricht kein zündender Funke überspringen. Wer als Religionslehrer das Gefühl haben muß, er werde von der Kerngemeinde, in der er wohnt, eigentlich gar nicht akzeptiert, sondern eher mit Mißtrauen bedacht, der lebt in einem kognitiven und emotionalen Dauerstreß. Kein Wunder, daß sich dann viele zur Abhärtung eine Art Schutzfilm zulegen. Abgelehnt zu werden, das fördert ja gewöhnlich nicht die besten Kräfte des Menschen. Manche werden in Trotz und Opposition hineingetrieben oder aber sie werden gleichgültig. Natürlich sind sie selber meistens nicht ohne Schuld, aber wo Mißtrauen gegenüber dem Religionslehrer grassiert, da ist meistens Alarm zu geben, da kann dies etwa die Mittelmäßigkeit und Leidenschaftslosigkeit so fördern, daß schließlich nur noch die verdrossene Erledigung eines Jobs übrigbleibt.

Ich glaube nicht zu übertreiben, wenn ich sage: Wenn es nicht bald zu einem soliden Zusammenhang von Religionslehrern und Gemeinden kommt, zu einer echten Verständigung zwischen ihnen, dann besteht Gefahr, daß die Kirche nicht nur generell mit vielen Distanzierten zu tun hat, sondern daß sie nun auch noch in dieser Schicht der Religionslehrer eine große Zahl kirchlich distanzierter Christen systematisch produziert. Dann könnte es sogar heißen: Der Religionsunterricht entfremdet die Religionslehrer von der Kirche. Dann aber werden diese Lehrer einen erstklassigen Krisenherd darstellen. Wo ein Klima der Verdächtigung und des Mißtrauens um sich greift, muß das verheerende Auswirkungen haben. Dann gibt es die einen, die sich ständig an innerkirchlichen Querelen wundreiben und die damit beschäftigt sind, und die anderen, die in die innere oder auch äußere Distanz zur Kirche gehen, und dann gibt es eingebildete und auch wirkliche Kirchengeschädigte, dramatisierende und auch bitter leidende.

Ich sagte, die Zwischenstellung des Religionslehrers sei aus mehreren Gründen delikat. Die Schüler geben ja zu Hause nicht immer objektiv das wieder, was im Religionsunterricht gesagt wurde. Es ist verständlich, daß manche von ihnen die Aussagen der Religionslehrer, die sie als Anwälte verstehen, aus dem Zusammenhang gerissen, nun als Vorwand benutzen für etwas, das sie gegen die Eltern durchsetzen möchten. Viele Eltern glauben dann aber unbesehen die Darstellung ihrer Söhne und Töchter, sie sind empört über den Religionslehrer, der ihre Kinder, wie sie sagen, verführt, und statt nun mit ihm selbst zu reden, schimpfen sie bei anderen oder schreiben an den Bischof. Das verbessert natürlich das Klima nicht. Warum soll es nicht unter erwachsenen Menschen zu offenen Auseinandersetzungen kommen, davon können alle Beteiligten meistens sehr viel lernen. Die Jugendlichen betrachten zu Recht die Religionslehrer als Anwälte ihrer Freiheit und möchten sie für ihre Seite vereinnahmen. Und nun kann es leicht passieren, daß sie Verrat wittern, wenn es auch nur zum Gespräch mit den Eltern kommt. In keinem Fall ist es leicht, diese Zwischenstellung mit Gelassenheit wahrzunehmen.

Erleichtert wird dies etwas, wenn der Religionslehrer auf andere Weise bei der älteren Generation Kredit bekommen hat. Und auch aus diesem Grunde plädiere ich immer wieder für die Personalunion zwischen Religionsunterricht und Gemeindekatechese oder Jugendarbeit. Wenn der Religionslehrer zusätzlich ehrenamtlich, wenn auch an einer noch so winzigen Stelle in einer Gemeinde zu Hause ist und dort Kredit bei Erwachsenen hat, dann kann nicht so leicht diese totale Ablehnung und diese totale Frustration entstehen. Ich meine, daß unsere Synode eine enorm wichtige Chance verpaßt hat, als sie die Laienpredigt mit so viel Wenn und Aber versehen hat, daß sie faktisch doch nicht möglich wurde. Hier wäre eine Chance gewesen, daß Religionslehrer auch vor der Gemeinde sich äußern. Ich meine, das könne man doch deutlich sagen: Einer, der sich für den Glauben einsetzt und in einer Gemeinde nicht zu Hause ist, der ist einfach überfordert. Das kann nicht gut gehen. Weitere Erschwerungen des Verhältnisses zwischen Religionslehrer und Gemeinde lassen sich natürlich nicht übersehen. Sie sind sozusagen berufliche Vorschädigungen. Aufgrund seiner Vorbildung und seiner Aufgabe stellt er relativ hohe Erwartungen an die Priester, an den Gottesdienst und die Predigt, und er kritisiert dann auch sehr schnell. Aufgrund seiner schulischen Erfahrungen hat er für manche Aspekte des herkömmlichen Gemeindelebens überhaupt kein Verständnis. Oft hat er auch eine andere theologische Vorstellung von Gemeinde, und das alles kann dazu beitragen, daß sein Verhältnis insbesondere zur Gemeindeleitung gestört ist, und daß dann natürlich wieder der Verdacht genährt wird, sein Unterricht entfremde die Schüler von der Kirche bzw. der Gemeinde. Das alles muß man mitsehen, wenn man von dieser doppelten Botschafterrolle spricht. Aber trotz solcher Schwierigkeiten sollte man mit Geduld von beiden Seiten her auf Formen der Zusammenarbeit bedacht sein, in der jeder der Beteiligten das Seine einbringen kann, ohne überfordert zu werden. Oft ist es nicht leicht, den Eltern die gegenüber früher stark geänderte Rolle des Lehrers zu verdeutlichen. Früher galt ja der Lehrer selbstverständlich als Übermittler eines überlieferten Glaubensgutes, während der Schüler selbstverständlich als Abnehmer galt. Subjekt und Objekt standen sich gegenüber. Der Schüler selbst, seine Erfahrungen, Einstellungen und Konflikte, kam kaum ins Spiel.

Demgegenüber verstehen sich heute Lehrer viel stärker als Impulsgeber, die Lernprozesse arrangieren, die Interessen und Konflikte aufgreifen, die einen Interaktionsprozeß anregen, in dem Lehrer und Schüler voneinander lernen[9]. Gemeinde hat es nun oft schwer, diese veränderte Rolle des Lehrers zu verstehen und zu akzeptieren. Man wird sich die Mühe machen müssen, darüber zu sprechen. Glücklicherweise spricht man in unserer Kirche inzwischen nicht mehr nur von Glaubensverkündigung, sondern in wachsendem Maße von Glaubenskommunikation, vom Austausch der Erfahrungen mit dem Glauben oder auch mit den Schwierigkeiten im Glauben.

In diesem Sinne erklärte z. B. Erzbischof Degenhardt im Rahmen der Bischofssynode: „In der Jugendkatechese wird Glaube nicht nur durch autoritäres Ansprechen der Jugendlichen vermittelt, sondern vor allem durch Kommunikation und Interaktion." Man spricht miteinander über das, was einen stört oder was einen freut. Erzbischof Degenhardt versteht dies freilich in erster Linie von den Möglichkeiten der Gemeinde her; aber es hindert nichts daran, dies auch auf die Rolle des Religionslehrers zu beziehen mitsamt dem, was in diesem Zusammenhang über das persönliche Zeugnis gesagt wird.

Kehren wir nun zum Schluß zu unserer Ausgangsfrage zurück: Entfremdet der Religionsunterricht von der Kirche? Die Gefahr, daß dies geschieht, läßt sich nicht leugnen, aber durch Zurückdrehen ist hier nichts zu erreichen. Man muß vielmehr das begonnene Neue vertiefen.

---

9 Vgl. E. Feifel a.a.O. S. 801 f.

Religionsunterricht, der direkt in das Gemeindeleben einübt, ist unter den gegenwärtigen Verhältnissen kaum irgendwo noch möglich. Man muß die Möglichkeiten sehen, die der Religionsunterricht hat; daß er nämlich der Kirche hilft, und das scheint mir mindestens ebenso wichtig zu sein, ihre Entfremdung von der heutigen Welt zu überwinden, dann kann sich eine neue gegenseitige Solidarität zwischen Religionsunterricht und Gemeinde ergeben.

Religionsunterricht ist das sozusagen institutionalisierte Bindeglied zwischen „Welt" und Kirche, zwischen einer säkularisierten, weithin glaubenslosen Welt und einer Kirche, die in Gefahr ist, als in sich abgeschlossene Glaubensgemeinschaft ins Ghetto zu marschieren. In dieser Position kann der Religionsunterricht in unserer Gesellschaft die Frage nach Religion und Glaube ständig so offen halten, daß das Gespräch der Kirche mit den nichtkirchlichen Zeitgenossen nicht abbricht. Diese Aufgabenstellung ist vielleicht äußerlich bescheiden, aber auf lange Sicht ungeheuer wichtig. Diese Chance kann aber nur in dem Maße genutzt werden, wie ein vertrauensvolles Verhältnis aller Beteiligten und auch eine gegenseitige Anerkennung der jeweiligen Aufgaben und Möglichkeiten ernstlich angestrebt wird.

Tag der Jugend
19. November 1977

Auf besonders originelle Weise hatte die Jugend des Bistums ihren Tag gestaltet. Die Stadthalle faßte kaum die 3000 Teilnehmer, die aus allen Gegenden der Diözese gekommen waren. Auch die Nebenräume, die Außenflächen und die Tiefgarage, dazu noch das Kolpinghaus und die Stadtkirche wurden in Anspruch genommen. Rund um die Stadthalle hatten Jugendgruppen einen Informationsmarkt aufgebaut. Sie stellten ihre Arbeit vor und wiesen die Besucher auf Jugendprobleme und aktuelle Fragen, wie Emanzipation der Frau, Atomkraft, Neutronenbombe, Frieden und Krieg, Entwicklungshilfe u. a., hin. Durch Sketchs und Spiele wurden die Passanten der Fußgängerzone zu Gesprächen eingeladen. Eine Kinderbude fehlte nicht, in der gebastelt werden konnte. Durch eine Verkaufsaktion und bei der Kollekte im Gottesdienst kamen für die Arbeit der Priester aus dem Bistum Limburg in Brasilien 4000 DM zusammen.

Im Großen Saal der Stadthalle war eine fünf Meter lange und drei Meter hohe Mauer aus „Problemblöcken" aufgebaut: Pappkartons, auf denen Eindrücke aus dem Alltagsleben kirchlicher Jugendarbeit aufgezeichnet waren, wie Verständnislosigkeit der Erwachsenen, fehlende Jugendräume, Leistungsdruck u. a. Fünf Jugendgruppen aus dem Bistum hatten Themenkreise, wie „Jugend-Pfarrgemeinderat — Gemeinde von morgen", „Kein Platz für Jugendliche in Pfarräumen", „Jugendarbeitslosigkeit", „Selbstmord von Jugendlichen" und „Die Zerstörung der Erde durch Krieg", vorbereitet. Dies gab Anlaß zu Diskussionen, ob angesichts der „Sintflut" von Problemen die Welt noch zu retten sei und ob sich nicht der Rückzug aus der Welt in die „Arche" der Kirche anbiete. Immer wieder wurden die Ausführungen durch Lieder und Songs von verschiedenen Musikbands aufgelockert.

Zu Beginn der Veranstaltungen wurde Bischof Dr. Wilhelm Kempf durch minutenlangen Beifall der Jugendlichen stürmisch begrüßt. Der Bundespräses des BdKJ, Walter Böcker, griff in seiner Eröffnungsansprache die Bilder von Noah in der Arche und den Aufbruch Abrahams auf, die den ganzen Tag wie ein roter Faden durchzogen. Er forderte die Jugendlichen auf, nicht in der Arche sitzen zu bleiben, sondern wie Abraham aufzubrechen in eine ungewisse Zukunft.

Am Nachmittag ging es um die Zukunft der kirchlichen Jugendarbeit. In einer von Dr. Klöckner vom Hessischen Rundfunk geleiteten „Talk-Show" wurden Fragen an Bischof Dr. Kempf, an Delegierte der Pfarreien, an Eva Röger von „amnesty international" und an Kaplan Gerhard Scholz gestellt, der seit drei Jahren in Brasilien tätig ist. Der Bischof bat um Verständnis für die Mentalität älterer Menschen, wie auch diese wieder sich für die Anliegen der Jugend einsetzen sollten. Kaplan Scholz ermunterte zu Geduld und Ausdauer im Kampf gegen überholte Strukturen in Kirche und Gesellschaft. Frau Röger wünschte sich mehr Zusammenarbeit mit kirchlichen Gruppen. Während auf dem Podium diskutiert wurde, bauten auf der Bühne Jugendpfarrer die „Problemmauer" um zu „Meilensteinen" am Weg in die Zukunft, der nach dem Beispiel Abrahams gegangen werden muß.

Im Laufe des Tages konnte man sich im Kolpinghaus in einen Raum der Meditation zurückziehen und in der Stadtkirche geistliche Musik hören und an einem offenen Singen teilnehmen. Der großartige Abschluß des Tages war eine Eucharistiefeier mit dem Bischof im überfüllten Dom. Die Jugendlichen standen und saßen dichtgedrängt in den Gängen, auf der Empore, auf den Altarstufen. Bischof Kempf forderte zu Beginn die Teilnehmer auf, diesen Tag nicht im Zeichen eines Rückblicks zu verstehen, sondern auf die Zukunft hin zu leben als Zeugen Christi über alle Grenzen hinweg. In italienischer Sprache begrüßte er auch die anwesenden italienischen Jugendlichen. Bei der Kollekte konnten die Anwesenden auch Bitten an den Bischof abgeben. In über 200 Briefen und Zetteln äußerten sie frei und ungeschminkt ihre Meinungen und Wünsche.

Jugendpfarrer Joachim Schäfer

Predigt am Tag der Jugend

Lieber Herr Bischof, liebe junge Menschen in diesem Gottesdienst am Ende unseres Diözesanjugendtages!

Als Lesung hörten wir die Szene des Ringens Abrahams mit Gott um die Menschen in Sodom. An diesem Bild kann vielleicht manches deutlich werden für kirchliche Jugendarbeit heute, in unserer Diözese, in unserer Zeit. Da ist irgendein Kaff, vielleicht hat es 60, vielleicht 100 Bewohner. Sie sollen verderbt sein und deshalb verbannt, ausgelöscht werden. Da steht als Anwalt Abraham, persönlich betroffen von dem Gedanken, da könnten auch Menschen ausgewiesen, vernichtet werden, die nach seiner Ansicht gerecht und fromm sind. Und er wagt es; er fängt vorsichtig an: wenn 50 Gerechte darunter wären? Fast alle sind das, mindestens die Hälfte, sehr viele. Der Herr geht ein auf diesen Handel! Wo geschieht das, wenn in einem Jugendclub — gerüchteweise — Dinge vorkommen sollen, die nicht kirchlich seien oder nicht moralisch einwandfrei? Wer geht dann zur Leitung der Gemeinde und bittet für die 60 wegen der 50?

Doch Abraham geht weiter — mutig geworden. Vielleicht sind 5 weniger nur gerecht, 45 Herr! Für wen bittet er eigentlich? Für die Gerechten? oder für alle? Wieder schachert er 5 frei und erhebt neu seine Stimme. So geht der Handel bis zu den 10, die auch noch ausreichen, damit alle weiterleben könnten, eine neue Chance haben. Hier ist wenig von der Arche oder von dem Ruf hinaus aus allen Bindungen die Rede. Aber mir scheint, hier ist christliches Verhalten beschrieben. Einsatz für jeden! Pferdehandel! Schachern um jeden Preis! Um der Menschen willen! Hier ist ein Christ nach unserem Verständnis — der Vater der Glaubenden, wie ihn die Tradition nennt, von dem Jesus im heutigen Evangelium sagt: ehe er war, bin ich!

Hier wird gerungen um jeden einzelnen, um eine Chance für jeden. Hier wird fast übermenschlich Vertrauen in den Menschen gesetzt;

wird zugetraut, daß die wenigen, die vielleicht gerecht sind, für alle Heil bedeuten. (Salz der Erde!)

Hier wird exemplarisch deutlich, was der Synodenbeschluß Ziele und Aufgaben kirchlicher Jugendarbeit mit dem trockenen Wort vom „personalen Angebot" meinen könnte: sich einsetzen, als Person, als dieser Mensch für den anderen, für andere auch wildfremde Menschen, für Gute und Böse, für jung und alt.

Hier wird das Vertrauen auf den „guten Gott", den Gott der Verheißung, den Gott, der sich aus Steinen Kinder erwecken kann, umgesetzt. Hier wird gehandelt für jeden, für diese Gruppe, für unsere Gruppen.

Dazu gehörte aber die Erfahrung mit dem eigenen Glauben, die Erfahrung, selbst angesprochen zu sein, gerufen zu sein von dem, der meinem Leben Sinn gibt. Auch die Erfahrung, gerufen zu sein ohne Absicherung und trotzdem dem Ruf gefolgt zu sein und deshalb jetzt auch mit dem Partner des Bundes — mit Gott — um jeden kämpfen zu dürfen.

Hier wird sichtbar, was es heißt, Glauben zu spüren. Das heißt, nicht nur sich allein, vielleicht überhaupt nicht zu sehen, sondern den überall, der allein nicht kann, der mich braucht, der keinen Sinn, kein Ziel sieht. Hier kommt unsere Welt in den Blick. Diesem Abraham ist verheißen, daß er zum Segen für alle Völker wird. Jesus hat das aufgegriffen. Es wurde in ihm Wirklichkeit: Segen für alle Völker.

Hier setzt auch unser Anspruch ein, die Welt zu sehen, Probleme unserer Tage und der nächsten Zukunft nicht nur in unserem Dorf, unserer Stadt, im Krach mit dem Pfarrgemeinderat, dem Pfarrer oder den Eltern, sondern in den weltweiten Problemen:

Unterentwicklung, Friedlosigkeit, Terrorismus, Hunger, Hoffnungslosigkeit — und uns zu sehen, denen es relativ gut geht auf Kosten vieler anderer.

Wie werden wir heute zum Segen für andere? Was können wir tun, vor Ort, in den Gruppen, in den Verbänden, in den Clubs, in der Pfarrgemeinde und darüber hinaus bis hin zu den Beziehungen zur 3. und 4. Welt?

Wo können wir „schachern wie Abraham" um die Mehrheit trotz weniger, die uns vielleicht nahestehen?

— **Unsere Aufgabe** heißt, selbst Christ zu werden, Erfahrungen mit dem Glauben zu machen, miteinander, mit den anderen Generationen, in Gruppen Jugendlicher wie in den Familien; einen eigenen Weg zu finden, sich „festmachen zu können" im Glauben trotz aller Unsicherheit des Wagnisses in die Zukunft.

— **Unsere Aufgabe** heißt dann, dies vorzuleben, dem der noch nicht weiß, der sucht: Hier finde ich Sinn in der oft sinnlos scheinenden Welt. Hier finde ich Halt, wenn ich nicht weiter weiß, wenn ich arbeitslos bin, hier finde ich Freunde, die zu mir halten, die mit mir gehen und Beistand leisten. Ich selbst will dies auch.

— **Unsere Aufgabe** ist auch, nicht in die Innerlichkeit zu flüchten, die Hände in den Schoß zu legen und zu sagen: Gott, tu du es! sondern wie Abraham anzufangen, um die Menschen zu feilschen, politisch zu handeln aus dem Glauben, der immer wieder neu in der jeweiligen Situation erfahren werden muß;
im Gebet, im Gespräch miteinander und in diesem Gottesdienst, in dem wir Gott loben und preisen,
in dem wir auch neu merken: der Weg Jesu ist nicht einfach, aber für die Menschen.

Mein Wunsch ist es, daß dies in den Gruppen, aber gerade auch in den Kirchengemeinden erfahrbar wird: Kirche ist für die Menschen da; der gelebte Glaube ist die Hoffnung für alle.

Kreuzfest

20. November 1977

Mit dem Kreuzfest am Christkönigsfest erlebten die Feierlichkeiten zum 150jährigen Bistumsjubiläum einen weiteren Höhepunkt. Neben zahlreichen Bischöfen und Weihbischöfen der Nachbardiözesen nahmen drei Kardinäle am Pontifikalamt im Dom teil: Der Vorsitzende der Deutschen Bischofskonferenz, Kardinal Höffner, der auch die Predigt hielt, Kardinal Volk aus Mainz und Kardinal Brandao Vilela aus Brasilien, in dessen Diözese Salvador-Bahia vier Limburger Diözesanpriester tätig sind. Neben dem Apostolischen Nuntius, Erzbischof Del Mestri, der das Hochamt feierte, nahmen an dem Gottesdienst noch weitere ausländische Bischöfe teil: Erzbischof Deskur aus Rom, Erzbischof Zoa aus Kamerun, Bischof D'Souza aus Indien und Weihbischof Groblicki aus Polen. Die Nachbarbistümer waren vertreten durch Kardinal Volk von Mainz, Erzbischof Dr. Johannes Joachim Degenhardt von Paderborn, Bischof Bernhard Stein von Trier, Bischof Dr. Eduard Schick von Fulda, Bischof Dr. Friedrich Wetter von Speyer, Bischof Dr. Georg Moser von Rottenburg, Kapitelsvikar Weihbischof Karl Gnädinger von Freiburg und mehrere Vertreter der Domkapitel. Der Limburger Domchor unter Domkapellmeister Hans Bernhard sang, begleitet von Bläsern des Staatstheaters Wiesbaden, Bruckners e-Moll-Messe. Den Choral sang eine Schola der Domsingknaben unter Mathias Breitschaft.

Predigt von Joseph Kardinal Höffner am Kreuzfest des Bistums Limburg

Einhundertfünfzig Jahre sind eine lange Zeit, und doch gehören sie zu der „kleinen Weile", wie Jesus Christus die Zeit zwischen Pfingsten und dem Jüngsten Tag genannt hat. In der „kleinen Weile" kommen und gehen die Menschen, die Familien, die Sippen, die Völker und Nationen. Sie eilen dahin wie ein Hauch, wie ein Schattenbild, wie ein Schiffchen am Webstuhl. Bei Gott sind tausend Jahre wie ein Tag.

Die „kleine Weile" trägt zwielichtigen Charakter. Sie liegt im argen. Wenn wir auf die hundertfünfzig Jahre zurückblicken, erkennen wir dieses Zwielichtige: Kriege, Verwüstungen, Vertreibungen. Wir spüren das Zwielichtige auch heute: ein weltweites Unbehagen, eine tiefe Lebensangst greifen um sich.

Auch *die Kirche* geht raschen Schrittes durch die „kleine Weile". Auch sie erfährt Unruhe und Bedrängnis.

Wenn wir die vergangenen 150 Jahre im Licht des Glaubens zu deuten versuchen, stoßen wir auf drei Besonderheiten, gleichsam drei Gesetze, über die ich in dieser Stunde zu Ihnen sprechen will.

I. Das Geschichtliche

Die Kirche ist in die menschliche Geschichte hineingestellt. Das bedeutet, daß es auch in der Geschichte der Kirche Anfänge und Stufen, Rückschritte und Unzulänglichkeiten gibt. Die hinter uns liegenden 150 Jahre zeigen, daß das Wandelbare und Hinfällige in zwiefacher Weise in der Kirche offenbar wird.

Einmal vollzieht sich am Leib der Kirche, was am Leib Christi geschah. Sie ist der Kritik und dem Angriff ausgesetzt. Man kann mit dem Finger auf sie zeigen. Eine Kirche unter dem „Haupt voll Blut und Wunden" kann nur eine gedemütigte Kirche sein.

Schon die Gründung des Bistums Limburg zeigt, daß die Kirche Christi eine Kirche in Bedrängnis ist. In den ersten Jahrzehnten des vorigen Jahrhunderts schien die Katholische Kirche Deutschlands einem morschen Gebäude zu gleichen, dessen baldigen Zusammenbruch viele aufgeklärte Zeitgenossen prophezeiten. Die Säkularisation hatte die Kirche politisch und wirtschaftlich entmachtet. Der Rationalismus der Aufklärung hatte dem Liberalismus den Weg gebahnt, der in oft sehr intoleranter Weise die Kirche bedrängte. Das haben die ersten Limburger Bischöfe zur Genüge erfahren. Denken Sie an die staatskirchlichen Bevormundungen, an den Nassauischen Kirchenkonflikt, an Kulturkampf und Exil.

Schlimmer und demütigender ist das zweite. Schlechtes, Verwirrendes, Beschämendes vermögen in die Kirche selber einzudringen und zum Ärgernis zu werden. Auch davon wissen die vergangenen 150 Jahre und die Gegenwart zu berichten.

Ich gebe Ihnen zwei Ratschläge:
Der erste Ratschlag ist das Wort der Schrift: „Wundert euch nicht darüber" (Joh 5,28). Ich könnte auch sagen: Wundert euch über nichts. Die Zeit zwischen Pfingsten und dem Jüngsten Tag ist die Zeit der Ärgernisse. Lassen Sie sich nicht verwirren. In der Zeit der Ärgernisse brauchen wir einen skandalfesten Glauben.
Zweitens: Bitten Sie Gott um die Gabe der Unterscheidung der Geister. Es gibt nicht nur den Heiligen Geist, sondern viele andere Geister, die uns verwirren möchten. Die Heilige Schrift warnt uns vor dem „Geist der Welt" (1 Kor 2,12), vor den „bösen Geistern" (Eph 6,12). „Traut nicht jedem Geist, sondern prüft die Geister, ob sie aus Gott sind" (1 Joh 4,1). Wer heute die Geister nicht zu unterscheiden vermag, wird von außen gesteuert; er läßt sich „vordenken" und wird zum Echo anderer.

II. Das Göttliche

Wäre die Kirche nur eine irdisch-gesellschaftliche Erscheinung, so hätten die Christen selber, besonders die Päpste, Bischöfe, Priester und Mönche sie längst zu Grunde gerichtet. Aber für die Kirche gilt nicht nur das Gesetz des Geschichtlichen, sondern das Geheimnis des Göttlichen. Jesus Christus, der König, den Sie am Kreuzfest Ihres Bistums preisen und anbeten, lebt und wirkt in der Kirche. Wenn die Propheten des Alten Bundes vor das Volk hintraten, verkündeten sie nicht sich selbst, sondern die Botschaft Gottes. Sie sagten: „So spricht der Herr". Jesus Christus aber verkündet mit göttlichen Anspruch: „Ich sage euch", „ich will", „ich sende euch", „ich bin der Weg, die Wahrheit und das Leben", „ich bin das Licht der Welt", ich bin der Erste und der Letzte und der Lebendige". Der Verkündigende und der Verkündigte ist ein und derselbe. Jesus Christus ist der Sohn Gottes, der Herr, der Heiland, das ewige Wort des Vaters. „Durch ihn und auf ihn hin ist alles erschaffen" (Kol 1,16). „In ihm hat alles seinen Bestand" (Kol 1,17). Mit ihm fängt alles an; denn er ist der Ur-Anfang, das Alpha. Zugleich ist er das Ur-Ende, das Omega. Das Ziel, dem die Menschheit und das Universum zustreben, heißt Jesus Christus.

Der ewige Gottessohn hat von einer irdischen Mutter Fleisch angenommen. Er ist Mensch geworden, einer von uns. Ein und dieselbe Person, Christus der Herr, ist wirklich und wesenhaft Gott wie der Vater und der Heilige Geist und wirklich und unverkürzt Mensch wie wir. In Jesus Christus sind alle menschlichen Maße zerbrochen.

Der Sohn Gottes ist nicht Mensch geworden, um einen durchschnittlichen, menschlichen Lebensweg zu gehen: man wächst heran, plagt sich, wird alt und stirbt. Jesus Christus hat das Menschsein bis in die tiefste Verlassenheit, bis zum Blutschwitzen, bis zum frühen gewaltsamen Tod durchlitten. Als Pilatus den zerschlagenen, die Dornenkrone tragenden Herrn dem Volke vorstellte, sagte er: „Ecce homo", „da seht, welch ein Mensch" (Joh 19,5).

Jesus Christus hat sich für uns, für unsere Sünden, für die Sünde der Welt erniedrigt. Er hat alle Not, alle Bedrängnis, alle Schuld und Verlassenheit der Menschheit auf sich genommen. Er steht am Platz der Sünder. Seine Erniedrigung ist unser Heil. „Für uns alle": das heißt: je für mich: „Er hat mich geliebt und sich für mich hingegeben" (Gal 2,20). Aber es war von Ewigkeit her in Gottes Heilsplan beschlossen, die Menschen nicht einzeln zu retten und zu heiligen, sondern sie in jener Gemeinschaft zu vereinigen, die wir die Kirche nennen. Die Kirche ist Braut Christi, Leib Christi, Gottes Bauwerk, Gottes Tempel, Gottes Pflanzung. Jesus Christus wirkt in der Kirche als verjüngende Kraft. Das Evangelium, das die Kirche im Auftrag Jesu Christi verkündigt, ist „für alle Zeiten der Ursprung jedweden Lebens für die Kirche" (LG 20).

III. Die Sendung

Die Kirche Jesu Christi kann nicht anders als missionarisch sein. Jesus hat den Jüngern den

Auftrag gegeben: „Geht hin in alle Welt und verkündigt das Evangelium allen Geschöpfen" (Mk 16,15).

Im Licht der Heiligen Schrift hat das Gesetz der Sendung einen doppelten Inhalt. Jesus Christus sagt zu uns: „Bleibt!" und „Geht". Auf den ersten Blick könnte man meinen, das sei ein Widerspruch. Kann man bleiben und zugleich gehen? Ja, das kann man.

Heute steht *das Bleiben* nicht hoch im Rang, eher schon das Fortschreiten. Wenn Jesus zu uns sagt: Bleibt in mir, bleibt in meiner Liebe, so meint er damit nicht nur eine gesinnungsmäßige Verbundenheit, sondern sein Innesein in uns und unser Innesein in ihm, so daß wir sprechen dürfen: „Ich lebe, aber nicht mehr ich, sondern Christus lebt in mir" (Gal 2,20). Der heilige Paulus wiederholt in seinen Briefen 164 mal das Wort: in „Christus Jesus", „im Herrn", „in ihm". Dann bleibt nicht alles, wie es war. Dann wird alles anders in unserem Leben. Ein Christ, der diesen Namen verdient, wird nicht mit den Modemeinungen mitschwimmen. Wer in Christus bleibt, wird aus einem bloß wissenden zu einem weisen Menschen, und das ist mehr. Weisheit ist mehr als messerscharfer Verstand. Oft sind einfache Menschen weise, das heißt reif im Urteil über das Eigentliche, während Menschen, die sehr viel wissen, in den letzten Lebensfragen unglaublich blind sein können. „Ich rate dir", heißt es in der Geheimen Offenbarung, „kaufe von mir Salbe zum Bestreichen deiner Augen, damit du sehend wirst" (Offb 3,18).

Wir erkennen immer deutlicher, daß die Errichtung von Bauten, daß Organisationen, Strukturpläne, Tagungen und Konferenzen für sich allein nicht genügen. Erst recht wird es nicht zu einem Aufbruch in der Kirche kommen, wenn an die Stelle der Glaubensverkündigung und des Glaubenszeugnisses das sozialkritische, religionskritische, kirchenkritische und bibelkritische Alleshinterfragen tritt. Jesus Christus möge in uns eine neue Liebe, Freude und Begeisterung für seine Braut, die Kirche, wecken. In den letzten Jahren haben sich Verkündigung und Liturgie oft allzusehr an den alles hinterfragenden, kritischen Verstand gewandt. Das ist eine Verkürzung des Menschen. Zum ganzen Menschen gehört nicht nur der Verstand, sondern auch das Herz, das Gemüt, das Gefühl, die „corda et viscera". Mit seinem Herzen liebt und vertraut und glaubt der Mensch.

Nun verstehen wir auch, daß es ein *Hingehen* gibt, das im Bleiben verankert ist. Je mehr der Herr uns in seine Liebe hereinnimmt, desto mehr sendet er uns aus zum Dienst an den Brüdern und Schwestern. Wir alle nehmen teil am missionarischen Auftrag der Kirche. Christsein heißt Zeuge sein. Der Herr hat gesagt: „Ich bin gekommen, Feuer auf die Erde zu werfen, und was will ich anders, als daß es brenne?" (Lk 12,49). Das Feuer erhält sich nur dadurch, daß es übergreift; sonst verzehrt es sich in sich selbst und erlischt. Überall, wo wir leben, sollen wir Zeugen Christi sein: nicht nur im Gotteshaus, nicht nur in der Familie, sondern im Beruf, im Urlaub und in der Öffentlichkeit.

Als wir das Sakrament des Heiligen Geistes empfingen, salbte der Bischof unsere Stirn mit dem Chrisamöl. Mit der Stirn bekennen wir, wer wir sind. Mit der Stirn legen wir Zeugnis ab. Grillparzer hat ein Gedicht vom halben Mond geschrieben: „Sei gegrüßt, du Halber dort oben, wie du bin ich einer, der halb, ... und dürftig in beider Gestalt". Mit dem Christsein verträgt sich nicht das Halbe. Christein ist Lebensentscheidung auf Jesus Christus hin, ohne Vorbehalt.

Wir Christen stehen nicht mit mürrischem Gesicht am Zaun der Welt von heute. Wir schauen nicht ärgerlich zu, was drinnen geschieht, sondern wir steigen über den Zaun, um mitten in der Welt gegenwärtig zu sein: als Sauerteig, als Salz der Erde, als Licht der Welt. Die Kirche Jesu Christi ist keine „Warte-ab-Kirche", sondern eine „Geh-hin-Kirche". Wir sollen zu den Menschen gehen und sie dort abholen, wo sie sind: in ihren konkreten Lebensverhältnissen, in ihrem Suchen und Ringen, in ihrer Verwirrung und Bedrängnis. Aber wir werden nicht dort stehenbleiben, wo die Menschen stehen, sondern sie heimführen zu Christus. Der Glaube ist nämlich eine Standortverlagerung des Menschen; der Mensch bricht auf und kehrt heim.

Christus, dem König, nachzufolgen, ist nicht leicht. Aber ein großer Trost ist uns gegeben. Wir sind nicht allein. Christus ist bei uns. Er tröstet uns: „Habt Mut, ich habe die Welt besiegt" (Joh 16,33).

*

Eröffnung des Festaktes zur 150-Jahrfeier des Bistums in der Stadthalle durch Bischof Dr. Kempf

Als der 150. Jahrestag seit der Gründung unseres Bistums vom Jahre 1827 näherrückte, fragten wir uns, ob dieser Anlaß genüge, dieses Jubiläum festlich zu begehen. Schließlich sind 150 Jahre eine bescheidene Zeitspanne im Vergleich zu der nahezu 2000jährigen Geschichte der Weltkirche und zu der 1200jährigen Geschichte der Kirche in Deutschland. Aber dann sagten wir uns, daß Geschichte nicht identisch ist mit einem quantitativen Ablauf von mehr oder weniger langen Jahresepochen, sondern daß sie bestimmt wird durch qualitative Elemente, die auch in relativ kurzen Zeitabläufen bedeutsame Veränderungen bringen können, und eben dies gilt gerade für die vergangenen 150 Jahre.
Im Frieden von Lunéville 1801 brach die Organisation der alten Reichskirche zusammen. Im Jahre 1806 wurde das Heilige Römische Reich deutscher Nation zu Grabe getragen. Mit dem Jahr 1827 erstanden zwar neue Diözesen; aber sie hatten hart zu ringen mit dem Staatskirchentum der Landesherren, bei uns mit dem Herzog von Nassau und dann mit Preußen. Erst die gewaltigen gesellschaftlichen und politischen Veränderungen nach dem ersten Weltkrieg brachten der Kirche die Befreiung von staatlicher Bevormundung — freilich schon bald unterbrochen durch das Zwischenspiel der nationalsozialistischen Gewaltherrschaft — und heute gibt es für die deutsche Kirche Freiheit nur im Gebiet der Bundesrepublik. Innerkirchlich erlebten wir das II. Vatikanische Konzil, dessen Auswirkungen heute noch niemand auch nur entfernt abschätzen kann. Kurz, seit dem Jahre 1827 hat sich die Situation in Welt und Kirche in vielfältiger Hinsicht so grundlegend geändert, daß es sich nicht nur lohnt, sondern daß es geradezu geboten erscheint, nach dem Ablauf dieser 150 Jahre einmal innezuhalten, um sich durch Rückblick und Ausblick neu zu orientieren auf dem Weg in die Zukunft.
Wir danken daher dem Präsidenten des Zentralkomitees der deutschen Katholiken, Herrn Staatsminister Dr. Maier, daß er sich freundlicherweise bereitfand, zu uns zu sprechen über das Thema „Die Freiheit des Menschen und die Zukunft der Kirche".

*

Grußwort des Erzbischofs von Köln, Joseph Kardinal Höffner, Vorsitzender der deutschen Bischofskonferenz

Die Deutsche Bischofskonferenz und besonders herzlich die Bistümer der Kölner Kirchenprovinz — Aachen, Essen, Münster, Osnabrück, Trier und Köln — in deren Namen ich spreche, wünschen der Limburger Kirche zur 150-Jahrfeier und zu dem in neuer und doch alter Schönheit erstrahlenden Dom in brüderlicher Mitfreude Glück und Mut zur Zukunft.
Das Erzbistum Köln fühlt sich mit der Limburger Kirche in vielfacher Weise verbunden. Als im Jahre 1235 der herrliche Limburger Dom eingeweiht wurde, bekamen auch die Kölner Mut. Erzbischof Konrad von Hochstaden legte 1248 den Grundstein zum Kölner Dom. Bei der Gründung des Bistums Limburg wurden im Raum Hachenburg und Marienstatt auch Kölner Gebiete in das neue Bistum eingegliedert. Wir sind Nachbarn, nicht nur räumlich, sondern auch im Ertragen derselben Bedrängnisse. Das Bistum Limburg hatte den Nassauischen Kirchenkonflikt, die Erzdiözese Köln die Kölner Wirren. Während des Kulturkampfes war Ihr Bischof Blum im Exil, der Kölner Erzbischof im Klingelpütz, dem bekannten Kölner Gefängnis. Man kann heute, da evangelische und katholische Christen in brüderlicher Ökumene miteinander verbunden sind, nur mit Schmunzeln lesen, was Kultusminister Allenstein 1819 an den preußischen König schrieb: Man werde in den preußisch gewordenen Rheinlanden die Protestanten mit Liebe, die Katholiken „nach Pflicht" behandeln.

Aber Ihr Jubiläum ist nicht nur Erinnerung an das Vergangene. Es ist Aufbruch auf das Jahr 2000 hin, Bereitschaft, die Botschaft Christi in das neue Jahrtausend zu tragen. Der Limburger Dom zeigt, daß Überlieferung gültiger Werte nicht Fessel und Erstarrung bedeutet, sondern Kraft, das jeweils Neue zu meistern. „Oportet alere flammam", sagten die Römer: Tradition heißt nicht ausgegrabene Trümmer verwahren, sondern eine Flamme am Leuchten halten. Das ist mein Wunsch, daß Ihr Jubiläum ausstrahlen möge, daß ein neuer religiöser Aufbruch von ihm ausgehen möge. Die junge Generation wird das Feuer der Botschaft Christi in das neue Jahrtausend tragen.

Die Freiheit der Kirche und die Zukunft des Menschen

Am Nachmittag beim Festakt in der Stadthalle sprach der bayrische Kultusminister Prof. Dr. Hans Maier. In seiner Begrüßung hatte Bischof Dr. Kempf darauf hingewiesen, daß man sich im Bistum Limburg sehr wohl bewußt sei, daß 150 Jahre in der Geschichte der Kirche keine lange Zeit sei. Man feiere das Jubiläum aber auch deshalb im großen Rahmen, weil es bei geschichtlichen Zeitabläufen auch auf die Qualität der Zeitspanne ankomme. Kardinal Höffner hatte die Grüße der Deutschen Bischofskonferenz überbracht und im Blick auf das Motto der Jubiläumsfeier „Unser gemeinsamer Weg" erklärt: „Der Limburger Dom zeigt, daß Überlieferung gültiger Werte nicht Fessel und Erstarrung bedeutet, sondern Kraft, das jeweils Neue zu meistern."
Für die evangelische Kirche überbrachte Kirchenpräsident Helmut Hild, Darmstadt, herzliche Glückwünsche. Mit dem Bistum Limburg freuten sich auch alle evangelischen Christen über das Bistumsjubiläum. Das Motto vom gemeinsamen Weg könne auch als gemeinsamer Weg der beiden Konfessionen verstanden werden, der in die Zukunft weitergeführt werden müsse. Im Namen der ausländischen Bischöfe dankte der Primus von Brasilien, Kardinal Brandao Vilela, dem Limburger Bischof für die Einladung zum Jubiläum. Gerade er werde sich in seiner täglichen Arbeit immer wieder der Verbundenheit mit dem Bistum Limburg bewußt, arbeiteten doch bereits seit zehn Jahren vier Priester des Bistums Limburg beispielhaft in seiner brasilianischen Diözese.
Der Präsident der Diözesanversammlung, Hans Safran, dankte am Schluß der Feierstunde dem Bischof für sein Engagement um den Dialog zwischen Amt und Laien. Die neue Synodalordnung, die am vergangenen Mittwoch von der Diözesansynode verabschiedet worden ist und am kommenden Mittwoch, dem Gründungstag des Bistums, von Bischof Dr. Kempf zu diözesanem Recht erhoben werde, stelle einen Meilenstein in der Geschichte des Bistums dar. Sie bestimme die neue Art des zukünftigen Weges und stelle die wohlüberlegte Fortentwicklung der alten Katholischen Aktion dar.

*

Kultusminister Prof. Dr. Hans Maier, München, Präsident des Zentralkomitees der deutschen Katholiken

Die Freiheit der Kirche und die Zukunft des Menschen

Als am 11. April 1827 Papst Leo XII. mit der Bulle *Ad dominici gregis custodiam* letzte Hand an die Neugestaltung der Bistümer im deutschen Südwesten legte, ging für die Kirche am Oberrhein, in Hessen und in der Pfalz eine lange Zeit der Wirren und Unsicherheiten zu Ende. Die alte kirchliche Ordnung, eingebettet in die großräumige Welt des Heiligen Römischen Reiches deutscher Nation, hatte mit der Revolution, den napoleonischen Kriegen und den territorialen Veränderungen nach der Jahrhundertwende ihre Grundlagen verloren. Eine ganz Deutschland umfassende kirchliche Neuordnung, wie ursprünglich beim Wiener Kongreß geplant, kam nicht zustande. So lag die Initiative zum Wiederaufbau der Kirchenverfassung bei den neugeschaffenen süddeutschen Staaten, die alsbald in Verhandlungen mit dem Heiligen Stuhl eintraten; ihr Ziel war es, eine möglichst vollständige Deckung der kirchlichen und der politischen Grenzen zu erreichen. 1821 lag die neue kirchlich-politische Landkarte im Südwesten vor, sie folgte den Umrissen der 1815 geschaffenen neuen Staatenwelt. Der Friede von

Lunéville im Jahre 1801 hatte die Auflösung der alten traditionsreichen Erzbistümer Kurköln, Kurmainz, Kurtrier mit sich gebracht. Die Annexion der ihnen zugehörigen Gebietsteile auf der rechten Rheinseite durch die protestantischen Fürsten — hier durch das Haus Nassau — war eine Folge des Reichsdeputationshauptschlusses. Mit der Päpstlichen Bulle wurde ein neuer Anfang gesetzt. Im langen Ringen um die organisatorische und personelle Neuordnung entstand am 23. November 1827 die Diözese Limburg — zusammengefügt aus Randgebieten der Bistümer Köln, Mainz und Trier. Die Städte Frankfurt und Wiesbaden als politische und kulturelle Zentren gaben dem Bistum ein besonderes Gewicht.

Die Vorgeschichte des Bistums Limburg und der Oberrheinischen Kirchenprovinz ist ein Lehrstück dafür, daß es in der Kirchen- wie in der Staatsgeschichte mitunter recht menschlich zugeht — und wenn Staat und Kirche miteinander verhandeln, erst recht. Zuerst hatten die südwestdeutschen Staaten — Hessen-Darmstadt, Kurhessen, Nassau, Baden und Württemberg — sich gegenüber Rom auf eine nahezu ultimative Form der Verhandlungsführung festgelegt; als Kardinal Consalvi dies ablehnte, lenkten sie schließlich ein. Vor allem unter badischem Einfluß setzte sich eine behutsamere Linie durch. Man brauchte ja Rom. Die Staatsräson gebot, die noch unstabilen politischen Gebilde im deutschen Südwesten und Westen durch ein Übereinkommen mit der Kirche zu festigen; denn so kräftig war der junge Liberalismus noch nicht, daß man auf die Mitwirkung der Geistlichen beim Zusammenwachsen der unterschiedlichen Ländereien und Traditionen hätte verzichten können. So verblaßten die alten reichskirchlichen Überlieferungen, auch die letzten, aufs 18. Jahrhundert zurückgehenden nationalkirchlichen, episkopalistischen Varianten; das Banner der deutschen Nationalkirche, von Wessenberg noch einmal in Konstanz mächtig entfaltet, wurde stillschweigend eingeholt. Man arrangierte sich im kleineren Rahmen, damit Seelsorge wieder möglich wurde und die Kirchenverfassung wieder hergestellt werden konnte.

Ursprünglich hatten die fünf Staaten den Vorsitz in der gemeinsamen Kirchenprovinz rundumgehen lassen wollen — für Rom begreiflicherweise eine nicht annehmbare Forderung. Darauf schlug Darmstadt Mainz als Metropolitansitz vor. Rom stimmte zu. Doch nun protestierte Württemberg. Denn Mainz war Bundesfeste mit preußischen und österreichischen Truppen. Die Mittelstaaten aber wollten den Sitz des Erzbischofs der Oberrheinischen Kirchenprovinz nicht unter so dominierendem Einfluß der Großmächte haben. So schlug gegen Mainz, wie vorher gegen Konstanz, gerade seine zentrale Stellung, seine Reichs- und Bundesnähe aus; und endlich einigten sich die fünf Staaten mit Rom auf Freiburg als Metropolitansitz. Ein ganzes Jahrhundert lang gehörte Limburg mit Fulda zur Oberrheinischen Kirchenprovinz; erst das Preußische Konkordat von 1929 löste die Zusammenhänge.

150 Jahre sind inzwischen seit der Entstehung des Bistums Limburg vergangen. 150 Jahre — das ist ein Grund, innezuhalten, zurückzublicken, aber auch in die Zukunft auszuschauen; zu fragen, was diese fünfzehn Dezennien bedeutet haben für unsere religiöse und politische Geschichte, für die Kirche in unserem Land.

Die Geschichte des Bistums Limburg und der Oberrheinischen Kirchenprovinz war von den Anfängen an erfüllt mit Kampf und Streit, Auseinandersetzungen zwischen Kirche und Staat. Das reicht von ersten Streitigkeiten um Bischofsernennungen und um die pragmatischen Artikel des Staates über die Konflikte der fünfziger Jahre bis zum Kulturkampf und klingt erst nach 1878, definitiv dann 1918, ab; ein spätes Nachspiel, unter neuen Umständen, sind die Jahre des Nationalsozialismus. Und es sind nicht nur Auseinandersetzungen mit Worten in den Kammern oder der vor und nach der Revolution von 1948 aufschäumende Krieg der Flugschriften, Pasquille und Periodica — es gibt auch Petitionsbewegungen, Demonstrationen, Widerstand, Aufstände auf der einen Seite, Verhaftungen, Strafverfolgung, Einsatz von Militär auf der anderen Seite. Es ging nie ganz harmlos zu in dieser Periode von Staat und Kirche in Deutschland, obwohl man zuletzt immer wieder einen modus vivendi fand; das heutige gute Einvernehmen zwischen Staat und Kirche ist in Deutschland schwerer errungen worden als anderswo. In den neuen Staaten des Deutschen Bundes wurde um all das mit exemplarischer Anstrengung gekämpft, was das neunzehnte Jahrhundert an Stoff zur geistig-politischen Auseinandersetzung aufgehäuft hatte: die konstitutionelle Frage; die Schulfrage; die soziale Frage — und in all dem eben auch: die Kirchenfrage. Und so geriet die Kirche hier in Konfrontationen, wie sie anderswo noch unter der Decke des Hergebrachten verdeckt waren.

Vergessen wir nicht: die Kirche war in jenen Jahren fast ohne öffentliches Fundament. Schon früher hatte ihr die weltliche Gewalt ihr Regiment aufgenötigt, ob sie nun als Schützerin der Religion auftrat, als Zwangsschlichterin in Bekenntnisstreitigkeiten oder als aufgeklärte Erziehungsmacht. Wie waren schon die evangelischen Territorialfürsten des siebzehnten und achtzehnten Jahrhunderts mit ihren Konsistorien und Theologischen Fakultäten umgesprungen (und die katholischen Fürsten hatten es ihnen nachzutun versucht), wie unbekümmert hatte Joseph II. als „Bruder Sakristan" eine Gottesdienstordnung erlassen und das Brevier zensiert. Im deutschen Süden und Südwesten war der Nachklang des Josephinismus oft ein Vorklang dessen, was das liberale Staatskirchentum an Reglementierungen bereithielt: achtzehntes und neunzehntes Jahrhundert gingen in dieser Hinsicht bruchlos ineinander über. Denn „die Kirche verwaltet wie Zölle und Steuern" (Lamennais) — das war nicht nur eine Wunschvorstellung aufgeklärter Herrscher in Österreich und Preußen vor der Revolution, es war auch das Credo liberaler Parlamentarier, Monarchen und Beamten in der Zeit nach 1815. Josef Bekker hat von einer Kontinuität vom Spätjosephinismus zum Kulturkampf gesprochen, und es gab hier immer wieder Anwälte einer solchen Kontinuität des Staatskirchentums bis in kirchliche Kreise hinein. Die erste Zeit der Oberrheinischen Kirchenprovinz jedenfalls war noch ganz beherrscht von der erdrückenden, durch die Säkularisation noch vermehrten Übermacht des Staates über die Kirche. Nur was mit Weihe und Sakrament zu tun hatte, war damals noch leidlich autonomer kirchlicher Bezirk.

Aber die Länder des liberalen Staatskirchentums waren auch diejenigen, in denen, wie in Mainz und Köln, in den dreißiger und vierziger Jahren eine katholische — oder wie man damals sagte: eine ultramontane — Bewegung entstand. Zwar sprang der Funke des „Kölner Ereignisses" von 1837 nicht sofort auf Hessen und Baden über. Aber in den vierziger Jahren sammelte Franz Joseph Buß die demokratischen Kräfte, vor allem das katholische Landvolk, in einer Massenbewegung gegen den Deutschkatholizismus. Fortan sah sich der Liberalismus einer demokratisch-katholischen Opposition von unten gegenüber. Die katholische Laienbewegung, die sich 1848 im ersten Katholikentag der Öffentlichkeit vorstellte, ist von Mainz, von Limburg aus kräftig mitangestoßen worden. Und dieser Bewegung gelang es, in die Frankfurter Reichsverfassung Artikel einzufügen, die die Staatskirchenhoheit begrenzten und der Kirche größere Freiheit gaben. Schon triumphierte der Theologe Hirscher unter dem Eindruck der Reichsverfassung von 1849: „Die Kirche ist in einer Lage wie seit 1500 Jahren noch nie; sie hat das Recht, ihre Angelegenheiten selbständig zu orden." Aber das liberale Staatskirchentum widerstand gerade im Süden zäh. Der Kulturkampf warf die Ausgleichsbemühungen zwischen Staat und Kirche um Jahrzehnte zurück. Endgültig überwunden wurde die kirchenfeindliche Gesetzgebung erst durch die Revolution 1918, und erst in den Weimarer Jahren entkrampfen und entproblematisieren sich die kirchlich-staatlichen Beziehungen endgültig und dauerhaft, so daß sie der heutigen Generation so fremd sind wie eine ferne Sage.

Über Recht und Grenzen des Staates haben die Katholiken nicht nur damals intensiv nachgedacht. Die Auseinandersetzung zwischen echtem und falschem (nämlich etatistischem) Liberalismus, berechtigtem und falschem Staatsanspruch in Erziehungs- und Religionsfragen zieht sich durch die ganze Geschichte der süddeutschen Staaten und auch des Bistums Limburg hindurch. So wenig der liberale Erziehungsstaat des 19. Jahrhunderts den totalitären Regimen des 20. Jahrhunderts verwandt war, die Lektionen des „Es ist dir nicht erlaubt" und des „Man muß Gott mehr gehorchen als den Menschen" konnten Katholiken schon damals lernen. Ebenso freilich das kirchliche und politische Engagement, die Bereitschaft zur Initiative, zum Handeln — denn wenn vom Staat wenig Verständnis für Belange der Kirche zu erwarten war, so half nur die Gemeinsamkeit, der Zusammenschluß, die solidarische und demokratische Aktion.

Ich sprach von Demokratie, von katholischer Laienaktion. Für sie waren die hessischen Staaten, Baden und Württemberg im 19. und im 20. Jahrhundert eine Pflanzstätte besonderer Art. Es hängt wohl mit den geschilderten Kämpfen zwischen Staat und Kirche und zwischen den einzelnen politischen Gruppierungen zusammen, daß diese Länder zur politischen Entwicklung der deutschen Demokratie mehr beigetragen haben als andere — personell wie institutionell.

Es spricht aber auch für den hier angesiedelten Gemeingeist, daß die schließlich nach hartem Kampf gefundenen Lösungen sich als erstaunlich dauerhaft erwiesen haben. Ohne die Kirchen wäre diese Integration wohl kaum gelungen, sie — und besonders der demokratisierte Klerus nach 1848 — waren in jenen Zeiten wirklich, nach einem Wort Franz von Baaders, das „Senfkörnlein im Urbrei der aufgelösten Sozietät". Es war kein Wunder, daß die Diözesen am Oberrhein nicht nur dem politischen Katholizismus und seinem Kampf für kirchliche und kulturelle Freiheit, sondern auch dem sozialen Katholizismus und dem katholischen Verbandswesen starke Anstöße gegeben haben. Sozialstruktur und konfessionelle Minoritätslage verwiesen die Katholiken auf den Weg demokratischer Politik und Verbandsbildung, man machte sich demokratische Mittel — Volksversammlungen, Kundgebungen, Petitionen — zunutze. Nicht nur die katholischen Laien, auch die Geistlichen nahmen frühzeitig soziale Aktivitäten wahr. Katholiken haben die freiheitlichen Traditionen unserer Demokratie mitgeschaffen. Daran zu erinnern ist gerade in einer Diözese aller Grund, zu der die alte Reichsstadt Frankfurt und die Pauls-Kirche gehört und wo sich kirchlicher Widerstand im Dritten Reich rühmlich bewährt hat.

Das 19. Jahrhundert wurde in vielen Diözesen, vor allem den neugeschaffenen, zum Zeitalter eines neuen Pfarr- und Gemeindelebens. Neben Abbruch und Verfall steht viel stiller Aufbau und als Bilanz eine beträchtliche Mehrung der öffentlichen Wirksamkeit der Kirche — dies darf man über den oft lauten Klagen ob der kirchenfeindlichen Gesetze und Strömungen der Zeit nicht vergessen. Gerade die Verarmung der Kirche in der Revolution und Säkularisation und die egalisierende Wirkung des modernen Staates und seiner Verwaltung schufen die Voraussetzungen für die Durchführung der Trienter Dekrete auf der Ebene der Pfarrgemeinde. Langsam hob sich aus der Fülle der überlieferten Kirchen, Klöster, Stifte und geistlichen Herrschaftssitze, aus der reichen, inegalen, nur historisch erklärbaren Überlieferung die einheitliche Struktur der modernen Diözese mit ihrem Unterbau immer mehr einander angenäherter und angeglichener Pfarrgemeinden hervor — eine getreue Parallele zur Entwicklung im sozialen und staatlichen Leben. Und diese Pfarreien ergriffen und durchdrangen die bäuerliche und bürgerliche Welt, sie wurden zu Zentren einer mit neuem Eifer geübten Seelsorge, in ihnen erwachte in Priestern und Laien ein vorbildhaftes geistliches Leben. Wer die Geschichte dieses Bistums schreiben wollte, der müßte dieser inneren Entwicklung ebenso nachgehen wie den äußeren Geschehnissen im Feld von Kirche, Staat, Gesetzgebung und Parlament: war die eine Aufgabe der Bischöfe der Wiederaufbau der Kirchenverfassung, der öffentlichen Repräsentation der Kirche, die nach dem Ende der Reichskirche so gut wie ganz zerstört war, so bestand die andere darin, das innere Leben in neuen Formen zu entbinden. An Pfarreigründungen, Kirchenbauten, geistlichen Berufen, seelsorgerischer Intensität kann sich das 19. Jahrhundert gewiß mit den größten Zeiten der Kirchengeschichte messen, auch wenn der Kirche viele Ausdrucksformen im öffentlichen, aber auch im geistlichen Bereich versagt blieben. Erst die Revolution von 1918 eröffnete der Kirche mit der vollen Breite öffentlicher Wirksamkeit auch die innere Freiheit, das Reich des Zweckhaften zu überschreiten und den letzten Rest von öffentlicher Wohlfahrtsanstalt hinter sich zu lassen.

Heute steht diese Kirche wahrhaft ausgeliefert, den Strömungen der Zeit geöffnet und preisgegeben, in einer weniger feindlichen als gleichgültigen Umwelt. Mehr Zelt als Gottesburg und Haus voll Glorie, ist sie einbezogen in den alles Stetige auflösenden Fluß der industriellen, technischen, televisionären Zivilisation. Pfarreien entstehen neu mit jäher Plötzlichkeit in Ballungsgebieten, andere schrumpfen und verfallen infolge der Bewegung der Bevölkerung. Es gibt Gemeinden, die beides durchmachen, plötzlichen Anstieg und wieder langsamen Rückgang infolge der Abwanderung in die Vorstädte, der Flucht vor dem Lärm und Verkehr der Großstädte — oder auch Landgemeinden, die hintereinander Landflucht als Flucht vom Land und umgekehrt als Flucht aufs Land erleben. Der feste, generationenlang beständige Kern der Pfarrgemeinden weicht einer immer schnelleren Folge wechselnder Schichten und Berufsgruppen; Ausländer kommen zu den Einheimischen, und als flüchtigste Schicht gesellt sich die wachsende Menge der Touristen aus aller Herren Ländern hinzu. Kein Dorf, dessen alter Friede nicht längst geöffnet wäre, dessen Auspendlerradius nicht weit hinausreichte in die Region; keine Stadt, für die der Erhalt der Innenbesiedelung nicht zum Problem würde — selbst im Zeichen des Denkmalschutzes und neuerwachter Altstadtbegeisterung bei freilich schrumpfender Bevölkerung. Orts- und raumflüchtig, orts- und raumgreifend bei geringer Stabilität, drängt der moderne Mensch in der nivellierten Gesellschaft, die alles gleich-zeitig und damit auch gleich-gültig macht, von festen Institutionen weg; so auch von Pfarreien, Dörfern, Städten, Diözesen.

Der Bischof und seine Helfer, der Pfarrer und seine Mitarbeiter — sie können sich, ohnehin überlastet infolge des Priestermangels und manchmal überwältigt vom Dauer-Dialog mit Räten, Gremien, Kommissionen, in dieser raschen Bewegung nur noch mit Karteien, Statistiken, Datenbänken orientieren; bewundernswert, wenn sie noch Zeit für Gespräche, Besuche, Persönliches außerhalb von Tagesordnungen finden. Pfarrei und Diözese können hier nur noch in einem eingeschränkten Sinne milieubildend, gesellschaftsbildend wirken; sie werden nicht selten zu Durchgangsstationen, flüchtigen Auffangstätten des in der Menschenflut isolierten einzelnen. Viele seiner Pfarrkinder — ich gebrauche gern das altmodische Wort auch im Zeitalter kirchlicher Raumplanung — lernt der Pfarrer höchstens bei Gelegenheit der Taufe, der Erstkommunion, der Hochzeit, der Beerdigung kennen; und ob es dem Bischof mit seinen Diözesanen anders geht, anders gehen kann, wage ich zu bezweifeln.

Noch folgenreicher für das Leben der Kirche in Diözesen, Regionen, Dekanaten und Pfarreien ist die heute allgemein gewordene Trennung von Wohn- und Erwerbsraum, Familie und Beruf. In der älteren Gesellschaft, die sich im 19. Jahrhundert umzubilden begann, war beides noch weithin eins: sowohl im bäuerlich-ländlichen wie im städtisch-handwerklichen Bereich bildete die Familie zugleich den natürlichen Raum des Berufs, der Arbeit, des Erwerbs. Hier stand der in sich einheitlichen Welt der Arbeit und Familie die ebenso einheitliche Welt der Kirche gegenüber, die die verstreuten Stände, Berufe, Tätigkeiten in eine Einheit sammelte und einfügte — so wie in den Fenstern und Plastiken unserer Kathedralen die irdischen Tätigkeiten in die jenseitige Welt eingeordnet sind. In der modernen Welt ist diese Einheit nicht mehr vorhanden und kann es nicht sein, Familie und Beruf folgen ihrem eigenen Gesetz, die Familie wird jetzt — ihrer alten praktischen Aufgaben weitgehend ledig — zum Ort der Ruhe im Daseinskampf, zur Stätte der Erholung, der Muße — kurz sie zieht vieles von dem auf sich, was in der älteren Gesellschaft die Kirche dem Menschen gab. Die Rollen sind gleichsam schon vorverteilt: für den Beruf der Arbeitsplatz im Betrieb oder Büro; für Muße und Rast die Familie, das Heim, das Fernsehen — dazwischen verhallt der Ruf der Kirche beim heutigen Menschen oft ungehört und ohne Echo.

Das Bistum Limburg hat diese Probleme seit Jahren erkannt und bedacht. Es hat auch Antworten entwickelt. Nachdem der Priestermangel zu neuen Überlegungen bezüglich der kirchlichen Territorialstruktur gezwungen hatte, die kommunale Gebietsreform im wesentlichen abgeschlossen ist, wird die mittlere pastorale Ebene gestärkt werden müssen. Auf dem Land werden Pfarreien auf die Zeit vorbereitet werden müssen, in der der Priestermangel seinen Höhepunkt erreichen wird. Gemeindedienste werden in die Hände von Laien gelegt werden müssen, soweit dies möglich ist. Modellpfarrverbände sind zu bilden. Dies alles sollte aber unternommen werden mit dem Blick auf neue Verankerung, Verwurzelung der Kirche in größer gewordenen, aber nicht beliebig ausweitbaren Räumen. Wenn nicht alles trügt — die Vorgänge im Bildungsbereich sind ein deutliches Indiz — macht sich heute nach Jahren einer fast rauschhaft erlebten Mobilität ein stärkeres Verlangen nach Befestigung, Überschaubarkeit, stabileren Zuordnungen geltend. Die alte Zwergschule ist überholt — aber die pädagogische Betonburg mit Mammutdimensionen ist es auch. Das alte Dorf- und Stadtleben bringt keine Nostalgie zurück — aber in den Häusern derer, die Mode und Meinung bestimmen, sind bäuerliche und biedermeierliche Attribute ein aussagekräftiges Zeichen für Glück und humane Dimensionen. Überall wird nach Maßstäben gefragt und gesucht. Die Kirche sollte sich gewiß nicht in einer Konjunktur der Gefühlsbedürfnisse, des Sinnverlangens, der Sehnsucht nach Brücken und Geländern abnutzen — sie ist ja mehr als ein Dienstleistungsbetrieb für „Sinn" in einer sinnarmen Zeit. Aber sie muß auf Fragen, auch stumme Fragen, Antwort bereit haben. Und sie sollte wissen, daß heute vieles neu zu überdenken ist, was den seelsorglichen Umgang mit den Menschen betrifft; das Verhältnis des Öffentlichen und des Privaten; die Frage der selbstgesetzten und übernommenen Normen; endlich die Frage, in welchen „Rollen" Kirche den Menschen heute erreichen kann — oder ob er nicht vielmehr von ihr, jenseits aller Rollen und Differenzierungen, als der genommen werden will, als den ihn weder Betrieb noch Verband, weder Beruf noch Konsumwelt nehmen können: als Mensch, als Person.

Was die konkrete Sorge der Kirche für die Zukunft des Menschen bedeutet, erkennen wir am deutlichsten im Blick auf die gegenwärtige innere Lage unseres Landes. Einer kleinen Gruppe gefühl- und skrupelloser Täter von äußerster Entschlossenheit und wertfreier Intelligenz und einer nicht ganz so kleinen Gruppe jugendlicher Sympathisanten ist es gelungen, Öffentlichkeit und Staat nachhaltig zu verunsichern. Mit Recht wird überall die Frage nach Ursachen, aber auch die Frage nach möglichen Gegenkräften gestellt. Bedrängende, im Augenblick fast unlösbare Aufgaben stellen sich der Kirche auf erzieherischem Feld: Der Entwurzelung vieler junger Menschen, dem Leiden an der Sinnleere, die zu Ausbrüchen in blindes Tätertum und rücksichtslosem Aktivismus führt, muß das entgegengesetzt werden, was Simone Weil *l'enracinement,* die Einwurzelung, genannt hat. Das ist freilich leichter gesagt als getan. Wir werden unsere Bemühungen um Vergegenwärtigung der Grundwerte gerade im Erzieherischen noch konkretisieren müssen. Doch eines ist sicher: Wenn Religion Sinnleere bannen, wenn sie das Abgleiten in geistige Ordnungslosigkeit und physischen Terror verhindern und neue Gemeinsamkeit vorbereiten kann, dann ist die gegenwärtige Lage die stärkste Herausforderung an die Kirche — und damit an uns alle.

Im Wanken alter Formprinzipien der Pfarrei und der Diözese, im Auf und Ab der Meinungen und Informationen, im Wandel der Verhaltensweisen von Gläubigen und Ungläubigen, in den Schwierigkeiten theologischer und pastoraler Unterscheidung, kurz im Gang der immer beunruhigenden und bedrängenden, weil immer auf die Zukunft offenen Geschichte hat die Kirche einen festen Grund: die ihr in allen Zeiten zugesagte Gegenwart des Herrn. Ihr lebendiges Symbol in der Pfarrgemeinde ist der Altar — aber ebenso lebt sie in der Diözese in der Verbindung mit den ersten Zeugen und Aposteln, deren Nachfolger der Bischof ist. Denn die notwendige Anpassung der Kirche an Zeitstrukturen ist nur der eine Teil ihres immer notwendigen *Aggiornamento;* der andere, nicht minder wichtig, ist die Bewahrung ihrer aus dem Ursprung kommenden Identität. Eine jeder Zeitströmung aufgeschlossene Kirche täte gerade der Welt, für die sie da sein will, keinen Dienst. Denn diese Welt verlangt Kirche nicht in erster Linie als Gefährtin weltlicher Revolutions- und Freiheitsbewegungen — sie verlangt sie gerade dort, wo die diesseitigen Verheißungen im Griff der Gewalt, die sie erzwingen will, zerbrechen, wo der Mensch sich, nach dem Scheitern aller politischen und ökonomischen Zukunftshoffnungen, unvermittelt seiner eigenen babylonischen Natur gegenübersieht. Wäre christliches Heil nichts anderes als eine politisch-soziale Befreiungs- und Emanzipationsbewegung, so wäre sie in der weltweiten Enttäuschung über immer neu unternommene, immer wieder gescheiterte Revolutionen längst schal geworden. Die Kirche müßte sich in das Schicksal kurzlebiger Humanismen und Utopien teilen. Sie hätte gerade das vergessen, was sie allein zu geben hat. Denn nicht ein in den Geschichtsprozeß verflößtes Heil der Zukunft hat die Kirche zu verkünden, sondern das Heil Gottes, das in Christus zu den Menschen gekommen ist. Wo sie diesen Glauben bekennt und lebendig erhält, ergreift sie die Herzen und verwandelt die Welt; wo er fehlt, nützen weder geschickte Anpassung an Sprache und Verfassung der Zeit noch alle Arten einer gesteigerten öffentlichen Aktivität. Blicken wir zurück, so erscheinen die 150 Jahre des Bistums Limburg als eine Zeit der Kämpfe, aber auch der immer wiederkehrenden Hoffnung, als eine Zeit schwerer Bedrohungen, aber ebenso unerwarteter Rettungen. Fast unüberwindliche Schwierigkeiten standen am Anfang. Und auch heute ist die Zukunft gewiß nicht ohne Fragen und Zweifel. Mehr als einen der Bischöfe auf dem Limburger Stuhl mag in schwierigen Stunden des Bistums Beklemmung, ja Verzweiflung angekommen sein darüber, wie es weitergehen sollte; aber am Ende behielt doch das Vertrauen die Oberhand, die Hoffnung, daß Gott nicht den Leuchter wegrücken werde von seiner Gemeinde — von dieser großen Gemeinschaft mit ihren alten Kirchen und ruhmreichen Heiligen seit frühester Zeit.

So wünsche ich dem Bistum Limburg zu seinem 150jährigen Bestehen Glück und Gottes gnädiges Geleit in die Zukunft; ich wünsche es im Namen der katholischen Laien Deutschlands; ich wünsche es im dankbaren Gedenken an die vielen, die uns mit Tat und Beispiel vorangegangen sind, und in der Hoffnung auf viele, die uns folgen werden in kommenden Jahren und Jahrzehnten.

*

*Schlußwort
des Präsidenten der Diözesanversammlung
Hans Safran*

Hochverehrte Gäste!

150 Jahre sind für das Jubiläum eines Bistums unserer Kirche eher eine bescheidene als eine großartige Zahl. Andere Diözesen, gerade in unserer unmittelbaren Nachbarschaft, können mit weitaus imponierenderen Zahlen aufwarten. Es mag damit zusammenhängen, daß die bisherigen Jubiläumsfeiern mehr einen besinnlichen als einen laut jubilierenden Charakter gehabt haben: Von dem Gedächtnisgottesdienst in jener Koblenzer Kirche, in der sich der erste Bischof von Limburg außerhalb seines Sprengels weihen lassen mußte, über den Tag der Gemeinde am vergangenen Sonntag, die Schlußsitzung der Diözesansynode am Mittwoch und die anderen Veranstaltungen dieser Woche. Bei allen diesen Gelegenheiten geschah etwas, was ein wohlerzogener Jubiläumsgast bei anderen Festen dieser Art höflich zu unterlassen hat: Es wurde nicht nur Lobendes ausgesprochen, sondern auch Kritisches, die Sorgen, die uns bedrängen, wurden beim Namen genannt, und es geschah auch Konstruktives zu ihrer Lösung.

So kurz die Zeitspanne von 150 Jahren auch ist, so vollzog sich in ihr doch komplett der Übergang vom fürstlichen Absolutismus zu einer lebensfähigen Demokratie in Deutschland. Die ersten Bischöfe von Limburg wurden noch von kleinen Herrschern gedemütigt, die ihre Macht unmittelbar vorher mit ehemals kirchlichem Besitz begründet hatten.

Heute leben wir in Staaten, die der Kirche jede Freiheit lassen, ihre Angelegenheiten in eigener

Verantwortung zu regeln, und die um eine saubere, faire Zusammenarbeit mit ihr bemüht sind. Der Abschluß der Staatsverträge mit den Ländern Hessen und Rheinland-Pfalz in den vergangenen Jahren hat dies deutlich bewiesen. Diese Entwicklung vom Absolutismus zur Demokratie ist selbstverständlich auch an der Kirche nicht spurlos vorbeigegangen. Allerdings sind weder der Anfangspunkt noch der Endpunkt dieser Entwicklung die gleichen wie beim Staat. Sie begann nicht mit absolutistischen Potentaten, und sie endet nicht in einer demokratischen Regierung. Und dennoch hat sich das Bild unserer Kirche in dieser Zeit verändert, und zwar ohne Revolutionen oder andere gewaltsame Umwälzungen.

Ein Meilenstein an diesem Weg ist die am vergangenen Mittwoch von der Diözesansynode verabschiedete und dem Bischof zur Annahme empfohlene Synodalordnung für das Bistum Limburg. Sie bedeutet entschieden mehr als ein bloßes Organisationstatut, das man auch anders hätte regeln können und dessen Einzelheiten nicht von besonderer Bedeutung wären. Sie beschreibt die neue Art des gemeinsamen Weges, den unsere Gemeinden mit ihren Priestern, unsere Diözese mit ihrem Bischof gehen wollen. Sie bedeutet eine wohlüberlegte Fortentwicklung der alten Katholischen Aktion, in der es nicht mehr für die Priester oder die Laien reservierte Bereiche gibt, in denen der eine dem anderen nicht hineinzureden hat.

In Angelegenheiten der Leitung hat das letzte Wort derjenige, der das *Amt* der Leitung hat. Dieses Amt aber wird mit der Weihe verliehen, und das steht außerhalb jeglichen Streites. Aber daß der Pfarrer mit der Vertretung seiner Gemeinde, der Bischof mit der Vertretung des Kirchenvolks seiner Diözese im ständigen Gedankenaustausch steht, im ständigen Dialog, daß Entscheidungen gemeinsam vorbereitet, dann aber auch gemeinsam getragen und von der Gemeinde verantwortet werden, daß man dabei, soweit das nur irgend geht, nach einverständlichen Regelungen suchen soll, das ist eine *neue* Weise der Ausübung von Autorität. Und es ist für alle Beteiligten eine wesentliche Hilfe: für die Priester: zu wissen, daß sie nicht allein stehen, daß sie sich auf die Hilfe anderer verlassen können, für die Laien: zu wissen, daß sie ernstgenommen werden, daß nicht über ihre Köpfe hinwegregiert wird. Das erst hat vielen Leuten von Kompetenz und Sachverstand Anlaß gegeben, mitzutun und sich zu engagieren.

Die nunmehr verabschiedete Ordnung ist nicht das Produkt einer theoretischen Planung am grünen Tisch. Ihre Vorläufer sind in der Praxis seit dem Frühjahr 1969 erprobt worden. Diese Erprobung hat zu manchen Änderungen und Ergänzungen geführt, die jetzt getroffen worden sind. Aber im Prinzip ist diese Ordnung seit vielen Jahren akzeptiert, nicht nur von den Laien, sondern ebenso auch von den Priestern. Es gibt nur ganz wenige Ausnahmen. Die synodalen Gremien haben in unseren Gemeinden und in der Diözese längst einen festen Platz.

Unser Bischof Wilhelm Kempf und Weihbischof Walther Kampe haben beide mehr als ein Sechstel der 150 Jahre, die unser Bistum alt wird, in ihren Ämtern begleitet. Wir schulden Dank Herrn Weihbischof Kampe für den Gedanken, die Beschlüsse des II. Vatikanischen Konzils auf diese Weise in der Diözese Limburg zu verwirklichen. Wir danken unserem Bischof, daß er diesen Gedanken mit am Anfang kritischen, im Lauf der Jahre aber mit zunehmender praktischer Erfahrung immer sicherer werdendem Wohlwollen verfolgt hat und daß er jetzt zugesagt hat, diese Ordnung in ihrer endgültigen Form in Kraft zu setzen.

Das 150jährige Jubiläum unseres Bistums wird zwei sichtbare Denkmäler hinterlassen. Das eine ist der Dom, dessen ursprüngliche Schönheit wiederhergestellt wird. Das andere ist diese, in der Jubiläumswoche verabschiedete Ordnung. Ich wünsche mir, daß ihre Fundamente sich als genau so fest und tragfähig erweisen wie die des anderen Denkmals.

Tag der Priester
21. November 1977

Eröffnung in der Stadthalle

Zum Priestertag während des Bistumsjubiläums war als Referent der Tübinger Theologieprofessor Walter Kasper eingeladen. Sein Thema war „Die geistlichen Dimensionen des priesterlichen Amtes". In dem Gottesdienst am Nachmittag knüpfte der Bischof in seiner Predigt an die Gedanken an, die Prof. Kasper in seinem Referat über die geistlichen Dimensionen im Selbstverständnis und Dienst des Priesters dargelegt hatte.
Zuerst bringen wir hier das Referat von Prof. Dr. Kasper:

I. Schwierigkeiten

Ich möchte die Behandlung des Themas „Die geistliche Dimension in Sendung und Dienst des Priesters" damit beginnen, daß ich in einem ersten Teil zunächst von den Schwierigkeiten, den geistlichen Bedrängnissen, dieses unseres Dienstes spreche. Das scheint mir nicht nur ein Gebot der Ehrlichkeit zu sein, dafür spricht auch ein wichtiger theologischer Grund. Nach dem Apostel Paulus spricht und wirkt der Geist im Stöhnen und Seufzen der Kreatur, im Stöhnen und Seufzen, in der Ausweglosigkeit auch der Christen. Und auch wir Priester sind gegenwärtig oft genug solche seufzenden Kreaturen.

Doch wenn hier von den gegenwärtigen Schwierigkeiten gesprochen wird, dann nicht um eine Jeremiade anzustimmen. Larmoyanz steht uns als Christen schlecht an. Schwierigkeiten und Bedrängnisse sind sozusagen das Berufsrisiko des Priesters. Wenn wir von den Schwierigkeiten sprechen, dann im Sinn von Paulus, um in ihnen die machtvolle Gegenwart des Geistes im Heute von Kirche und Welt auf die Spur zu kommen.

Zu den ernstesten Schwierigkeiten dieser Zeit gehört nach wie vor die Botschaft, daß Gott tot sei. Das schließt nicht aus, daß die meisten Menschen in unserer Gesellschaft noch in einem verborgenen Winkel ihres Herzens an irgendeiner Art von Gottesvorstellung festhalten und sie gelegentlich ja auch aktivieren, daß besonders junge Menschen das Sinndefizit einer auf Effizienz und Konsum ausgerichteten Gesellschaft nachspüren und nach neuen Formen der Meditation, der Transzendenzerfahrung suchen. Das schließt vor allem nicht aus, daß es noch eine große Zahl von ernsthaften religiösen Menschen gibt, die sich bemühen, ihr Leben aus dem Glauben zu gestalten. Aber das öffentliche Bewußtsein, die in der Öffentlichkeit geltenden und anerkannten Maßstäbe werden immer weniger von diesen durchaus noch vorhandenen Formen der Religiosität geprägt. Gott ist tot, das heißt ja nicht, daß er in keiner Weise mehr ist, sondern, daß von ihm kein Leben ausgeht und daß viele Menschen diesen Tod Gottes geradezu als Befreiung von bisherigen Bindungen und Denken und Handeln empfinden. Insofern gehört der Massenatheismus zu den Zeichen der Zeit. Diese Situation ist es, die den Dienst des Priesters heute so schwer macht. Sobald er das Häuflein seiner Kerngemeinde verläßt, weht ihm eine sehr dünne Luft entgegen, in der es ihm leicht den Atem verschlägt. Viele Priester fühlen sich deshalb als das Schlußlicht eines Zuges, der längst in ganz andere Richtungen davongefahren zu sein scheint. Sie haben den Eindruck, als gehörten sie sozusagen nicht mehr dazu, als sei eine Welt im Werden, die ihrer nicht mehr bedarf, Resignation, Defaitismus und Aggressivität sind die Folgen. Was zu Beginn der Neuzeit vor allem in der Aufklärung begann, kommt heute zu seiner die breiten Massen bestimmenden Auswirkung. Eine grundsätzliche, in die Tiefe gehende Tendenzwende scheint mir vorerst nicht in Sicht zu sein. Die bis vor kurzem rapid sinkenden Zahlen der Priesteramtskandidaten und die bis heute viel zu niedrigen Zahlen der Neuordinierten sind nur ein äußeres Symptom dieser geistigen Situation und geistlichen Bedrängnis. Dabei ist das quantitative Problem längst daran, in ein qualitatives Problem umzuschlagen, ein qualitatives Problem, das an die Substanz des priesterlichen Selbstverständnisses geht. Sind wir Priester — so fragen viele — in Zukunft vielleicht nur noch Kultfunktionäre, die von Gottesdienst zu Gottesdienst eilen und die die eigentlichen Seelsorge- und Gemeindearbeiten den Laien überlassen? Aber haben wir inzwischen nicht gelernt, daß ein solches einseitiges kultisch totales Verständnis des priesterlichen Dienstes biblisch nicht zu begründen wäre und ist dafür in unserer heutigen säkularisierten Gesellschaft überhaupt noch ein Ort? Sehr schwerwiegende Fragen also!

Ein Blick in die Geschichte der Kirche, etwa in die Zeit der Reformation oder der Aufklärung oder Säkularisation zeigt, daß es in der Kirchengeschichte wiederholt solche Zeiten gab, wo die Zahlen noch weit katastrophaler waren als heute. Die Kirche hat daraus jeweils die Kraft zu einem neuen Aufbruch geholt. In unserer eigenen Gegenwart ist die Kirche mehr in Bewegung geraten als in Jahrhunderten zuvor. Die konziliare Erneuerung war ein Durchgang des Geistes Gottes durch unsere Zeit. Kein Grund zur Verzweiflung also, wohl aber zum Nachdenken und zum Handeln, denn der Geist Gottes wirkt ja nicht ohne uns.

Mit dem Stichwort: „Konziliare Erneuerung" kommen wir zu einer zweiten Gruppe von Schwierigkeiten. Das Berufsbild, die Theologie des Priestertums hat sich verändert. Das Konzil, also die amtliche Kirche hat diese Veränderungen weithin rezipiert und die bibeltheologiegeschichtlichen Einsichten aufgegriffen. Für viele zumal ältere Priester ist es nun aber ein Problem, ob da nicht nur manches anders gesagt wird oder ob am Ende nicht auch anderes gesagt wird. Doch die konziliare Erneuerung betrifft nicht nur das Verständnis, sondern auch die Praxis unseres priesterlichen Dienstes. Den Priestern kommt hier eine wichtige Schlüsselfunktion zu: Einerseits — wenn ich das einmal im Soziologendeutsch sagen darf — Sozialisationsstab der Hierarchie, verpflichtet, die offiziellen Normen und Werte zu vermitteln, andererseits den Vorstellungen der Laien konfrontiert, deren Erwartungen wiederum sehr unterschiedlich, ja teilweise widersprüchlich sind, so daß man es von vorneherein nicht allen recht machen kann. Und so werden viele innerlich zerrissen zwischen den Normen des kirchlichen Rechts und den konkreten pastoralen Anforderungen. Man denke etwa an die Pastoral der wiederverheiratet Geschiedenen. Viele werden zerrissen zwischen den amtlichen Glaubensaussagen der Kirche, die gelten, und den konkreten Glaubensschwierigkeiten vieler heutiger Menschen, für die noch so heilige Glaubenssätze der Tradition manchmal mit dem besten Willen keine Plausibilität mehr haben. Die Synodenumfrage hat ja mit erschreckender Deutlichkeit gezeigt, wie besonders in der Frage der moralischen Normen eine immer größer werdende Kluft entsteht zwischen der amtlichen Lehre und den gelebten Überzeugungen vieler ernsthafter Christen. Diese Spannung geht nicht selten, seien wir ehrlich, mitten durch unser eigenes Herz. Auch viele von uns haben Schwierigkeiten mit offiziellen kirchlichen Lehren. Sie definieren die Stellung des Papstes vielleicht anders, gewichten Mariendogmen geringer oder können sie innerlich nicht mehr nachvollziehen, glauben ökumenisch weitergehen zu können, als es die amtliche Disziplin erlaubt. Ich sage das nicht als Rechtfertigung, sondern lediglich als Feststellung einer Tatsache, der man nüchtern ins Auge schauen muß.

Es gibt Bischöfe, die solidarisch sind mit ihren Priestern und die Probleme mit ihnen zusammen durchzustehen versuchen, aber oft genug glauben Priester, bei ihren Vorgesetzten kein Verständnis zu finden, oder sie meinen sich gerade dann, wenn sie sich pastoral engagieren, etwa in der Frage von Erstbeichte und Erstkommunion, nachträglich desavouiert. Und diese Spannungen gehen wieder mitten durch die Reihen der Mitbrüder hindurch, oft ist kaum mehr ein Gespräch möglich zwischen den Älteren und den Jüngeren bzw. zwischen den verschiedenen Gruppierungen und Richtungen, viele glauben sich alleingelassen und einsam. Das alles schafft Identitätsprobleme, die nur sehr schwer zu ertragen sind. Das sehr vielschichtige Zölibatsproblem scheint mir erst innerhalb dieses ganzen Problemknäuels verständlich zu sein. Es ist nicht allein Ursache, es ist noch viel mehr Ausdruck der Situation. Aber es steht für viele auch persönlich ungelöst da. Meine lieben Mitbrüder, ich habe kein Rezept, um alle diese

Probleme zu lösen, ja ich bin sogar mißtrauisch gegen die, die ein solches Rezept zu haben meinen und die immer so ganz genau wissen, was einzig und allein getan werden müßte, damit sich schleunigst alles zum Besseren wendet. Solche Rezepte kann es im geistlichen Bereich nicht geben. Der Atheismus — oder besser gesagt — die Indifferenz, der wir begegnen, sagt uns ja deutlich, die Situation, mit der wir heute konfrontiert sind, ist zuerst und zutiefst eine Situation des Glaubens, Glauben in dem ganz tiefen, in dem ganz umfassenden Sinn des Trauens und Bauens auf Gott, des Überzeugtseins, daß in all diesen Bedrängnissen das Stöhnen und Seufzen des Geistes Gottes laut wird, der — hominum confusione et Dei Providentia — alles dem kommenden Reich der Freiheit der Söhne Gottes entgegenführt. Wir können diese Situation nur aus der dem Glauben eigenen, Berge versetzenden, die Welt über-windenden Kraft bewältigen. Alles andere ist uns, vielleicht zu unserem Glück, zerbrochen. Doch dem, der glaubt, ist alles möglich. Und so drängt uns der Geist Gottes vor allem dazu, wesentlich zu werden. Wir müssen uns also gerade heute auf das Glaubensfundament unseres Dienstes und unserer Sendung besinnen. Nur so kommen wir weiter.

II. Grundlagen

Es soll von zwei theologischen Aspekten die Rede sein: Der Priester als Mann Gottes und der Priester als Freund Jesu Christi.

1. Der Priester als Mann Gottes:

Im Glauben sind wir überzeugt: Gott ist Ursprung und Ziel des Menschen. Aufgrund seiner Kreatürlichkeit kann der Mensch Gott gar nie abschütteln, auch wenn er es wollte. Solange der Mensch lebt, kann Gott für ihn nicht tot sein, weil er unablässig, jeden Augenblick ihn am Leben halten muß, soll er nicht ins Nichts zurücksinken. Wo immer sich deshalb Menschen bewußt einlassen auf den Grund ihrer Existenz, wo sie das dunkle Geheimnis ihres Lebens in einer vielleicht trotzigen, vielleicht aber auch geduldigen Hoffnung annehmen, einander verzeihen, in selbstloser Liebe und Treue füreinander da sind, da rühren sie notwendig in verborgener Weise an das Geheimnis Gottes. Vielleicht liegt es nur an uns, daß wir die neuen Weisen der Gotteserfahrung des heutigen Menschen noch gar nicht entdeckt haben oder noch nicht formulieren können. Wären aber solche Erfahrungen heute in keiner Weise mehr gegeben, dann hätte sich der Mensch zurückgekreuzt zu einem findigen Tier. Denn das Geheimnis Gottes begründet letztlich auch das Geheimnis des Menschen.

Der Tod Gottes wäre auch der Tod des Menschen. Nur wenn der Mensch in ein letztes, ihm selbst und den anderen entzogenes Geheimnis hineinragt, bleibt er sich selbst und den anderen letztlich entzogen, kann seine Würde gewahrt werden. Dafür kann man heute schon fast einen negativen Beweis antreten. Mit dem Verlust der Dimension des religiösen Geheimnisses schwindet auch der Sinn für die unantastbare Würde des Menschen, beginnt man den Menschen zu manipulieren, seine Geburt wie seinen Tod. Es ist ja nicht zufällig, daß heute gefordert wird, es gelte den Mythos vom Menschen einzuäschern, die alteuropäische Menschenwürde zu begraben. So können und so dürfen wir auch in Zukunft um des Menschen willen nicht aufhören, von Gott zu reden und seine Wirklichkeit zu bezeugen. Ja, wir werden es noch viel deutlicher sagen müssen: Die Umkehr zu Gott ist der einzig mögliche Weg zu einem menschlichen Menschsein und zu einer menschenwürdigen Gesellschaft.

Diese Feststellung hat nun aber Konsequenzen für die Begründung des priesterlichen Dienstes. Es ist eine allgemein akzeptierte Erkenntnis der Religions- wie der Sozialgeschichte, daß jede Gesellschaft Institutionen der Transzendenz braucht. Diese Institutionen der Transzendenz sollen zeichenhaft den letzten alles umgreifenden, Einheit und Sinn stiftenden Horizont öffentlich repräsentieren, sie sollen gleichsam den Grundkonsens, ohne den eine Gesellschaft nicht leben kann, im Wort und noch mehr im Symbol artikulieren.

Der Versuch, eine Gesellschaft auf atheistischer oder religiös indifferenter Grundlage zu erbauen, ist in geschichtlicher Perspektive sehr jung. Er ist kaum ein Jahrhundert alt und hat seine geschichtliche Bewährungsprobe noch in keiner Weise bestanden. Entgegen allen Voraussagen vom bevorstehenden Ende der Religion aufgrund der voranschreitenden Säkularisierung müssen wir ja heute feststellen, daß das Bedürfnis nach Religion eben nicht zum Verschwinden gebracht werden konnte, ja heute neu auflebt, da allein die Religion angesichts der durch Politik und Technik nicht zu beseitigenden Übel wie Schuld, Krankheit, Tod dem Leben Sinn zu geben vermag. Man muß zwar eine falsche Vertröstung auf das Jenseits angesichts von behebbaren Übeln kritisieren, aber dort, wo das Jenseits schlechterdings zur Vertröstung erklärt wird, da wird das Diesseits trostlos. Denn wer tröstet dann diejenigen, die wir mit dem besten Willen nicht mehr trösten können? Wer tröstet die längst Verstorbenen, die nicht mehr am kommenden Reich der Freiheit teilnehmen können, wer tröstet die Unterlegenen, zu kurz Gekommenen in der Geschichte? Und wer tröstet schließlich die Privilegierten angesichts des unabwendbaren Leids der Menschheitsgeschichte? Angesichts solcher Fragen war man sich in der ganzen bisherigen Geschichte darüber einig, daß es des Priesters bedarf, der das Amt des Pontifex innehat, und es ist auch heute nicht im entferntesten ersichtlich, wer in unserer Gesellschaft diese Funktion übernehmen könnte, woher anders ein universales Sinnangebot kommen könnte, als von der Religion und von denjenigen, die sie vertreten. Gewiß, solche Institutionen der Transzendenz sind äußerst gefährdet, nicht so sehr von außen, sondern von innen. Sie stehen dauernd in der Gefahr, sich selbst mit ihrer Sache zu verwechseln und damit ihre Sache in Mißkredit zu bringen. Vor dieser Gefahr ist auch das Christentum nicht gefeit. Es hat im Rückblick auf seine Geschichte sogar allen Grund, kritisch gegen sich selbst zu sein und die neuzeitliche Ideologiekritik zwar nicht einfach blind zu glauben, aber doch gewissenhaft zu prüfen. Solche Selbstkritik steht dem Christentum in besonderer Weise an. Es greift ja das allgemeine religionsgeschichtliche Priestertum nur in einer sehr gebrochenen kritischen Weise auf. Das zeigt bereits die biblische Terminologie. Die Bibel und das Christentum kennen nur einen Hohenpriester: Jesus Christus.

Er aber erfüllt sein Priestertum am Kreuz. Er verweist auf Gott, indem er sich selbst radikal entäußert, sich selbst ganz aufgibt, um so ganz Zeichen und nur noch Zeichen, Leerform und Hohlform zu sein für Gott. Das Kreuzesgeschehen ist das Urbild und das bleibende Maß neutestamentlichen Priestertums. Das kann nicht ohne Folgen für die Art sein, wie wir dieses Priestertum Jesu Christi zu vergegenwärtigen haben. Zeichen und Institution der Transzendenz darf das neutestamentliche Priestertum von seinem Wesen her nicht durch weltliche Herrschaft, weltliche Macht, äußeren Einfluß, äußeres Ansehen sein. Der Priester ist Zeichen, Zeuge Gottes in der Welt, zuallererst durch seinen Glauben, indem er ganz eingeht in die Seinsweise Jesu am Kreuz. Der Priester als Mann Gottes muß also erst ein Mann des Glaubens sein. Dabei verstehen wir Glauben wieder nicht nur als korrektes Fürwahrhalten von Lehrformulierungen, sondern in dem viel umfassenderen biblischen Sinn des Standgewinnens in dem, was man nicht sieht, das Leben aus der Hoffnung gegen alle Hoffnung. Das Leben, das seine Gewißheit und seine Maßstäbe nicht in den vorfindlichen Sicherheiten findet, sondern seine Kraft schöpft aus dem Gebet. Die erste Aufgabe des Priesters ist deshalb die Verherrlichung Gottes, der Gottesdienst. Gerade in der Feier der Eucharistie kommt zum Ausdruck, daß wir letztlich nicht aus unseren eigenen Leistungen leben, sondern unser Leben und die Erfüllung unseres Lebens Gott verdanken. Hier kommt zum Ausdruck, daß Menschsein nicht in Arbeit und in Leistung aufgeht, sondern sich im Fest und in der Feier erfüllt. Und wenn das keine gesellschaftskritische Aussage ist! Es kann gar nichts Menschlicheres geben, als Gottesdienst zu feiern.

Das hat nichts zu tun mit der Reduktion der Religion auf individuelle Tröstung. Die politische Dimension der Religion und damit des Priesters ist ganz und gar nicht zu bestreiten, aber die politische Dimension liegt nicht in der Dimension, die zum Religiösen hinzukommt, sondern im Religiösen selbst. Sie entsteht nicht durch hinzukommende Stellungnahmen und Aktionen, die sicher wichtig sind. Gesellschaftlich relevant wird die Kirche, wird der Priester nicht dadurch, daß er mit etwas anderen und erhabeneren Worten dasselbe sagt, wiederholt, was andere auch schon und dann meist früher und meist besser gesagt haben. Diese politische gesellschaftliche Relevanz besteht in erster Linie darin, daß wir Priester den uns eigenen Dienst tun, den sonst niemand anders tun kann. Das Sprechen von Gott ist die dem Priester eigene Weise politischer Diakonie. Als Mann des Glaubens und als Mann des Gebetes soll er den Laien Licht und Kraft sein für den ihnen aufgetragenen Dienst in der Welt. Und so gilt vom Priester: Er ist für die Menschen bestellt, aber in ihren Angelegenheiten vor Gott. Dieser Dienst ist gerade heute das eine Notwendige.

2. Der Priester als Freund Jesu Christi:

Das Geheimnis Gottes, dem der Priester zu dienen hat, ist uns Menschen verborgen. Höchstens spurenhaft können wir es ertasten. Und das ist nicht erst heute so, sondern das gilt grundsätzlich und immer. Der Priester scheint also einen unmöglichen Auftrag zu haben. Die Mitte der christlichen Botschaft besagt nun aber, daß dieses unfaßbare Geheimnis Gottes, in das wir hineinweisen mit unserer ganzen Existenz und das uns doch unfaßbar verborgen ist, in Jesus Christus faßbar, daß der unermeßliche Gott in ihm nach Raum und Zeit meßbar, der Unsichtbare sichtbar, der Ferne nahe geworden ist, daß das ewige Schweigen vernehmbar geworden ist in unserer Welt. Die Schrift spricht an vielen Stellen von dem von Ewigkeit her verborgenen aber geschichtlich offenbar gewordenen Geheimnis Gottes in Jesus Christus.

Jesus Christus, wahrer Gott und wahrer Mensch! Das ist die Grundwahrheit unseres Glaubens, die alles andere in sich schließt und die allein auch die Sendung des Priesters aufschließt. Wir können hier nicht eingehen auf die große christologische Diskussion, die in der gegenwärtigen Theologie um diese Grundwahrheit geführt wird, die gerade in diesen Tagen wieder neu virulent geworden ist. Nur eines muß uns klar sein: Wäre Jesus Christus nur Mensch und nichts als Mensch, dann könnte er uns auch nur Menschliches geben. Dann wären wir durch ihn in unserer eigentlichen Not, in der Not unserer Sünde, in der Not des Sterbens, in der Not unserer Endlichkeit nicht erlöst. Vom Tod kann nur Gott, der Herr über Leben und Tod ist, erlösen. Wäre Jesus Christus jedoch aber nicht auch wahrer und ganzer Mensch, uns in allem gleich, die Sünde allein ausgenommen, dann könnte Gott uns durch ihn nicht in unserem konkreten Menschsein erreichen, dann bliebe die Erlösung abstrakt. Nur der ganze Christus, der Jesus der Geschichte und der Christus des Glaubens, kann der Grund unserer Hoffnung sein, er ist das Geheimnis, das wir zu bezeugen haben.

Jesus Christus, der eine Mittler zwischen Gott und den Menschen, ist zugleich der eine und einzige Priester des Neuen Bundes. Alles andere Priestertum ist nur Teilnahme an diesem Priestertum Christi. Hier liegt das Wesentliche des Sakraments der Priesterweihe. Sie schenkt eine besondere Gleichgestaltung mit Jesus Christus und macht so zum öffentlichen und amtlichen Zeugen Jesu Christi. Sie befähigt ein für allemal, im Namen Jesu Christi zu sprechen und zu handeln. Das bedeutet, richtig verstanden, keinen klerikalen Machtanspruch, sondern im Gegenteil eher die Entmächtigung der menschlichen Person. Gesagt ist damit nämlich, daß Jesus Christus es ist, der predigt, der tauft, der konsekriert. Im Namen Jesu, das bedeutet auch in der Art Jesu zu sprechen und zu handeln. Nicht wie Sklaven, sondern wie Freunde, die erwählt und ins Vertrauen gezogen sind, sollen Priester diesen Auftrag erfüllen: „Ich nenne euch nicht mehr Knechte, denn der Knecht weiß nicht, was sein Herr tut; ich habe euch Freunde genannt, weil ich euch alles geoffenbart habe, was ich von meinem Vater gehört habe." Freundschaft mit Jesus Christus, das dürfte das tiefste und das letzte Motiv sein, das zum Priesterwerden ermutigt und das ein Priesterleben trägt.

Aus dieser Freundschaft mit Jesus Christus ergibt sich auch der Schlüssel für die Lösung eines der schwierigsten Probleme, dem sich heute viele Priester ausgesetzt sehen. Sie geraten in Not, weil sie den Eindruck haben, daß sich ihr Dienst zersplittert in eine fast unerträgliche Fülle von Verpflichtungen und Aufgaben, die ihnen immer mehr über den Kopf zu wachsen drohen. Zur Identität kann das Leben des Priesters nur kommen, wenn es sich an dieser seiner Wesensmitte orientiert, wenn es von hierher eine einheitliche Linie erhält und wenn es einen Ruhepunkt hat in der Freundschaft mit Christus.

Versuchen wir deshalb, den Dienst des Priesters für Jesus Christus unter drei Gesichtspunkten etwas genauer zu beschreiben. Es kann sich dabei selbstverständlich nur um sehr fragmentarische Andeutungen handeln.

1. Jesus Christus ist das endgültige Wort Gottes, das Wort, das Sinn, Richtung, Perspektive in unser Leben bringen soll. Der Dienst für Jesus Christus ist deshalb zuerst Dienst am Wort. Und damit ist etwas sehr Umfassendes gemeint: Nicht nur die Predigt, auch das Gespräch, nicht nur die einstudierte Ansprache, auch das beiläufige Wort, die Anrede, der Gruß, nicht nur das gesprochene, auch das gesungene Wort, das Lied, der Hymnus, der geistliche Song. Immer aber steht eines im Mittelpunkt: praedicamus Christum cruzifixum. Nicht eigene Gedanken und Anmutungen, nicht der halb verstandene Inhalt des zuletzt gelesenen Artikels, sondern das Evangelium, wie es durch die Schrift bezeugt und durch die kirchliche Tradition weitergegeben wird. Das bedeutet nicht Indoktrination durch die Wiederholung von Formeln, aus denen man schöpft wie aus Konserven. Es geht um das lebendige Evangelium, das in die konkreten Lebensverhältnisse Licht bringt, das eingegangen ist in unser eigenes Leben, denn Verkündung heißt ja: contemplata tradere, Früchte der eigenen Betrachtung weitergeben. Als Priester werden wir immer in vielem, was wir tun, Dilettanten bleiben. Wir können, zumal heute unmöglich in allem, was von uns gefordert wird, Spezialisten sein. Spezialisten müssen wir aber sein, wenn es darum geht, Auskunft über den Glauben und seine Bedeutung für das Leben zu geben. Das geht nicht ohne ständige theologische Bemühung. Doch hier muß gerade in unserer Diasporasituation die Priorität liegen.

2. Jesus Christus ist Gott als Gott der Menschen. In ihm ist Gott leibhaftig erschienen. Darum ist Jesus Christus als Wort Gottes auch das Sakrament, d. h. das leibhaftige Zeichen und Werkzeug Gottes in der Welt. Dienst für Jesus Christus ist folglich Dienst an den Sakramenten. Man hat diesen Aspekt in der Vergangenheit oft einseitig herausgestellt und den priesterlichen Dienst exklusiv von der Konsekration und der Absolution her verstanden. Die heutige Theologie wird diese beiden Aspekte nicht leugnen. Nicht negieren, sondern integrieren soll man sie in einen größeren Zusammenhang. Die Sakramente sind ja sacramenta fidei, sind sinnvoll und fruchtbar nur, wo sie Glaube, Hoffnung und Liebe wecken. Und an dieser geistlichen Frucht werden wir auch liturgische Erneuerungen messen müssen. Zum anderen sollen die Sakramente begangen werden unter der actuosa participatio der Gemeinde. Sie dienen nicht primär der privaten Erbauung, sondern der Auferbauung der Gemeinde und in diesem doppelten Zusammenhang, im Zusammenhang lebendigen Glaubens und im Zusammenhang lebendiger Gemeinden betrachtet sind sie verleiblichtes Wort von der Gnade, Sozialisationsformen christlicher Versöhnung. Sie begleiten das menschliche Leben in allen seinen Lebensphasen und entscheidenden Knotenpunkten. So verstandener Dienst an den Sakramenten ist alles andere als eine bloße Kultfunktion. Er ist sogar im höchsten Maße Dienst an den Menschen. Die Feier der Sakramente, besonders die Feier der Eucharistie, ist deshalb Mitte und Höhepunkt des priesterlichen Dienstes.

3. Durch Wort und Sakrament soll Kirche- oder konkret: Gemeinde entstehen, soll Gemeinde immer wieder neu aufbaut werden. Jesus Christus intendierte die eschatologische Sammlung des Gottesvolkes. Er ist der Hirt, der den Verlorenen nachgeht und das Zerstreute sammelt. Das Kreuz ist Zeichen des neuen Friedens zwischen Gott und den Menschen und unter den Menschen. Und deshalb ist die Kirche als Kirche aus Juden und Heiden, als Kirche aus

allen Völkern und Nationen, aus allen Klassen und Rassen Vorwegnahme des eschatologischen Schalom, Zeichen, Sakrament der Einheit der Menschheit.

Konkret wird die Kirche aber normalerweise in der Gemeinde. Sie ist nicht nur ein Ausschnitt und ein Verwaltungsbezirk der universalen Kirche, sondern Realisation und Repräsentation der Kirche, Kirche am Ort, dort wo dem einzelnen Christen die christliche Heilswirklichkeit konkret erfahrbar werden soll. Und hier ist die Aufgabe des Priesters. Er soll Gemeinde aufbauen und sie nach der Art des Guten Hirten, der sein Leben hingibt, leiten und führen. Er soll die unbedingte Annahme, die Gott jedem Menschen in Jesus Christus zuteil werden läßt, dadurch vergegenwärtigen, daß er in der Gemeinde einen Raum der Brüderlichkeit und eine Zone der Menschlichkeit schafft, in der jeder angenommen ist mit seinen Gaben und Aufgaben. Er soll deshalb Charismen entdecken und wecken, sie ermutigen, ihnen einen Raum schaffen und sie zu einem Ganzen integrieren. Der Dienst des Priesters ist also Hirtendienst, pastoraler Dienst im ursprünglichen Sinn des Wortes.

Gerade unter diesem Gesichtspunkt ist uns in den letzten Jahren der priesterliche Dienst neu aufgegangen als Dienst der Gemeindeleitung. Gemeindeleitung meint hier mehr als Organisation, Administration, die ohnedies für die meisten von uns mehr eine Zugabe und eine Dreingabe ist, auch wenn sie viel Zeit und Kraft in Anspruch nimmt. Gemeindeleitung ist ein geistlicher Dienst, ein Charisma. Sie geschieht durch das Wort, durch die Feier der Sakramente, besonders durch die Feier der Eucharistie, dem Sakrament der Einheit. Sie geschieht nicht zuletzt durch das eigene persönliche Zeugnis. Denn der auf Menschlichkeit bedachte Gott will durch menschliche Vermittlung, durch menschlichen Dienst für das ganze Leben und Wirken von Menschen unter uns gegenwärtig sein. Er braucht Menschen! Wird der priesterliche Dienst so verstanden, dann wird er aus einer falschen sakralen Isolierung und Überhöhung herausgeholt, dann ist es ein menschlich und christlich erfüllender Beruf.

Priester sein heißt also Pfarrer sein. Lassen sie mich aber diese Begriffsbestimmung des Priesters, der mir gerade heute wichtig zu sein scheint, gegen ein Mißverständnis abgrenzen, das sehr oft aufkommt. Diese Definition meint nicht, daß der, der nicht in einem kirchenrechtlichen Sinn Pfarrer ist, nicht Priester sein könne und sein brauche. Ortspfarreien, so wichtig, ja unersetzbar sie sicher auch in Zukunft sein werden, sind heute dennoch nicht mehr der einzige Ort, wo sich Kirche Gottes versammelt. Es gibt vielfältige funktionale Gemeinden, ganz gleichgültig, ob sie als solche kirchenrechtlich errichtet sind oder nicht. Deshalb sind auch Priester mit Sonderaufgaben im theologischen Sinn Pfarrer. Aber diese Aussage hat denn auch eine Kehrseite, sie lautet: Wer Pfarrer ist und eine Gemeinde leitet, der sollte auch Priester sein. Alle die Konstruktionen, die gegenwärtigen Pastoralassistenten, soweit diese sogenannte priesterlose Gemeinden leiten, und zu sogenannten Bezugspersonen gemacht sind, sind nicht nur theologisch schrecklich gekünstelt, sondern auch theologisch schädlich, weil sie das Verständnis des kirchlichen Amtes, das sie doch entlasten sollen, unterminieren. Sie zerstören das theologische Verständnis einer Gemeinde. Ich habe die Sorge, daß hier um Wichtiges, aber auch um Zweitrangiges willen, Erstrangiges, Unaufgebbares, Wesentliches preisgegeben wird.

Der Priester also: Mann Gottes und damit Anwalt des Menschen, Mann Gottes, der in Jesus Christus definitiv sich als Gott der Menschen geoffenbart hat. Der Priester deshalb: Freund Jesu Christi durch Verkündigung, durch die Feier der Sakramente und alles zusammenfassend durch das Amt des Guten Hirten, der sammelt und der führt auf dem Weg zum Leben. Dieses Leben ist keine abstrakte Theorie und Utopie. Dieses Leben ist in Jesus Christus konkret erschienen. Das Überzeugende an unserem Auftrag, das Leben Jesu Christi weiterzugeben, besteht darin, daß wir mit diesem Leben nicht nur der Größe, sondern auch dem Elend des Menschen gerecht werden, nicht nur seinen Hoffnungen, sondern auch seinen Enttäuschungen und seinem Versagen. Wo gibt es Umfassenderes, Größeres, Glaubwürdigeres, für das es sich mehr zu engagieren lohnt? Freilich, das alles ist keine unmittelbare Lösung der eingangs gestellten Fragen, aber es ist ein Motiv, an der Lösung dieser Aufgabe nicht zu verzweifeln und weiterzuarbeiten. Es geht nicht um unsere Sache, sondern um die Sache Gottes in Jesus Christus. Sie ist nicht nur unseren schwachen Kräften anvertraut. Der Geist Christi ist es, der Person und Werk Christi vergegenwärtigt und durch alle Bedrängnis hindurch seinem eschatologischen Ziel entgegenführt. Er erinnert an Wort und Werk Jesu Christi und er führt in alle Zukunft ein. Er ist die Macht des neuen Lebens. Und damit kommen wir zum letzten, eher praktischen Teil unseres Themas: Die geistliche Dimension und Sendung und Dienst des Priesters.

III. Verwirklichungen

Vermutlich werden viele von Ihnen erwartet haben, daß jetzt an dritter Stelle nach Gott, nach Jesus Christus, von der Kirche die Rede ist. Doch dies wäre eine komische und neuartige Trinitätslehre, wollte man einfach sagen: Gott — Christus — Kirche! Leider wird sie manchmal so aufgestellt! Das wäre eher eine neuplatonische Äonenspekulation als ein christliches trinitarisches Bekenntnis. Im apostolischen Glaubensbekenntnis steht die Kirche zwar an dritter Stelle, aber sie ist dem Bekenntnis zum Heiligen Geist untergeordnet. Die Kirche ist nur Ort und Raum und sakramentales Zeichen, durch das die Sache Jesu Christi durch den Geist Jesu Christi gegenwärtig ist. Sie ist biblisch gesprochen Bau Gottes im Heiligen Geist, dogmatisch formuliert das Sakrament des Geistes.

Dieses Verständnis der Kirche als vergegenwärtigendes Sakrament des Geistes ist von grundlegender Bedeutung für konkrete Probleme: für die Frage der Identifikation mit der Kirche, der Reform der Kirche und damit zusammenhängend für die konkrete Gestalt des priesterlichen Dienstes. Kirche als Sakrament, als Zeichen und Werkzeug verstehen, bedeutet, daß die Kirche eine vieldimensionale Größe darstellt. Sie ist zunächst ein soziales Gebilde, in dem alle Regeln gelten, die auch sonst sozialen Systemen zukommen. Diese Regeln muß man kennen, beherrschen, in Dienst nehmen. Die Kirche erschöpft sich jedoch nicht in dieser Dimension des Sichtbaren, Feststellbaren, Planbaren, Machbaren. Wer die Kirche nur als System kritisiert, hat sie noch nicht einmal richtig in den Blick bekommen. Es gibt in der Kirche eine konstitutive, d. h. gar nicht aufhebbare Spannung zwischen der empirischen Realität und der durch dieses sakramental zeichenhafte Gebilde vergegenwärtigten geistlichen Dimension. Zwischen beiden Dimensionen ist keine vollständige Identität möglich. Man darf deshalb die Bindung an die sichtbare Kirche und ihre institutionelle Lebensform nicht schlechterdings gleichsetzen mit der Bindung an Jesus Christus und an den in der Geschichte wirkenden Geist Jesu Christi. Man darf gewiß den sakramentalen Zusammenhang zwischen beiden nicht spiritualistisch auflösen und sich aus der konkreten Kirche in eine ideale sogenannte eigentliche Kirche flüchten wollen. Die Bindung an die Kirche ist konkret, aber sie ist nicht totalitär. Es ist deshalb nicht nur psychologisch, sondern auch theologisch unmöglich, sich total, d. h. uneingeschränkt mit allen institutionellen Formen der konkreten Kirche zu identifizieren. Gerade in der konkreten Bindung an die Kirche ist auch Kritik an der Kirche möglich, ja nötig. Und diese Kritik kommt dann nicht von außen, sondern von innen. Diese Kritik nimmt die Kirche bei ihrem Eigenanspruch beim Wort. Sie stellt sie unter ihr eigenes Maß, den Geist Jesu Christi.

Im Geist Jesu Christi muß sich die Kirche deshalb immer in einer doppelten Weise überschreiten: Auf Jesus Christus, ihr Haupt hin, er ist bleibendes Maß der Kirche, und auf die Menschen und die Welt hin. Sie sind das Ziel, das Warumwillen der Kirche. Dieser doppelte Selbstüberstieg bewahrt die Kirche sowohl vor der Gefahr des Gettos, wie vor der Gefahr des Konformismus mit den jeweils geltenden Plausibilitäten und Verhaltensmustern. Kirche, die nicht mehr Kirche für die anderen wäre, die nicht mehr ausstrahlen würde, die in keiner

Weise mehr verstanden würde, wäre gar nicht mehr die Kirche Jesu Christi, der sein Leben für die andern hingegeben hat. Kirche aber, die nur noch wie alle andern wäre, wäre weder die Kirche Jesu Christi noch Kirche für die anderen, weil sie den andern nicht mehr etwas Einmaliges zu sagen hätte, was andere nicht sagen können. Die Spannung zwischen diesen beiden Polen ist unauflösbar. Und deshalb ist die Kirche letztlich kein starres System, sondern ein Prozeß, pilgernde Kirche, die unterwegs ist zu ihrer eschatologisch möglichen Vollendung. Auch die Gliedschaft in dieser Kirche ist, richtig verstanden, nicht so etwas wie ein fixer Standpunkt, sondern eher ein Weg, ein Prozeß, in dem es Wachstums- und Reifephasen, aber auch Wachstums- und Reifeprobleme gibt, geben muß. Ein Alles-oder-nichts-Standpunkt ist ja nicht nur unrealistisch, sondern auch falsch. Wachsen und reifen heißt freilich auch leiden. Und in diesem Sinn muß unsere Liebe zur Kirche im ursprünglichen Sinn des Wortes eine leidenschaftliche Liebe sein, eine Liebe, die an der Kirche leidet. Und wo solches Leiden an der Kirche im Glauben, ja aus dem Glauben an den gegenwärtigen Geist Christi kommt, da wird es dann immer auch ein Leiden sein ohne Bitterkeit und in Langmut und Gelassenheit.

Diese Sicht der Kirche als Sakrament des Geistes ist nun für die konkrete Gestalt des priesterlichen Dienstes von großer Bedeutung. Es ist uns ja in den letzten zehn Jahren wieder deutlicher zum Bewußtsein gekommen, daß alle Getauften am Geist Christi Anteil haben. Alle Getauften sind Geistliche. Jeder Christ hat sein Charisma, jeder Christ hat im Geist eine Unmittelbarkeit zu Gott. Alle zusammen bilden das eine priesterliche und königliche Volk Gottes, sie bilden es im Geist. Die Erneuerung dieser urbiblischen und urkirchlichen Wahrheit war für viele von uns eine Ermutigung. Es ist uns wieder bewußt geworden, daß wir in der Gemeinde nicht allein stehen. Der Zuwachs an Mitarbeitern, die Unterstützung und Aufmunterung durch die Mitarbeitergemeinde gehört zu den erfreulichsten Erfahrungen der letzten Jahre. Priesterlicher Dienst ist nur in Kooperation mit allen anderen möglich. Doch die Kirche bzw. die Gemeinde „hat" den Geist nicht einfach. Auch die christliche Freiheit, die der Geist wirkt, ist nicht etwas, was man einfach hat, auf das man pochen kann, das man einklagen kann. Der Geist, wie auch die geschenkte christliche Freiheit, muß immer wieder neu gegeben, immer wieder neu geschenkt werden. Auch dies geschieht durch menschliche Vermittlung, durch das Charisma des Priesters. Er steht also zunächst wie alle andern in der Gemeinde, er steht unter dem Wort der Vergebung, der Gnade, aber er steht im Vollzug seiner Sendung auch der Gemeinde gegenüber, um ihr den Geist, die Gnade, die Vergebung, die christliche Freiheit vollmächtig zuzusprechen. Er bringt sakramental zeichenhaft zum Ausdruck, daß eine Gemeinde nicht aus sich selbst, sondern vom Geist Christi her lebt. Und deshalb wird ein Priester in eine Gemeinde gesandt und nicht von ihr delegiert, was nicht ausschließt, daß Gemeinden Mitspracherechte haben bei der Auswahl des Priesters, aber grundsätzlich theologisch hätte auch ein so gewählter Priester eine Sendung von oben. Diese Spannung hat priesterliche Existenz durchzuhalten und ist übrigens auch das, worauf wir uns bisher in allen ökumenischen Kontakten und Gesprächen über das kirchliche Amt einigen konnten als die Grundfigur des amtlichen Dienstes in der Kirche.

Aus dem Gesagten folgt: Der Priester muß als derjenige, der ein Geistcharisma hat, für die andern ein geistlicher Mensch sein. Bei der Weihe wird ihm unter Gebet und Handauflegung der Geist in besonderer Weise für seinen Dienst gegeben. Geistliche nannte man die Priester sehr lange Zeit und auch heute. Doch was ist das, ein geistlicher Mensch? Nicht einfachhin ein innerlicher Mensch, denn in der Bibel geht es nicht so sehr um die platonische Dialektik von Innen und Außen, von Leib und Seele, auch die Geistseele ist für die Bibel armseliges, schwaches Fleisch. Die Grenzlinie verläuft in der Bibel nicht zwischen Innen und Außen, sondern zwischen Gott und Mensch, Schöpfer und Geschöpf. Der Mensch als ganzer ist dem Tod verfallen, wenn nicht der beseelende Atem des Geistes Gottes über ihn kommt, ihn belebt, ihn erfüllt, ihn begeistert. Ein geistlicher Mensch ist also, wer nicht auf das Sichtbare, Machbare, Planbare, als der einzigen Realität schaut, sondern um das Wirken des Geistes weiß, ihm Raum schafft und aus dem Unverfügbaren des Geistes Gottes lebt.

Was heißt das? Leben aus dem Geist bedeutet Leben aus Glaube, Hoffnung und Liebe. Bedeutet Leben aus dem Vertrauen in die Macht, die Wirkmacht des Gebets, Vertrauen in die Kraft des Wortes Gottes und seiner Betrachtung, in die Kraft aus der Feier der Sakramente und nicht zuletzt Leben aus dem Glauben an die Bedeutung des Opfers und des Verzichts, auch des Leidens. Geistliches Leben aus der Hoffnung des Glaubens, der in der Liebe wirksam wird, äußert sich schließlich auch im Leben nach den Räten des Evangeliums. Sie sind richtig verstanden nicht irgendwelche Weltverachtung, sondern sie sind ein zeichenhafter Ausdruck von Glaube, Hoffnung und Liebe, die nicht auf das Sichtbare, Feststellbare allein setzen, sondern Raum schaffen für Gott und seinen Geist, daß der Mensch Leerform wird für Gott. Sie sind deshalb auch Zeichen christlicher Freiheit. Erst in den letzten Wochen ist mir das sehr deutlich zum Ausdruck gekommen bei einem Besuch in Polen. Ich habe diese Probleme mit vielen Priestern und Bischöfen besprochen, was gerade in einer solchen Situation äußerster Bedrängnis und Unterdrückung, auch wenn sie heute sublimer geworden sind gegenüber den Jahren vorher, diese innere Freiheit bedeutet für die Freiheit der Kirche. Natürlich kann man aus alledem nicht notwendig ableiten, daß Priestertum mit solchen geistlichen Räten verbunden sein muß. Und selbstverständlich kann es Situationen geben für die Kirche, wo sie um Wichtigeren willens, um die geistliche Versorgung der Gemeinden und auch um des geistlichen Heils der Priester willen darauf verzichten nicht nur kann sondern muß, aber es sind doch auch in hohem Maße sinnvolle Zeichen. Ausdrucksformen eines Lebens aus dem Geist. Dabei spreche ich ganz bewußt im Plural von Räten des Evangeliums, weil die Ehelosigkeit ja nicht der einzige dieser Räte ist und losgelöst von den anderen, besonders von der Armut, wir wissen es alle, ein recht zweideutiges Zeichen darstellt. In dieser Vielfalt und doch Zusammengehörigkeit der Räte des Evangeliums scheint mir der Schlüssel für eine sachgerechte Diskussion des Zölibatsproblems zu liegen. Eine solche Diskussion darf nicht ausgehen von einer einseitigen Heraushebung und damit von einer Überbewertung des einen Rats der Ehelosigkeit, denn eine solche einseitige Isolierung ist erstens sehr schwer realisierbar und zum andern schlägt sie um in eine ebenso falsche Unterbewertung und Bestreitung dieses Zeichens. Es geht in dieser Diskussion zunächst um die evangeliumsgemäße geistliche Lebensform als solche. Dabei ist das Zeichen der Ehelosigkeit ein wichtiges und ich hoffe auch ein bleibendes Zeichen. Selbstverständlich kann, vielleicht muß die Kirche es einmal freistellen, aber mit Abbau allein wäre da nichts geschehen. Das Ganze ist nicht nur ein quantitatives Problem, sondern auch ein qualitatives Problem. Die Kirche müßte dann auch Sorge tragen, daß andere Räte, andere Zeichen an diese Stelle treten. Sehen Sie das doch bitte nicht nur unter dem völlig falschen Gesichtspunkt eines Aufbürdens von Lasten, sondern unter der heute gerade bei jungen Menschen so akuten Suche nach alternativen Lebensformen. Nicht eine angepaßte Kirche an unsere bürgerliche Zivilisation kann die Zukunft sein. Die Suche nach solchen alternativen Lebensformen ist unter jungen Menschen heute groß. Sie hungern teilweise, mehr Formen evangeliumsgemäßen, geistlichen Lebens zu sehen, geistlichen Lebens, das nicht nur Innerlichkeit sagen kann, sondern sich durchaus auch sichtbar, zeichenhaft in gesellschaftlicher Weise artikulieren muß. Von dieser Frage nach evangeliumsgemäßen geistlichen Lebensformen müssen wir ausgehen in dieser Diskussion. Manches könnte dann entkrampft werden oder in die richtige Perspektive kommen.

Als geistlicher Mensch muß nun der Priester zugleich ein weltlicher Mensch sein. Diese Aussage mag überraschen, aber der Geist Gottes ist für die Bibel weiter und größer als die Kirche, er läßt sich nicht in die Kirche mauern, einsperren, er ist überall, in der ganzen Schöpfung, in der ganzen Geschichte am Werk, er erfüllt nach dem 8. Kapitel im Römerbrief das Seufzen und Harren der gesamten Schöpfung und führt die gesamte Schöpfung dem Reich der Freiheit der Söhne Gottes entgegen. Und deshalb gilt es für den geistlichen Menschen, auf die Zeichen der Zeit zu achten, auf die Fremdprophetie der Welt zu hören, um das Evangelium in die konkrete Situation hineinzusprechen und von ihr her tiefer zu verstehen. Es wurde einmal gesagt, ein Theologe oder ein Priester muß in der einen Hand die Bibel und in der anderen Hand die Zeitung halten. Und sicher wäre der ein schlechter Pfarrer, der keine Ahnung hat von der Not der Menschen, von ihren Problemen und Sorgen und Ängsten.

Es ist, wie mir scheint, höchste Zeit, die Introvertiertheit um mehr oder weniger innerkirchliche Probleme aufzugeben, um uns den Problemen der Menschen in der Gesellschaft wieder mehr zuzuwenden. Wir würden die Sendung des Priesters mißverstehen, wollten wir meinen, es genüge, so mit Mühe und Not gerade noch den Besitzstand zu halten, würde uns also jeder missionarische Elan abhanden kommen. Die Sendung des Priesters ist als amtliche von ihrem ganzen Wesen her eine öffentliche, sie ist nicht nur Sendung in der Kirche sondern in, mit und aus der Kirche heraus in die Welt hinein. Roger Schutz hat die heute geforderte Form des Christseins unter das Stichwort gestellt: Kampf und Kontemplation. Das scheint mir eine moderne Übersetzung des alten benediktinischen „ora et labora", Kontemplation und Aktion zu sein. Es geht um einen Einsatz in der Welt für eine menschlichere Welt in der Kraft des Einsatzes Gottes für die Welt und für die Menschen.

Wenn die Kirche der Ort und das Sakrament des Geistes ist, dann folgt aus dem geistlichen Charakter des Priesteramtes schließlich dessen Kirchlichkeit. Kirche — Sakrament des Geistes — bedeutet, daß nicht das einzelne Ich, meine subjektive Meinung und Intention, Interessenbedürfnisse, so legitim sie sein mögen, sondern das größere Wir der Ort, das Werkzeug des Geistes ist. Der eine Geist begründet die Gemeinschaft in dem einen Leib, wo jedes Glied des anderen bedarf. Und deshalb ist für Paulus die Unterscheidung der Geister daran zu messen, daß eine Bewegung, eine Aufgabe, eine Aussage der Auferbauung der Kirche dient. Vor allem der priesterliche Dienst ist nur in der Gemeinschaft mit dem ganzen Presbyterium unter der Leitung des Bischofs möglich. Zerreißt nicht das Band der Einheit! heißt es im Epheserbrief. Gemeinschaft besagt freilich christlich immer Einheit in der Vielfalt, christlich verstandene Gemeinschaft ist nie totalität, nie kolletiv, Einheit in der Freiheit und in der Vielfalt. Die Einheit in einem Geist läßt sich deshalb wesensgemäß nicht immer auf einen Nenner bringen. Könnten wir jeweils alle Standpunkte in der Kirche überschauen und versöhnen, dann wäre es ja nicht mehr der Heilige Geist und sein Geheimnis, sondern unser Geist, der alles zusammenhält. Kirchlich ist einer also, solange er sich ehrlich in das größere Ganze der kirchlichen Gemeinschaft hineinstellt, solange er der kirchlichen Gemeinschaft einen Vertrauensvorschuß gewährt und ihr gegenüber seiner eigenen Meinung eine reale Chance einräumt, solange er seine Überzeugungen nicht aus einer falsch verstandenen intellektuellen Redlichkeit und Radikalismus heraus verabsolutiert und solange er ehrlich hört und den Gesprächsfaden nicht selbstherrlich abreißen läßt. Weder eine eigenmächtige Flucht nach vorn in eine utopische Idealkirche noch eine Flucht zurück ins vermeintliche Eldorado der heiligen Tradition sind damit vereinbar. Der Geist wirkt zu jeder Zeit in der Kirche, auch in der Gegenwart, auch in ihren jetzigen Problemen und Konflikten. Die kirchliche Tradition, an die es sich zu halten gilt, ist darum kein fixer Vorrat von Lehren, so wichtig sie sind, sondern die kirchliche Tradition ist ein Geschehen, ein Prozeß, der nicht an einem Punkt, weder bei Pius X. noch bei Pius XII. aufhört, der aber auch nicht einfach aufhört am Ende des Neuen Testaments oder beim Eintritt in die sogenannte konstantinische Ära. Es gilt, sich an die konkrete gegenwärtige Kirche zu halten mit all ihren ungelösten Problemen, unausgestandenen Konflikten. Sie kann gar keine Gralsburg auf Erden sein. Als Kirche in dieser Welt muß sie im Raum des Bösen wirken, ist sie selbst Kirche der Sünder, ja sündige Kirche, und wäre sie es nicht, gehörten wir, ihre Kritiker, gar nicht dazu.

Anders wäre die Kirche auch keine Hoffnungsgemeinschaft mehr. Hoffnung kann man nicht sehen, aber Hoffnung hat Zeichen der Hoffnung. Und diese Zeichen der Hoffnung gibt es auch in der Kirchenvergangenheit und in der -gegenwart. Es sind die Gestalten der großen Heiligen. Sie sind die eigentlichen Repräsentanten der Kirche und auf sie sollten wir in erster Linie schauen, wenn wir von Kirche sprechen. Sie sollten auch Maßstab unserer Kirchlichkeit sein und diese Kirchlichkeit der Heiligen, denken Sie an Franziskus, denken Sie an Katharina von Siena und viele andere, war wahrlich auch eine kritische Kirchlichkeit, aber eine kirchliche Kritik, die von innen kam, die aus dem Feuer des Geistes kam und deshalb auch Langmut und **Geduld kannte.**

Eine Besinnung auf die geistlichen Fundamente unseres Dienstes kann keine Rezepte anbieten, sie kann aber — und das scheint mir in der gegenwärtigen Situation der Stagnation und der Resignation das Vordringlichere zu sein — sie kann die Grundlagen, die Ziele und die Motive für diesen Dienst klären, sie kann aufzeigen, daß Spannungen in einer Religion, die sich zum Kreuz bekennt, ganz und gar unvermeidlich sind, sie kann aber doch auch aufzeigen, daß es keinen anderen Beruf gibt, bei dem Sein und Sendung, Person und Sache so eng zusammengehören, in dem man sich in der gleichen Weise ganz und gar engagieren kann wie beim Beruf des Priesters. Nirgends wird man auch heute so dringend gebraucht wie hier. Wir sollten es ruhig uns selbst wieder etwas deutlicher machen und dann auch ruhig wieder etwas deutlicher nach außen sagen, daß der Dienst an der Freude, von dem Paulus spricht, auch Freude bereitet, daß der Dienst an der Versöhnung auch versöhnt mit sich, mit den andern, mit Gott. Etwas Größeres, etwas Besseres kann es eigentlich nicht geben. Wir sollten dankbar sein, daß wir zu diesem Dienst berufen sind.

*

Bischof Dr. Wilhelm Kempf
Predigt in der Eucharistiefeier

Liebe Mitbrüder!

Wenn wir das 150jährige Bestehen unseres Bistums zum Anlaß nehmen, im Kreis der Priester und Diakone einen eigenen Gottesdienst zu feiern, dann sind wir uns bewußt, nur eine kleine Gruppe all der Männer zu sein, die in diesen 150 Jahren in den Gemeinden, in den Schulen oder in der Verwaltung des Bistums gewirkt und sich abgemüht haben in der gleichen Sendung wie wir. Jeder von uns erinnert sich noch an markante Priestergestalten aus den Tagen der eigenen Kindheit, aus der Zeit unserer Studien, aus der Zeit, da wir als Kapläne und dann als junge Pfarrer im Dekanat und in den Konveniats diesen oder jenen Mitbruder kennenlernten, der so redlich, so überzeugend sein Priestertum lebte, daß er uns Vorbild und Hilfe war, ohne daß wir vielleicht jemals mit ihm über persönliche Dinge gesprochen haben. Was war es denn, das so überzeugend wirkte, das von einem solchen Priester ausstrahlte und ihn glaubhaft machte, wo immer er mit Menschen zu tun hatte als Mitbruder, als Seelsorger und einfachhin als Mensch und Christ? Es war wohl genau das, worüber Herr Professor Kasper sprach: die geistliche Dimension im Leben und Wirken des Priesters. Ich deute es als ein gutes Zeichen, daß uns in den letzten Jahren wieder stark zum Bewußtsein kommt, wie sehr eine noch so gut funktionale Zurüstung zum priesterlichen und seelsorglichen Dienst ungenügend bleiben muß, wenn die spirituelle, die geistliche Komponente zu kurz kommt oder in den Belastungen des Alltags verkümmert.

In unseren Tagen scheinen mir zwei spirituelle Grundhaltungen von besonderer Bedeutung zu sein: einmal das Ja zur brüderlichen Solidarität (a) und sodann ein im Glauben tief gegründetes Vertrauen, daß wir nicht einer verlorenen Sache dienen, sondern der einzigen Botschaft, die Zukunft hat (b).

a) Christliche und priesterliche Spiritualität ist nicht eingeengt auf das subjektive und rein individuelle Verhältnis des einzelnen zu Gott und zu Christus, sondern weiß sich getragen von dem „Wir" einer großen Glaubensgemeinschaft, deren einigendes Band das „ἅγιον πνεῦμα", der Geist Gottes, ist. Im 1. Brief an die Gemeinde von Korinth schreibt Paulus: „Spräche der Fuß: ,Weil ich nicht Hand bin, gehöre ich nicht zum Leib', so gehört er dennoch zum Leib. Und spräche das Ohr: ,Weil ich nicht Auge bin, gehöre ich nicht zum Leib', so gehört es dennoch zum Leib. So hat Gott jedem Glied seinen Platz am Leib angewiesen. Leidet ein Glied, so leiden alle Glieder mit" (1 Kor 12,15 f. 18.26).

Wir alle leiden heute an krisenhaften Entwicklungen in der Kirche. Die einen tragen schwer daran, daß theologische Aussagen, die ihnen als unantastbares Glaubensgut galten, Gegenstand kritischer Reflexion werden und sehen dadurch die Glaubenssubstanz gefährdet. Andere leiden darunter, daß die Verkündigung der Botschaft Jesu nicht selten in Wortprägungen geschieht, die von der heutigen Generation nicht mehr verstanden werden. Sie suchen nach neuen Formulierungen und geraten dabei in Gefahr, einseitige oder gar mißverständliche Akzente zu setzen. Wieder andere trauern den Zeiten nach, in denen die Kirche der tonangebende und maßgebliche Faktor des gesamten gesellschaftlichen und kulturellen Lebens war, während sie heute nur e i n e, wenngleich bedeutsame Gruppe in einer weltanschaulich pluralistischen Gesellschaft ist.

So ließe sich noch manches sagen über Dinge, die uns bedrücken und unter denen wir leiden. Paulus hat recht, wenn er sagt: Leidet ein Glied des mystischen Leibes Christi, so leiden alle Glieder mit. Aber auch die alte Erfahrung hat recht, die da sagt: „Geteiltes Leid ist halbes Leid", solidarisch getragenes Leid, gemeinsam getragenes Leid, in brüderlicher Gemeinschaft getragenes Leid ist halbes Leid. Wieviel seelische Not läßt sich schon dadurch beheben, daß man sich bei einem verständnisvollen Mitbruder einmal in aller Offenheit aussprechen kann. Wieviel wäre schon gewonnen, wenn man bei gegensätzlichen Auffassungen ausginge von dem beiderseitigen Vertrauensvorschuß, daß jeder die Kirche liebt, daß für beide Jesus der Weg ist und die Wahrheit und das Leben (Jo 14,6), daß keiner die Botschaft Jesu verkürzen und mißdeuten möchte. Wieviel wäre gewonnen, wenn man den Trägern des kirchlichen Lehramtes die notwendige Zeit ließe, in Ruhe zu prüfen, was an neuen theologischen Formulierungen und Aussagen der überkommenen gesunden Lehre des Evangeliums (vgl. 2 Tim 4,3) entspricht und was nicht. Dabei ist freilich mit Recht zu fordern, daß schwebende Fragen und Arbeitshypothesen wegen ihrer Vorläufigkeit und Unverbindlichkeit nicht auf die Kanzel, d. h. nicht in die Verkündigung, gehören.

In einer Zeit, die wie die unsrige eine Erschütterung nach der anderen erlebt, in dieser Zeit harter Konfrontationen einer freien und einer unfreien Welt, in dieser Zeit schreiender Gegensätze zwischen wohlhabenden Industrienationen und erschreckenden Notstandsgebieten, in dieser Zeit innerer Unruhen bis zu den Exzessen eines unmenschlichen Terrors, in dieser Zeit einer von Haß und Gewalt bedrohten Menschheit dürfen wir der Welt nicht obendrein noch das klägliche Bild einer zerstrittenen Kirche bieten. Wir schulden der Welt vielmehr das Bild einer Gemeinschaft, die zwar auch ihre Schwierigkeiten und Probleme hat, die sich aber dem Wort Jesu verpflichtet weiß: „Wenn du deine Opfergabe zum Altar bringst und dich dort erinnerst, daß dein Bruder etwas gegen dich hat, so laß deine Gabe dort vor dem Altar stehen, geh zuvor hin und versöhne dich mit deinem Bruder und dann komm und opfere deine Gabe" (Mt 5,23 f.) und die ernst nimmt, was Jesus antwortete, als Petrus ihn frage „Herr, wie oft muß ich meinem Bruder verzeihen, wenn er gegen mich fehlt, etwa siebenmal?": „Nein, nicht siebenmal, sondern siebenzigmal siebenmal." Jesus erläuterte sodann seine Antwort in dem Gleichnis vom unbarmherzigen Knecht, das mit der Mahnung

schließt: „So wird mein himmlischer Vater mit euch verfahren, wenn ihr einander nicht von Herzen verzeiht" (vgl. Mt 18,21—35).
Liebe Mitbrüder! In den vergangenen 150 Jahren galt das Presbyterium unseres Bistums als eine Gemeinschaft mit dem Charisma brüderlicher Solidarität. Im Blick auf die nun beginnende neue Phase unserer Bistumsgeschichte wollen wir dieses Ideal brüderlicher Solidarität wieder neu anstreben. Wir brauchen einander. Wir sind aufeinander angewiesen. Wir sollten auch die bewährten Formen zur Pflege priesterlicher Spiritualität — ich meine die Zusammenkunft in der sogenannten „Mariana" oder „Eucharistia", wie sie im Rheingau heißt, — neu beleben, wie das zu meiner Freude bereits vielfach geschieht. Wir sollten die Konveniats der Dekanate und ganz besonders die Kurskonveniats pflegen und dabei auch dem Glaubensgespräch gebührend Raum lassen. Und all das in der Überzeugung, daß wir eine Botschaft zu vertreten haben, der allein die Zukunft gehört.

b) Diese Überzeugung gründet in dem Wort des Hebräerbriefes „Jesus Christus ist derselbe gestern, heute und in Ewigkeit" (Hebr 13,8). Sie gründet in dem Trostbuch des Neuen Testamentes, in der Geheimen Offenbarung, deren Visionen in großartigen Bildern veranschaulichen, was Paulus meint mit seinem Wort im Römerbrief: „Brüder, ich halte dafür: Die Leiden dieser Zeit sind gar nicht zu vergleichen mit der künftigen Herrlichkeit, die an uns offenbar werden soll" (Röm 8,18), oder wenn er im Korintherbrief schreibt: „... Dann findet die Vollendung statt, wenn Christus Gott dem Vater das Reich übergibt, nachdem er alle Herrschaft, Macht und Gewalt zunichte gemacht hat ... Der letzte Feind, der vernichtet wird, ist der Tod" (1 Kor 15,24. 26).
Jesus selbst versichert seinen Getreuen, daß sie keiner verlorenen Sache dienen. Er sagt ihnen: „Ihr habt in meinen Prüfungen bei mir ausgehalten. So vermache ich euch denn das Reich, wie mein Vater es mir vermacht hat. Ihr sollt in meinem Reich an meinem Tische essen und trinken; ihr sollt auf Thronen sitzen und die zwölf Stämme Israels richten" (Lk 22,28—30)

und weiter sagt er ihnen: „Seid getrost: Ich habe die Welt überwunden" (Jo 16,33). Jesus meint damit keinen Triumphalismus im gewöhnlichen Sinne. Jesus wurde zum „Kyrios", zum Herrn der Welt, zum Herrn der Geschichte nicht auf dem Weg der Macht, sondern auf dem Weg des Kreuzes, d. h. auf dem Weg eines liebenden Todesgehorsams gegenüber dem Heilswillen des Vaters, der alles Begreifen übersteigt. Jesus wollte der Welt das Heil bringen: Friede, Freude, Gerechtigkeit, Mitmenschlichkeit. All das wollte er bringen; aber nicht als nächstliegendes Ziel, sondern als Frucht eines anderen, höheren Zieles: als Frucht einer „Metanoia", einer Umkehr der Herzen auf Gott hin, als Frucht eines redlichen Ja der Menschen zur Gottesherrschaft. Die Kurzformel Jesu für das Kommen einer besseren Welt, einer „heilen Welt" lautet: „Suchet zuerst das Reich und die Gerechtigkeit Gottes, und alles andere wird euch dann hinzugegeben werden" (vgl. Mt 6,33).
Diese Botschaft allein hat Zukunft, weil sie allein hält, was sie verspricht. Eine ganz andere Frage ist es, ob sie von der überwiegenden Mehrheit der Menschen angenommen wird und so in der ganzen Breite des menschlichen und gesellschaftlichen Lebens zum Tragen kommt. Aber das mag nicht unsere Sorge sein; denn das fällt nicht in unsere Verantwortung. Es muß uns genügen zu wissen, daß wir den Menschen eine Botschaft zu bieten haben, die mit Sicherheit eine Botschaft der Hoffnung ist, eine Botschaft des Heils, eine Botschaft göttlicher Verheißungen, und daß sich daher der Einsatz für diese Botschaft lohnt, auch wenn wir gemäß dem Gleichnis Jesu vom Sämann damit rechnen müssen, daß nur ein Teil unserer Aussaat auf gutes Erdreich fällt und dreißigfältige, sechzigfältige, hundertfältige Frucht bringt (vgl. Mt 13,8).
Wir können das geschichtstheologische Problem nicht lösen, was Gott mit seiner Schöpfung und mit der Menschheit vor hat. Paulus sagt: Gottes Ratschlüsse sind unerforschlich und unergründlich seine Wege (vgl. Röm 11,33); aber wir können und dürfen als „Diener Christi und Verwalter der Geheimnisse Gottes" (1 Kor 4,1) das

Werk dessen weiterführen, der gesagt hat: „Wie mich der Vater gesandt hat, so sende ich euch" (Jo 20,21) und der uns zugesichert hat: „Seht, ich bin bei euch alle Tage bis ans Ende der Welt" (Mt 28,20).

Die relativ kurze Geschichte unseres Bistums sollte uns in dieser Zuversicht bestärken. Die beiden ersten Jahrzehnte des 19. Jahrhunderts — also die der Gründung unseres Bistums unmittelbar vorausgehende Epoche — waren in kirchlicher Hinsicht eine geradezu trostlose Zeit. Die alten Bistümer aus den Anfängen unserer deutschen Geschichte waren größtenteils zerschlagen, sämtliche Klöster und Ordensgemeinschaften aufgelöst, der Nachwuchs des Klerus und seine Ausbildung ein schier hoffnungsloses Problem. Alles in allem glich die katholische Kirche in Deutschland damals einem Kahlschlag, einem Trümmerfeld ähnlich unseren im Bombenkrieg verwüsteten Städten. Aber das Leben ging weiter. Neue Bistümer entstanden. Um die Mitte des 19. Jahrhunderts blühten allenthalben neue religiöse und caritative Gemeinschaften auf, denen Tausende junger Menschen zuströmten. Wir überstanden auch die Stürme des Kulturkampfes mit Preußen und in unserem Jahrhundert die Vernichtungskampagne des Dritten Reiches.

Das Leben der Kirche wird auch in der Zukunft weitergehen. Die Zuversicht eines charismatischen Papstes wie Johannes XXIII. hat uns den Weg gewiesen. Wir verstehen uns als das „pilgernde Gottesvolk" im Aufbruch einer neuen Zeit und als Zeichen der Hoffnung für eine Menschheit, die von Sorge und Exstenzangst umgetrieben wird. Überschreiten wir also im Vertrauen auf Jesu verbindliches Wort „Ich bin bei euch alle Tage" die Schwelle in eine neue Epoche unserer Bistumsgeschichte. Unser gemeinsamer Weg in die Zukunft sei begonnen „in nomine Domini": im Namen, im Auftrag, in der Sendung des Vaters und des Sohnes und des Heiligen Geistes. Amen.

Tag der Mitarbeiter

22. November 1977

Mit einem feierlichen Gottesdienst, den Bischof Dr. Kempf zelebrierte, begann der „Tag der Mitarbeiter". Der Leiter des Dezernates Personal im Bischöflichen Ordinariat, Gerhard Kilian, ging in seiner Predigt auf die verschiedenen Anforderungen im kirchlichen Dienst ein. Im Anschluß an den Gottesdienst wurden verschiedene Gesprächsgruppen angeboten. Vertreter der Mitarbeitervertretung (MAV) standen zum Gespräch zur Verfügung, und auch die Dezernenten und leitenden Referenten stellten sich den Fragen der Mitarbeiter.

Ein Konzert der Domsingknaben beschloß diesen Tag.

Eröffnung des Gottesdienstes durch Bischof Dr. Wilhelm Kempf

Wenn ich Sie heute zu diesem Gottesdienst im Georgsdom herzlich begrüße, dann heiße ich eine sehr vielgestaltige Gruppe willkommen. Sie kommen aus den vielen und recht verschiedenartigen Pfarreien des ganzen Bistums, aus den Bezirksämtern, aus dem Ordinariat und Offizialat, aus den Caritasverbänden und weiteren kirchlichen Einrichtungen.

Zum ersten Mal in der Geschichte des Bistums halten wir einen gemeinsamen Tag aller Mitarbeiter, die als Laien hauptamtlich einen kirchlichen Dienst zu ihrem Lebensberuf gewählt haben. Wie groß die Zahl dieser hauptamtlichen kirchlichen Mitarbeiter im Bereich unseres Bistums ist und wieviele verschiedenartige Berufe und Berufsbilder es dabei gibt, ist mir gerade bei der Vorbereitung dieses gemeinsamen Tages deutlich geworden. Vielleicht haben manche von Ihnen dies bei der Einladung selbst empfunden oder machen diese überraschende Erfahrung in der heutigen Begegnung. Uns alle aber führt trotz der Verschiedenheit der Aufgaben e i n e s zusammen: Die Gemeinsamkeit kirchlichen Dienstes und das bedeutet die Gemeinsamkeit eines beruflichen Einsatzes für die Sache Christi. Ich freue mich daher, daß so viele Frauen und Männer sich zum Beginn dieses gemeinsamen Tages in unserem wiedereröffneten Dom versammelt haben, um Gott zu danken für seinen Schutz und Beistand in den vergangenen 150 Jahren seit der Gründung unseres Bistums und ebenso seinen Schutz und Beistand zu erbitten für unseren gemeinsamen Weg in die Zukunft.

150 Jahre sind eine relativ kurze Zeitepoche; aber wieviel beinhaltet sie an Entwicklungen und Veränderungen in Welt und Kirche! Gerade am Tag der Mitarbeiter ist das deutlich spürbar. Männer und Frauen aus dem Laienstand des Gottesvolkes haben in unserer Kirche neue Aufgaben und neue Verantwortung übernommen. Wir stehen vor einer neuen Situation und vor neuen Problemen, aber auch vor neuen Möglichkeiten und Chancen.

Dieser Tag soll jedoch kein Tag der Problematik sein. Er soll vielmehr ein Fest sein, ein Tag der Begegnung und gemeinsamer Freude, ein Tag neuer Orientierung an Jesus Christus, dem Herrn der Kirche; denn er ist es letztlich, der uns in seinen Dienst genommen hat, einen jeden in seiner Weise. Wir wollen nun unseren Gottesdienst beginnen mit der Besinnung auf das, was wir ihm als dem Haupt der Kirche schuldig geblieben sind. So geschieht es bei jeder Eucharistiefeier; so wollen wir es auch heute halten und den Herrn um sein Erbarmen bitten.

*

Ordinariatsrat Gerhard Kilian
Predigt in der Eucharistiefeier

Ich denke, es ist sehr wichtig, daß es unter den verschiedenen Veranstaltungen unserer Jubiläumswoche diesen eigenen Tag der Mitarbeiter gibt, auch wenn viele von Ihnen schon zu dem einen oder anderen Tag in dieser Woche hier gewesen sind. Heute, das ist ein Zusammenkommen der Frauen und Männer, die sich für den kirchlichen Dienst als ihren Beruf entschieden haben. Ein Tag der Begegnung, der Versuch, miteinander auch fröhlich zu sein und miteinander uns zu besinnen und in diesem gemeinsamen Gottesdienst miteinander zu beten.

Ich darf Ihnen in diesem Gottesdienst einige Gedanken zu bedenken geben: Ich möchte die Frage stellen nach unserem persönlichen Glauben. Trifft es zu, daß wir alle uns für den kirchlichen Dienst als Beruf entschieden haben, weil wir an Jesus Christus und seine Botschaft glauben und von Ihm her unser Leben bestimmen? Ist dieser gemeinsame Glaube ein tiefer, vielleicht der eigentliche Grund unserer beruflichen Zusammenarbeit?

In dieser Frage steckt eine Behauptung. Ich möchte mich ein wenig absichern. Mit diesen Überlegungen will ich nicht über eine ganz normale Berufstätigkeit, die doch durchaus zu vergleichen ist mit dem Dienst in anderen Ämtern und Einrichtungen, ein frommes Etikett kleben. Schon gar nicht möchte ich verdecken, daß es auch im Betrieb Kirche Interessen der Mitarbeiter und Interessen der Leitung gibt und dementsprechend auch Interessenkonflikte. Mitarbeiter fragen nach ihrer Eingruppierung, nach Aus- und Weiterbildung, nach Aufstiegsmöglichkeiten, nach ihren Kompetenzen. Die Leitung der Diözese fordert und kontrolliert, denn von den Mitarbeitern soll ja eine Leistung erbracht werden. Und dann muß die Leitung Forderungen stellen, damit den Erwartungen der vielen einzelnen Gläubigen und den Erwartungen der Gemeinden gemeinsam entsprochen werden kann.

Als Prediger wollte ich mit dieser Vorbemerkung jetzt aber nur deutlich machen, daß ich diese Fragen sehe und es für wichtig halte, daß wir sachgerecht miteinander umgehen und je nach Situation und Frage gemeinsam zu einer vernünftigen Lösung kommen. Aber hier im Gottesdienst geht es mir hinter all diesen auch sehr wichtigen Fragen darum, ob es im Glauben diese tiefere gemeinsame Motivation unserer Arbeit und unseres Dienstes gibt. Vielleicht sollte ich bei der Antwort zunächst einmal ganz praktisch an der Realität ansetzen. Es gibt viele einzelne Mitarbeiter, die die Frage nach dem Glauben als Grund ihres Berufes klar und eindeutig mit „Ja" beantworten. Wir reden normalerweise nicht darüber, aber es gibt den Sozialarbeiter, der an seiner Stelle als Bildungsreferent bleibt, obwohl ihm im kommunalen

Bereich eine attraktivere Stelle angeboten wurde. Es gibt die Pfarrhaushälterin, die in einer anderen Stellung sehr viel mehr verdienen könnte. Es gibt die Sekretärin, die durchaus eine andere Arbeitsstelle finden könnte und trotzdem u. U. bei einer Stelle bleibt, wo sie ziemlich viel an Launen ihres Pfarrers oder ihres Referenten ertragen muß. Es gibt den Laientheologen, der sich in der konkreten Kirche für die Anliegen der Menschen einsetzen möchte und weiß, daß er damit eine ziemlich unsichere berufliche Zukunft in Kauf nimmt. Es gibt Verwaltungssachbearbeiter, Bauingenieure, die es aushalten müssen und gern aushalten, daß sie bei einer umstrittenen päpstlichen Enzyklika in ihrem Heimatort, am Stammtisch, angesprochen werden als einer, der doch auch zu denen gehört. Es gibt Frauen in unserem Dienst, die schon darunter leiden, daß die Mitarbeit der Frau in der Kirche heute noch nicht stärker und nicht überall anerkannt ist, aber es stört sie nicht, sie packen an, weil sie spüren, daß sie gebraucht werden. Vielleicht noch ein Beispiel: In der Jugendarbeit: Manche Referenten werden von ihren früheren Studienkollegen belächelt oder rundum für dumm erklärt, weil sie sich zu dieser konkreten Kirche bekennen. Und müssen es dabei doch aushalten, daß sie in der Kirche selbst von den Amtsträgern in ihrem Engagement oft gar nicht recht verstanden werden.

Warum entscheiden sich so verschiedene Menschen für den vollen beruflichen Einsatz in der Kirche? Reicht das, um von Berufung zu sprechen? Ich meine ja. Bei anderen Diensten in der Kirche, den Priestern, den Ordensleuten, den Diakonen, da ist es unbestritten, daß ihr Dienst und ihre Entscheidung eine Sache persönlicher Berufung aus dem Glauben ist. Das kann aber doch nicht heißen, daß nicht auch andere ihre konkrete Berufsentscheidung in dieser Tiefe getroffen haben, weil sie von Jesus Christus und weil sie von seiner Botschaft angerührt sind. Auch wenn es vordergründig anders aussieht, wenn die schwierige Situation am Arbeitsmarkt eben auch mit ein Grund war, diese Stelle anzunehmen oder der doch ganz gute Verdienst oder die sympathische Gestalt dessen, mit dem ich da zusammenzuarbeiten habe. Ich gehe von einer Motivation aus dem Glauben aus und lasse mich darin auch nicht irr machen, wenn ich einsehe, daß andere Argumente bei der Entscheidung mit von Bedeutung waren. Ich rechne damit, daß sich manche junge Mitarbeiter sozusagen auf Verdacht für die Kirche entschieden haben. Sie wollen menschenwirksam helfen und sie setzen auf die Möglichkeit *Kirche* mit der Unsicherheit, ob hier tatsächlich Menschen unseren Dienst hilfreich erfahren, und mit der Hoffnung, daß ich auch selbst im kirchlichen Dienst zu einer persönlichen Erfüllung komme. Als Unterschied muß dabei sicher mit bedacht werden, daß in den verschiedenen und sehr verschiedenartigen kirchlichen Berufen in der Intensität ein unterschiedliches Maß von Glauben an Jesus Christus und von Identifikation mit der konkreten Kirche verlangt wird. Aber ich behaupte, daß jeder berufliche kirchliche Einsatz im letzten etwas mit Berufung zu tun hat und damit mit Jesus Christus.

Im Hirtenbrief 1975, der von der Not und Angst der Menschen ausgeht, hat unser Bischof so deutlich herausgestellt, daß die Begegnung mit Jesus Christus, mit seiner Person und mit seiner Botschaft Menschen frei macht. Wenn wir uns für einen Dienst, eine Aufgabe in der Kirche entschieden haben, dann deshalb, weil diese Begegnung mit Jesus Christus irgendwann für uns Wirklichkeit geworden ist. Die Zeiten sind doch vorbei, daß wir schon deshalb zur Kirche gezählt wurden, weil wir in einem katholischen Dorf oder weil wir in einer kirchlichen Familie aufgewachsen sind. Wer sich heute zu Jesus Christus und zu seiner Kirche bekennt, der hat einmal gespürt, Jesu Botschaft meint mich. Er hat mich bei meinem Namen gerufen. Er kennt mich, Er, Jesus Christus, traut mir etwas zu und hat Geduld mit meiner Schwachheit und mit meinen Fehlern. Und dieser Jesus, der mir begegnet ist, und für mich Erfüllung gebracht hat, Er nimmt mich und sendet mich. Es geht, glaube ich, gar nicht anders, als daß der, der von Jesus Christus angerührt ist, andere auf Ihn aufmerksam machen will, anderen sagen und deutlich machen will, daß es einen Sinn unseres Daseins gibt.

So heißt es im Korintherbrief — dieser kleine Abschnitt, den wir vorhin gehört haben — „Er hat uns getröstet, hat uns aufgerichtet, hat uns Kraft gegeben, damit wir andere, damit wir einander trösten und aufrichten können." Christen sind Menschen, die Hoffnung haben; Christen sind Menschen, die von dieser Hoffnung Zeugnis geben im persönlichen Leben, in den Gemeinden, in denen sie daheim sind, und in unserem beruflichen Tun. Auch und vielleicht gerade dann, wenn es dort sehr alltäglich zugeht. Mit Recht haben Menschen hohe Erwartungen an die Kirche und mit Recht haben sie hohe Erwartungen, Forderungen an uns, die wir in dieser Kirche in der einen oder anderen Form und Funktion Aufgabe und damit auch Verantwortung übernommen haben.

Es ist schön, bei dieser Jubiläumsfeier sich daran zu freuen, daß wir so viele geworden sind, die diesen Dienst in irgendeiner Form in der Kirche tun. Aber natürlich nicht nur Jubiläum sondern, wenn Besinnung auf Jesus Christus, dann bedeutet das sicher auch neue Forderung an uns: Ruf zu einem neuen Aufbruch, zu mehr Begeisterung, zu mehr Glauben, auch zu mehr Opfer und Hingabe. Aber ein Gedanke ist mir heute noch besonders wichtig: Ich denke, in diesem neuen Aufbruch sind wir gerufen zu mehr Gelassenheit. Das ist schwer zu verstehen, wenn zugleich in einer sicher schwierigen Zeit und Situation der Kirche von uns ein äußerstes an Engagement und Hingabe und Identifikation verlangt wird. Von diesem notwendigen Eifer will und kann ich auch nichts wegnehmen. Aber klingt nicht in mancher Hektik unseres Tuns doch der Eindruck auf, daß wir zu viel von uns selbst erwarten? Von diesem nimmermüden Rennen und Jagen, von unseren Plänen und Strukturen? Wenn wir von Gott gerufen sind, dann fordert Er von uns Treue, Treue im großen, Treue im kleinen und Er ist gleichzeitig der Gott und der Vater, der Geduld mit uns hat. So könnte man vielleicht und vielleicht hilfreich für uns übersetzen: der uns zur Gelassenheit einlädt. Wenn Gott mit uns Geduld hat, warum nicht mit sich selbst ein bißchen mehr Geduld haben und dann ganz leicht auch den andern ein bißchen geduldiger begegnen? Weil und wenn es uns nicht um uns selbst geht, sondern um Ihn und Seine Botschaft! Gelassenheit, die im Glauben gründet und in der Treue wahr wird, schafft einen neuen Raum für die Offenheit, mit der Menschen einander begegnen. Vielleicht sollte ich eher sagen: Schafft Raum für die Offenheit, mit der wir einander begegnen müßten, denn natürlich scheitert unsere Zusammenarbeit oft daran, daß wir zu eng sind in unserem Denken, zu wenig den anderen Raum geben, sie zu wenig gelten lassen. Aber statt zu sagen: wir müßten viel offener füreinander sein, möchte ich diese Betonung wiederholen: Wir können getrost und gelassen viel, viel offener füreinander sein, denn der Herr ist es, der uns in seinen Dienst genommen hat.

Tag des Jubiläums

23. November 1977

*Begrüßung durch
Domdekan Weihbischof W. Kampe*

Hochverehrte Gäste!

Als Dekan des Kathedralkapitels an der Hohen Domkirche zu Limburg möchte ich Sie alle zu unserem Empfang für die Vertreter des Staates und die Repräsentanten aus der Gesellschaft herzlich willkommen heißen und Ihnen dafür danken, daß Sie unserer Einladung so zahlreich gefolgt sind.

Sie werden verstehen, daß es mir nicht möglich ist, jeden einzelnen von Ihnen namentlich zu begrüßen und die Institution zu nennen, die von Ihnen vertreten wird. Aber einige Ausnahmen seien mir doch gestattet. Das Gebiet unseres Bistums liegt in den Bundesländern Hessen und Rheinland-Pfalz. So freue ich mich, hier die beiden Ministerpräsidenten begrüßen zu können, die Herren Ministerpräsident Börner und Ministerpräsident Dr. Vogel. Die Parlamente beider Länder werden vertreten durch deren Präsidenten, Herrn Landtagspräsident Dr. Wagner aus Wiesbaden und Herrn Landtagspräsident Martin aus Mainz. Auch die dritte Funktion der Staatsgewalt ist durch die höchsten Richter vertreten. Ich begrüße Herrn Dr. Heribert Bickel, den Vorsitzenden des Verfassungsgerichtshofes Rheinland-Pfalz und Herrn Dr. Nieders, den Präsident des Staatsgerichtshofes für Hessen.

Ich begrüße den Vizepräsident des Deutschen Bundestages, Herrn Dr. Schmitt-Vockenhausen, die Herren Staatsminister Karry, Krollmann und Reitz und in Vertretung der erkrankten Kultusministerin von Rheinland-Pfalz, Herrn Staatssekretär Langes.

Weiter begrüße ich die Herren Bundestagsabgeordneten Dr. Dregger, Benno Erhardt, August Hanz und Willi Peiter sowie die hier anwesenden Landtagsabgeordneten aus den beiden Parlamenten.

Ich begrüße die Präsidenten der Oberpostdirektion und der Bundesbahndirektion in Frankfurt sowie die Vertreter zahlreicher Landesbehörden und des Regierungspräsidenten in Darmstadt und Koblenz.

Aus den Städten und Landkreisen begrüße ich den Oberbürgermeister der Stadt Frankfurt, Herrn Dr. Wallmann, zugleich als Präsidenten des Hessischen Städtetages, und den Vertreter des Oberbürgermeisters der Stadt Lahn, die Landräte des Westerwaldkreises, Herrn Dr. Heinen, des Landkreises Rheingau-Untertaunus, Herrn Märten, und des Landkreises Limburg-Weilburg, Herrn Wuermeling. Ein herzlicher Gruß gilt auch dem Bürgermeister der Bischofsstadt, Herrn Kohlmaier, und Herrn Bürgermeister Neuß, Betzdorf, als Vorsitzenden des Gemeinde- und Städtebundes Rheinland-Pfalz.

Viele Verbände und Gruppierungen aus der Gesellschaft sind hier vertreten. Ich möchte hier namentlich begrüßen den Vorsitzenden des Deutschen Gewerkschaftsbundes, Landesverband Hessen, Herrn Jochen Richert, und das hauptamtliche Vorstandsmitglied des DGB, Landesverband Rheinland-Pfalz, Herrn Schapfel. Vertreten sind auch die Industrie- und Handelskammer, Handwerkskammer und der Kreisbauernverband, die Universität Frankfurt, die Fachhochschule Wiesbaden, der Philosophisch-Theologischen Hochschulen Sankt Georgen und Königstein und weitere Gruppen. Namentlich möchte ich noch nennen als Vertreter der Bundeswehr Herrn Brigadegeneral Huber und den Vizepräsident der Wehrbereichsverwaltung IV, Herrn Mühlenstädt.

Wir werden jetzt die Ansprachen der beiden Ministerpräsidenten hören, auf die dann Herr Bischof Kempf antworten wird. Bei dem anschließenden kalten Buffet haben wir dann reichlich Gelegenheit, miteinander zu sprechen. Herr Ministerpräsident Börner, darf ich Sie um Ihr Wort bitten.

*

*Ansprache des hessischen Ministerpräsidenten
Holger Börner*

Verehrter Herr Bischof Kempf, meine Herren Weihbischöfe, sehr geehrter Herr Kollege Vogel, meine Damen und Herren!

Zum 150jährigen Jubiläum des Bistums Limburg überbringe ich die Grüße und guten Wünsche der Hessischen Landesregierung.

Dieser Tag ist auch ein festliches Ereignis für das Land Hessen, in dem der größte Teil des Bistums Limburg liegt.

Wie wohl viele von uns, stehe auch ich noch unter dem Eindruck des Rundgangs durch den restaurierten Dom, bei dem Sie, Herr Weihbischof Kampe, uns als Domdekan geführt haben.

Die Klarheit und Harmonie des Limburger Domes vermittelt uns das Ordnungsbild seiner Erbauer: Die Einheit von Glauben und Leben in einer genuin christlichen Gesellschaftsordnung.

Der Dom steht sehr viel länger als das Bistum alt ist.

Das Bistum ist — verglichen mit den meisten anderen deutschen Bistümern — noch jung an Jahren.

Es verfügt über keine jahrhundertelange Tradition wie Mainz und Fulda.

Wenn dieses Bistum gleichwohl heute weithin einen Namen hat, so wird dies — so meine ich — auf die besondere Herausforderung zurückzuführen sein, der sich dieses Bistum seit Kriegsende gegenübersieht und auch darauf, wie es dieser Herausforderung seither begegnet ist.

Nicht nur ländliche Bereiche wie der Westerwald und das Limburger Land, sondern auch ein großer Teil des Rhein-Main-Ballungsgebietes mit einem nicht unerheblichen Anteil ausländischer Katholiken gehören dazu.

Die geistigen und gesellschaftspolitischen Auseinandersetzungen werden hier nachdrücklicher, mit größerer Publizität, und wohl auch härter geführt, als dies andernorts üblich ist.

Unterschiedlichen Auffassungen und Spannungen, insbesondere im gesellschaftspolitischen Bereich, sehen sich Staat und Kirchen hier gleichermaßen gegenüber.

Polarisation und auch Konfrontation bleiben dabei nicht aus.

Von daher erscheint mir verständlich, daß die Wucht der Impulse, die vom Zweiten Vatikanischen Konzil ausging, hier innerkirchlich zu Konflikten führte, die auch für die nichtkatholische Bevölkerung deutlich wurden.

Erst kürzlich berichtete die Presse über eine Veranstaltung in Wiesbaden, bei der unterschiedliche Auffassungen und Spannungen hinsichtlich mancher Form des kirchlichen Lebens heftig zutage traten.

Gleichwohl gelingt es in diesem Bistum — so sehe ich es — die Beschlüsse des Zweiten Vatikanischen Konzils zu realisieren.

In den letzten Jahren wurde hier das synodale Element — die Mitverantwortung synodaler Gremien auf örtlicher, regionaler und diözesaner Ebene — zielstrebig und besonnen zugleich entfaltet.

Es wurde dabei ein Führungsstil entwickelt, der über die Grenzen des Bistums hinaus bekannt und anerkannt wird.

In diesen Tagen — so habe ich der Presse entnommen — hat die 4. Diözesansynode in der 150jährigen Geschichte des Bistums die neue Synodalordnung verabschiedet, die Sie, Herr Bischof Kempf, heute unterzeichnen werden.

Meine Damen und Herren, lassen Sie mich auch auf einige persönliche Eindrücke eingehen, die ich bei kürzlichen Besuchen von Einrichtungen dieses Bistums gewonnen habe.

Im St.-Vincenz-Stift in Aulhausen habe ich ein Modell für zeitgemäße Behindertenhilfe kennengelernt, das zu Recht über Hessen hinaus Aufmerksamkeit gefunden hat.

Hier hat die Kirche eine Aufgabe unserer Gesellschaft aufgespürt und erfüllt, die bislang noch nicht die genügende Beachtung gefunden hat.

Sie hat damit auch für den Staat ein Beispiel gegeben.

Persönlich bewegt hat mich bei diesem Besuch in Aulhausen — lassen Sie mich dieses anfügen — die Begegnung mit dem ehemaligen geistlichen Direktor dieser Anstalt, Herrn Pfarrer Klarmann, der sich während der NS-Gewaltherrschaft den Vollstreckern von Hitlers sogenanntem Gnadentoderlaß tapfer widersetzt hatte.

Beeindruckt haben mich auch Besuche in Frankfurt anläßlich eines Treffens von Gemeinderäten in den katholischen Ausländergemeinden und beim Kindergarten der Pfarrei Maria Hilf.

Hier wird mit überzeugender Aktivität der unverantwortlichen Gedankenlosigkeit entgegengetreten, mit der das Problem der Integration ausländischer Arbeitnehmer und ihrer Familien hierzulande verdrängt wird.

Mein Justizminister Dr. Günther berichtete mir beeindruckt vom diesjährigen „Tag der Caritas", der hier in Limburg unter sehr großer Teilnahme in der vergangenen Woche stattgefunden hat.

Der Staat begrüßt die Aktivitäten der Kirchen im sozialen Feld, insbesondere auch dort, wo Neuland betreten und Modelle entwickelt werden.

Die Wurzeln dieses Engagements liegen im christlichen Glauben begründet, in dessen Verkündigung die Kirchen ihre eigentliche Aufgabe sehen.

Der Staat, dem von seiner Verfassung her weltanschauliche Neutralität aufgegeben ist, weiß es zu schätzen, wenn in ihm Menschen leben, deren Handeln christlich motiviert ist.

Das Gesamtprogramm dieses Bistumsjubiläums zeigt, daß es hier keineswegs nur um Rückschau und Rückbesinnung geht.

Ich halte dies für gut.

Seit einigen Jahren spüren wir alle zunehmend Unsicherheit, wie es weitergehen soll.

Die Kirchen sind von dieser Unsicherheit nicht ausgenommen.

In der Gesellschaft wird der Ruf nach geistiger Orientierung wieder deutlicher vernehmbar.

Ölkrise und andere bislang ungewohnte ökonomische und ökologische Entwicklungen haben uns nach einem bislang unbekannten materiellen Aufschwung auf die Erkenntnis der Grenzen von Machbarkeit und Fortschritt zurückgeworfen.

Der Einbruch des Terrorismus in unser Leben hat die Unsicherheit verstärkt.

Wir haben die Chance einer grundsätzlichen Neubesinnung.

Ich halte es für gut, daß die von Bundeskanzler Schmidt vor der Katholischen Akademie in Hamburg eröffnete Diskussion um die Grundwerte in unserer Gesellschaft zunehmend Resonanz findet.

Ich mache mir aber keine Illusionen darüber, wie schwierig es ist, in einer pluralistischen Gesellschaft gemeinsame, für jeden staatstreuen Bürger gleichermaßen akzeptierbare Grundwerte zu finden.

Es kann nicht Aufgabe des Staates sein, die Sicht einer Weltanschauung, eines Glaubensbekenntnisses, für alle verbindlich zu diktieren.

Dem steht die pluralistische Gesellschaftsordnung unserer Verfassung entgegen.

Die Verfassung ist das Fundament für uns als Bürger dieses Staates.

Die Frage wird heftig diskutiert, was der Staat zur Wertbildung und Werterhaltung tun kann und tun muß.

Die Verfassung verpflichtet den Staat auf grundlegende Rechtsprinzipien, wie zum Beispiel die Achtung der Menschenwürde, die Grundrechte, die religiös-weltanschauliche Neutralität.

Der Staat hat diese Rechtsprinzipien zu wahren.

Der Staat gewährleistet dem einzelnen, den gesellschaftlichen Gruppen und insbesondere auch den Kirchen die Freiheit, sich für ethische Grundauffassungen einzusetzen und sie zu verwirklichen.

Dem Staat können diese Grundauffassungen nicht gleichgültig sein.

Er muß ihren Bestand schützen, will er sich nicht selbst in Frage stellen.

Allerdings ist er als Rechtsstaat bei dieser Aufgabe an den demokratischen Prozeß der politischen Willensbildung gebunden und damit an das, was die Bürger an solchen Wertvorstellungen mitzutragen bereit sind.

Diese verfassungsmäßige Grundlage unseres Zusammenlebens muß der nachwachsenden Generation, die Not und Elend der Kriegs- und Nachkriegsjahre nicht miterlebt hat, verdeutlicht werden.

Unsere Verfassung bietet uns die Chance, im freiheitlichsten Staat unserer Geschichte zu leben.

Dies müssen wir verdeutlichen.

Dazu gehört auch, daß wir uns auf unsere Geschichte zurückbesinnen.

Dazu gehört auch, Versuchungen zu widerstehen und bei der Suche nach den vielschichtigen Gründen für den Ausbruch von Teilen unserer Jugend aus Staat und Gesellschaft ins Denunzieren zu verfallen.

Wir, die wir politische Verantwortung tragen, stehen vor der schwierigen Aufgabe, bei unseren Entscheidungen das für die Lebendigkeit unserer Demokratie als Staatsform notwendige Spannungsverhältnis zwischen Staat und Ordnung in der Balance zu halten.

Auch die Kirchen sind aufgerufen, mit dazu beizutragen, daß unsere Verfassung von der heranwachsenden Generation als das anerkannt wird, was uns jenseits aller Unterschiede in weltanschaulichen Fragen als Bürger dieses Staates verbindet.

Die Kirchen haben mehr als andere Gruppen die Verpflichtung und die Möglichkeit, darauf hinzuwirken, daß der einzelne, daß die Gruppen in unserer Gesellschaft nicht nur sich selbst, sondern auch dem Gemeinwohl verpflichtet sind.

Die wertbegründende und wertbewahrende Verantwortung der Kirchen gibt ihnen Recht und Pflicht auch zu kritischen Einwänden.

Die Bereitwilligkeit, Kritik und Anregung aufzunehmen wird um so größer sein, je offener, unbefangener und gesprächsbereiter sich die Kirchen dabei erweisen.

Gerne denke ich in diesem Zusammenhang an ein Gespräch vor einigen Monaten mit Ihnen, Herr Bischof Kempf, und Herren Ihrer Dezernentenkonferenz zurück, bei dem wir offen und kritisch unsere beiderseitigen Positionen zu aktuellen Fragen erörtert und ausgetragen haben. Dieses Gespräch hat mir Anregungen vermittelt, die auch Eingang in politisches Handeln gefunden haben.

Meine Damen und Herren, nach meiner Überzeugung ist es wichtig, daß Staat und Kirchen in Freiheit und gegenseitiger Unabhängigkeit in den Bereichen zusammenwirken, in denen sie gemeinsam Verantwortung tragen.

Viele Aufgaben werden besser gelöst, wenn wir sie gemeinsam in fairer Zusammenarbeit angehen.

Staat und Kirchen haben es — bei unterschiedlichen Aufgaben — mit denselben Menschen zu tun.

Es wird sicher nicht mißverstanden, wenn auch ich in diesem Zusammenhang das Leitthema des Limburger Bistumsjubiläums „Unser gemeinsamer Weg" aufgreifen darf.

*

Ansprache des
Ministerpräsidenten von Rheinland-Pfalz
Dr. Bernhard Vogel

Hochverehrter Herr Bischof,
verehrter Herr Kollege!

Das Bistum Limburg — sein erster Bischof wurde übrigens 1827 in der St.-Kastor-Kirche in Koblenz geweiht — auf den Tag genau heute *vor 150 Jahren* für die Territorien des Herzogtums Nassau und der Freien Stadt Frankfurt gegründet, erstreckt sich erfreulicherweise *auch auf Teile des Landes Rheinland-Pfalz.* Es ist daher für mich eine *selbstverständliche Pflicht,* vor allem aber eine *große Freude,* Ihnen, Herrn Bischof Dr. Kempf, herzliche Glückwünsche der *Landesregierung,* insbesondere auch unserer leider erkrankten Frau Kultusminister Dr. *Laurien,* die sich Ihnen vielfach verbunden fühlt, und der *Bürger* von Rheinland-Pfalz aus Anlaß des Jubiläums Ihrer Diözese zu sagen.

Auch wenn das Bistum Limburg nur einen relativ kleinen Teil von Rheinland-Pfalz umfaßt: Die *Zusammenarbeit* mit Ihnen und unsere — bei aller Unterschiedlichkeit der Verantwortung — *gemeinsame Aufgabe* des Dienstes am Menschen ist *nicht abhängig* von der Zahl der Einwohner und der Zahl der Quadratkilometer! Ob Staat und Kirche dieser Aufgabe gerecht werden können, hängt ab von ihrem *Selbstverständnis* und von ihrem *Verständnis für den jeweils anderen Partner.*

Der Wandel der Beziehungen von Staat und Kirche in den letzten 150 Jahren wird anhand der Geschichte des Bistums Limburg *beispielhaft* anschaulich: Die Gründung *1827* erfolgte noch im Geiste des *Staatskirchentums;* Papst Pius VII. bestätigte lediglich die von den politischen Instanzen in *Nassau* und *Frankfurt* vereinbarte Regelung. Sie umfaßte übrigens insgesamt eine ganze *kirchliche Provinz* mit dem Erzbistum Freiburg und den Suffraganbistümern Limburg, Rottenburg, Mainz und Fulda — gar kein schlechtes Bundesland! Aber *bereits in der Mitte* des 19. Jahrhunderts erwachte auch in Limburg im beginnenden *Kulturkampf* ein neues Selbstbewußtsein in der Katholischen Kirche; der Limburger Bischof *Blum* wurde zu einer Symbolfigur dieser Epoche.

Die *Verfassung von Weimar* hat die Freiheit der Kirche von staatlicher Bevormundung gesichert. Das Grundgesetz und zuvor schon die Verfassung der Bundesländer haben — eingedenk der Erfahrungen aus der Zeit des Nationalsozialismus — diese Position *nicht nur gesichert,* sondern den Lebensraum der Kirche *ausgeweitet.* Folgerichtig muß daher heute jede Antwort auf die Frage nach dem Verhältnis von Staat und Kirche damit beginnen, ihre grundsätzliche *Trennung* und die *weltanschauliche Neutralität* des Staates hervorzuheben. Aber *Trennung* heißt nicht Beziehungslosigkeit: Staat und Kirche begegnen sich in der Verantwortung für denselben Menschen und in vielen gemeinsamen Aufgaben in der Gestaltung der Ordnung dieser Welt. Und *weltanschauliche* Neutralität heißt für den Staat nicht Wertneutralität, wie manche irrtümlich meinen.

Daher reicht es auch nicht aus, daß der Staat für das Wirken der Kirche nur „*Respekt*" bezeugt oder ihr einen „*Freiraum*" sichert. Es besteht vielmehr die „Notwendigkeit *verständiger Kooperation*" zwischen Staat und Kirche. Lassen Sie es mich *einfacher* sagen: Mit den Kirchen verbindet uns eine enge, partnerschaftliche und traditionell freundschaftliche Zusammenarbeit. Die Landesregierung von Rheinland-Pfalz wird daran auch in Zukunft festhalten, weil sie — um es mit dem Text unserer Verfassung zu sagen — die besondere Bedeutung der Kirchen „für die Wahrung und *Festigung der religiösen und sittlichen Grundlagen des menschlichen Lebens*" (Artikel 41 Landesverfassung) bejaht.

Die Verfassung von Rheinland-Pfalz, die nunmehr seit 30 Jahren gilt, beginnt nicht mit der Darlegung des Staatszweckes, sondern mit der Darlegung der *Grundlagen* menschlicher Existenz. Die Freiheit der Person, die Unantastbarkeit der Menschenwürde, das sind die Bindungen, *auf die unser Staat unabänderlich,* nicht zur Disposition des Gesetzgebers gegeben, verpflichtet ist. Seine Würde verdankt der Mensch nicht „*der Gesellschaft*", nicht anderen Menschen: Er besitzt sie schon durch sein *Dasein.* Die Begründung dieser Werte ist im modernen, säkularisierten Staat selbstverständlich frei, sie ist plural, *aber die Achtung dieser Würde steht nicht zur Disposition.* Hier besteht eine tiefe Gemeinsamkeit zwischen *Christentum* und *modernem Rechtsstaat:* in der Anerkennung des Menschen als Person. Es ist wohl die *welthistorische Leistung* des Christentums, dieser Sicht vom Menschen und seiner Freiheit zum Durchbruch verholfen zu haben.

Ein solches Verständnis der Beziehungen von Staat und Kirche hat *Konsequenzen* für beide. Und darum bin ich Ihnen, Herr Bischof, *dankbar,* daß gerade die Katholische Kirche im Bistum Limburg, der Sie *seit 1949* vorstehen, Ihre Verantwortung in der Welt und für die Welt so ernst nimmt:

— Daß Sie mit allen Gruppen in unserer Gesellschaft, mit allen Mitbürgern, insbesondere auch mit den jungen Menschen Verbindung halten und ihnen in einer Epoche grundlegender Veränderungen Orientierungshilfen geben, *wie Freiheit in Mitverantwortung* menschenwürdig gelebt werden kann.

— Daß Sie in Ihrer Diözese eine *positive Öffnung* der Kirche gegenüber den Andersgläubigen und Nichtgläubigen und zur Welt hin vollzogen haben: Keineswegs im Sinne einer vordergründigen *Anpassung,* sondern im Sinne eines „*Aggiornamento*" wie es Johannes XXIII. gefordert und exemplarisch vorgelegt hat.

— Daß Sie *aktiv Ihren Beitrag* zur Bewahrung und Neugewinnung eines Konsenses über Grundwerte und Grundnormen leisten und daß Sie immer wieder deutlich machen, daß Menschenrechte keine beliebig veränderlichen und beliebig interpretierbaren Spielregeln sind.

— Daß aus dem Bistum Limburg immer wieder *geistliche* und *geistige* Impulse gekommen sind, die in die Gesellschaft hineinwirken und breite Resonanz finden (Ihre jährlichen Hirtenbriefe, die Philosophisch-theologische Hochschule St. Georgen in Frankfurt)!

Die *Partnerschaft* zwischen Staat und Kirche bringt auch für die Landesregierung von Rheinland-Pfalz Pflichten, die wir und die die Bürger von Rheinland-Pfalz *bejahen* und *ernst nehmen*.

Sie reichen weit über die *materielle Unterstützung* und Hilfe, über die sogenannten Staatsleistungen für die Pfarrerbesoldung, für die Unterhaltung von Kindergärten, Schulen und anderen Bildungs- und Sozialeinrichtungen hinaus. Freiheit für den Bürger heißt auch, daß er zwischen *Alternativen* wählen kann und daß das Gesetz der *Subsidiarität* praktisch angewandt wird. Wir wollen den Kirchen und anderen freien Trägern *Entfaltung* ermöglichen, wir wollen, daß sie Verantwortung übernehmen, denn sie können vieles besser als es der Staat kann. Die gesetzlichen Grundlagen, insbesondere im Kindergarten-, Privatschul-, Hochschul- und Sozialbereich haben wir in der *Vergangenheit* geschaffen. Es ist kein Zufall, daß — um nur ein Beispiel zu nennen — in Rheinland-Pfalz 16 Prozent aller Gymnasiasten (Bundesdurchschnitt: 2 Prozent) Schulen in freier Trägerschaft besuchen.

Ich hoffe, daß auch in *Zukunft* die Zusammenarbeit zwischen dem Land Rheinland-Pfalz und dem Bistum Limburg freundschaftlich bleibt, daß es weiter ausgebaut und vertieft werden kann, zum Wohle aller Menschen, die der Hilfe und der Orientierung bedürfen.

Staat und Kirchen, die katholische und evangelische Kirche, können gerade in dieser Stunde besonderer *Herausforderung* gemeinsam *Resignation* überwinden helfen, neue *Ziele setzen* und *ermutigen*. Beide verspüren wir wohl die große Chance, die uns die Gegenwart bietet.

Allen Katholiken der Diözese Limburg, ihren Priestern und ihrem Bischof *danke* ich für 150 Jahre geistlichen und darum sehr wohl auch *politischen Dienst* in unserem Staat. Ich bitte Sie für die Zukunft um *Ihre Mithilfe* und ich *wünsche Gottes Segen in der Erfüllung Ihrer Aufgaben*.

*

*Dankwort von
Herrn Bischof Dr. Wilhelm Kempf*

Sehr geehrte Herren Ministerpräsidenten, Landtagspräsidenten und Präsidenten der Staatsgerichtshöfe von Hessen und Rheinland-Pfalz,
sehr geehrter Herr Vizepräsident des Deutschen Bundestages,
sehr geehrte Herren Minister,
sehr geehrte Bundestags- und Landtagsabgeordnete,
meine Damen und Herren!

Ihnen allen danke ich, zugleich im Namen des Domkapitels der Diözese Limburg, dafür, daß Sie hierher gekommen sind, um mit uns heute — am 23. November 1977 — den 150. Geburtstag des Bistums zu begehen; denn am 23. November 1827 wurde die Errichtungsurkunde dieser Diözese unterzeichnet. Mein besonderer Dank gilt Ihnen, Herr Ministerpräsident Börner, und Ihnen, Herr Ministerpräsident Vogel, für Ihre freundlichen Glückwünsche und die sich daran anschließenden Ausführungen.

Wenn wir zum Abschluß der Feiern zu unserem Bistumsjubiläum Vertreter des Staates, der Landkreise und Städte und Repräsentanten gesellschaftlicher Gruppen eingeladen haben, so ist dies keine Pflichtübung, die nun einmal dazugehört. Wir möchten Ihnen bei dieser Gelegenheit bekunden, daß wir teilnehmen an Ihren Sorgen und Problemen, an Ihren Erwartungen und Hoffnungen.

Wir stehen zu unserem freiheitlichen demokratischen Rechtsstaat. Wir bejahen das Grundgesetz unserer Bundesrepublik; wir bejahen die Verfassungen der Bundesländer Hessen und Rheinland-Pfalz. Dieses Ja zu den Verfassungen schließt notwendig ein das Ja zum weltanschaulich-neutralen Staat auf der Basis der Religionsfreiheit und zu einer pluralistischen Gesellschaftsordnung.

Deshalb sind Sie uns heute alle willkommen, gleich welcher Konfession oder Weltanschauung, gleich welcher gesellschaftlichen Gruppe Sie angehören und welchen politischen Standpunkt Sie vertreten.

Die Kirche versteht sich als eine Gruppe in dieser Gesellschaft, freilich als eine Gruppe, die nach ihrem Selbstverständnis einen Beitrag zu leisten hat nicht nur für das Heil der zu ihr gehörenden Gläubigen, sondern auch für das Zusammenleben der Menschen und vielleicht heute sogar für das Überleben der Völker. Diesen ihren Beitrag kann die Kirche nicht leisten durch Ausübung von Macht. Sie muß vielmehr für ihre Botschaft werben mit der Kraft ihrer Argumente und muß diese glaubwürdig machen durch das gelebte Zeugnis — immer unter Wahrung der Freiheit der Menschen, sich so oder so zu entscheiden.

Das Evangelium, dem die Kirche verpflichtet ist, enthält keine konkreten politischen Handlungsweisen. Es gibt viele Fragen im gesellschaftlichen und politischen Leben, die vom Evangelium her verschieden beantwortet werden können. Aber es gibt auch Grenzmarken, die zu verschieben aus der Sicht unseres Glaubens dem Menschen, also auch dem Staat nicht erlaubt ist.

Von diesem unabdingbaren Auftrag her hält meine Kirche es für verderblich, wenn z. B. nach geltendem Recht eine aus sozialer Notlage heraus geschehene Abtreibung straffrei bleiben kann. Ich weiß, daß die sittlichen Wertvorstellungen vieler Bürger in unserer Bundesrepublik hier einen bedenklichen Wandel erfahren haben. Es ist auch richtig, daß kirchliche Moral und staatliches Strafrecht zweierlei sind. Aber staatliche Rechtsetzung hat eine Rückwirkung auf das allgemeine sittliche Bewußtsein. Ich halte daher das genannte Problem nicht für ein Sonderanliegen meiner Kirche, sondern für eine Grundsatzfrage von noch nicht abzusehenden Weiterungen.

Herr Ministerpräsident Börner, Sie haben das uns alle bedrängende Problem des Terrorismus angesprochen. Wir fragen nach den Ursachen. Sicher ist Vorsicht geboten, einzelne, vielleicht unbequeme Mahner oder Gruppen global zu verdächtigen. Der Terrorismus ist ja nicht auf die Bundesrepublik begrenzt. Terroristen gibt es auch in Spanien und Irland, in Südamerika, im Nahen Osten und in Japan. Mir scheint jedoch, daß der Terrorismus hierzulande ähnlich dem in Japan deutlich nihilistische Züge trägt. Die Frage muß erlaubt sein, ob nicht eine allzu betonte Herausstellung von Konflikten eine Überbewertung negativer Kritik und eine Unterbewertung des geschichtlich Überkommenen an Schulen und Hochschulen mitursächlich für jene Haltung ist, die Teile unserer Jugend aus unserem Staat emigrieren ließen.

Ich sehe es als eine Aufgabe der Kirche an, die Politiker guten Willens aus allen Parteien moralisch zu unterstützen und zu ermuntern, einen Stil der politischen Auseinandersetzung zu pflegen, der es der heranwachsenden Generation leicht macht, sich mit diesem Staat zu identifizieren und für die Erhaltung unserer freiheitlichen Demokratie einzutreten.

Ich komme nun zu einem Gedanken, den Sie, Herr Ministerpräsident Vogel, mit Recht gern betonen: daß nämlich der Staat und die Kirchen von ihrem je verschiedenen Auftrag her es mit demselben Menschen zu tun haben. Deshalb begrüße ich es dankbar, daß zwischen dem Bistum Limburg und den Regierungen der beiden Länder Hessen und Rheinland-Pfalz auf der Grundlage der beiden Staatsverträge eine partnerschaftliche Form des Umgangs herrscht, die es uns beiderseitig ermöglicht, auch bei möglichen Konflikten im Gespräch zu bleiben und zusammen nach tragbaren Lösungen zu suchen. Verehrte Anwesende, Sie werden vielleicht fragen, was diese Überlegungen mit dem Jubiläum unseres Bistums zu tun haben.

Die Antwort ergibt sich aus dem, was ich eingangs sagte: daß wir als Kirche teilnehmen an Ihren Sorgen und Problemen, an den Erwartungen und Hoffnungen unserer Gesellschaft.

Das Jubiläum unseres Bistums war für uns nicht nur Anlaß zum Feiern. Es war auch Anlaß zur Besinnung. Wir haben über die Situation in unseren Gemeinden und im Bistum nachgedacht, über innerkirchliche Fragen wie auch über den Auftrag, den Kirche und einzelne Christen in der gegenwärtigen Situation von Staat und Gesellschaft aus der Sicht unseres Glaubens haben. In dem allgemeinen Suchen nach Orientierung, das in den vielen Unsicherheiten unseres Lebens heute spürbar wird, sehe ich eine Chance: die Chance zur Besinnung und zu neuer Zuversicht. Ich möchte uns allen wünschen, daß diese Kraft der Hoffnung uns begleite auf unserem gemeinsamen Weg in die Zukunft.

Wiedereröffnung des Limburger Domes, vorn die Domsingknaben und auf der Empore der Domchor

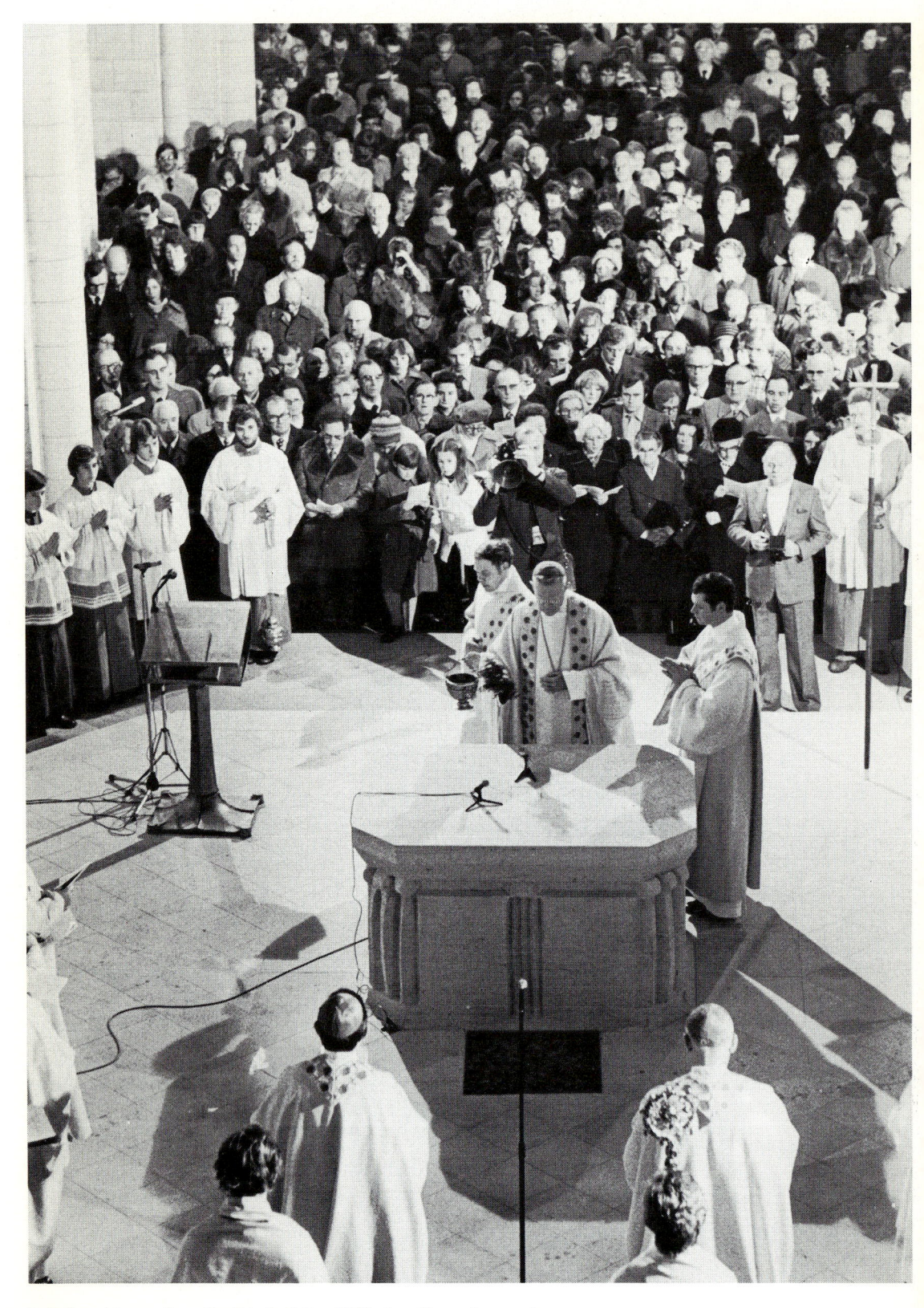

Bei der Altarweihe, die Bischof Dr. Wilhelm Kempf vornahm

Das Kreuzfest mit vielen Ehrengästen. Vorn, Mitte, der Apostolische Nuntius, Erzbischof Del Mestri

Der Kölner Kardinal Joseph Höffner hielt beim Kreuzfest die Predigt

links oben
Weihbischof Gutting, Speyer, sprach zum „Tag der Frauen"

links Mitte
Prof. Johannes B. Hirschmann SJ beim „Tag der Caritas"

links unten
Chefarzt Dr. Paul Becker bei seinem Vortrag am „Tag der Caritas"

rechts oben
Prof. Adolf Exeler sprach vor Religionslehrern

rechts Mitte
Prof. Walter Kasper von der Universität Tübingen beim Priestertag

Bischof Dr. Kempf und Weihbischof Kampe bei der Diözesansynode; rechts Moderator Manfred Groth

Weihbischof Kampe hielt am Abend der Diözesansynode im Dom die Predigt

Den „Tag der Caritas" besuchte auch der hessische Justizminister Dr. Günther. Er wird von Bischofsvikar Joseph Plettenberg, Fulda, begrüßt; in der Mitte der Bischof

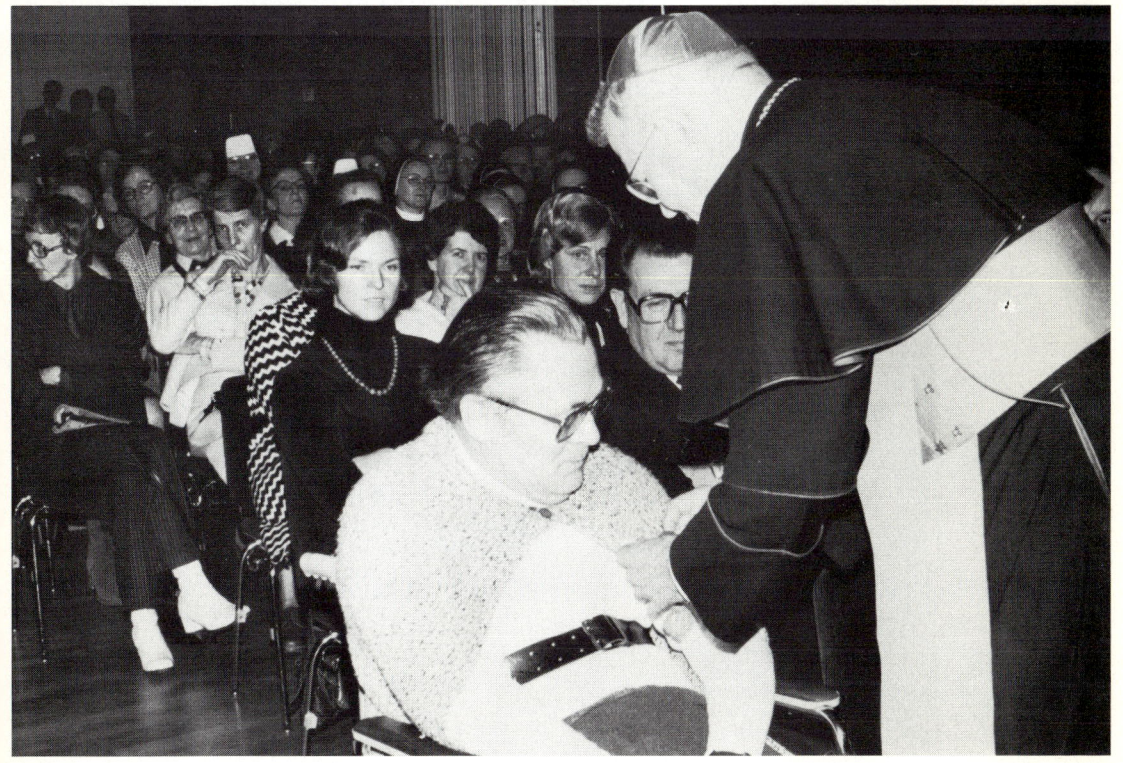

Der Mitbegründer der Krankenfraternität, Lorenz Buchberger, wurde vom Bischof mit dem Päpstlichen Orden „Pro ecclesia et pontifice" ausgezeichnet

Jugendpfarrer Joachim Schäfer beim „Tag der Jugend" in der Stadthalle

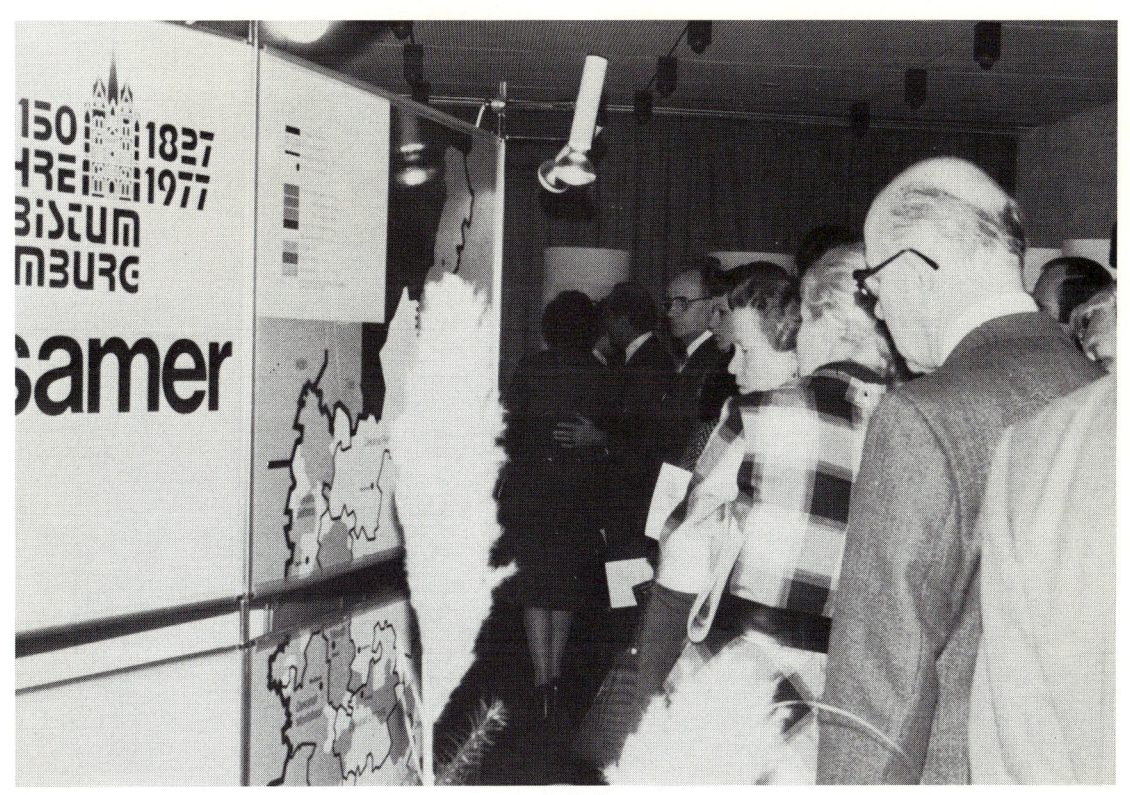

Die Ausstellung „Unser Gemeinsamer Weg" fand viele Interessenten

Der Bischof besuchte mit Generalvikar Hans Seidenather die Ausstellung

Kardinal Joseph Höffner im Gespräch mit Kultusminister Prof. Dr. Hans Maier aus München, der zum Abschluß des Kreuzfestes in der Stadthalle sprach

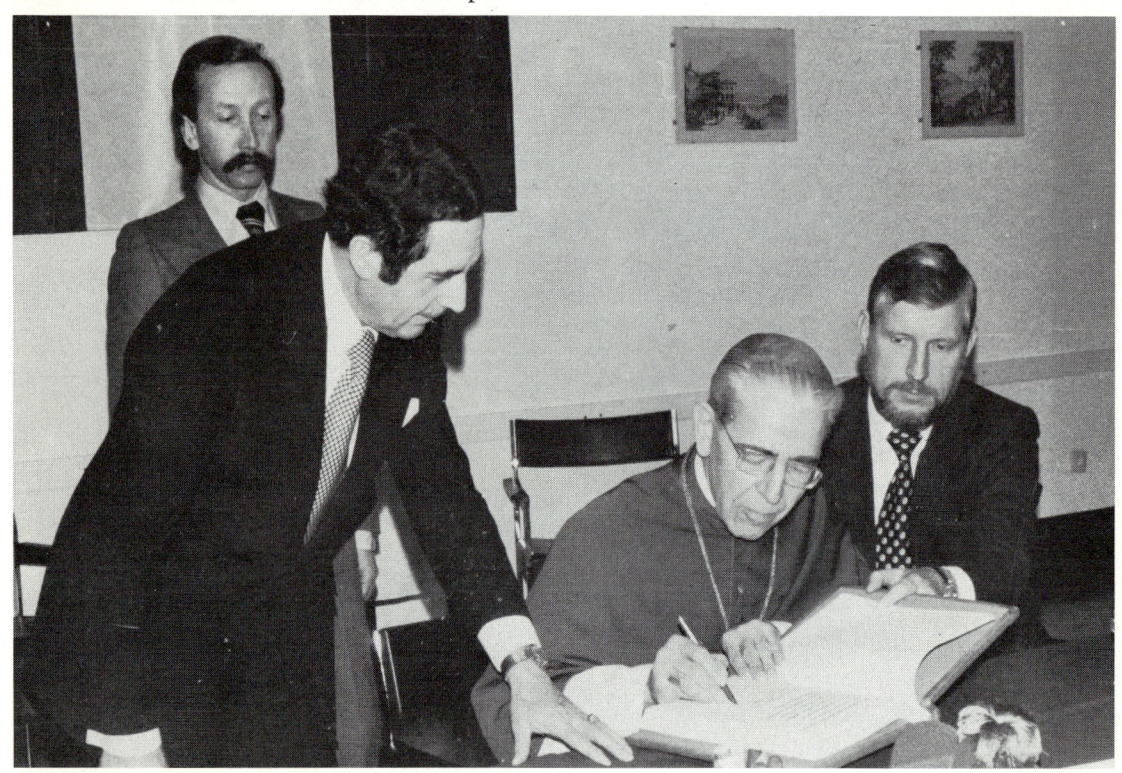

Erzbischof Del Mestri trägt sich in das Goldene Buch der Stadt Limburg ein; neben ihm links Bürgermeister Kohlmaier und rechts Erster Beigeordneter Hermann Müller

Prof. Georg Trexler aus Leipzig mit seiner Gattin bei Bischof Dr. Kempf. Er komponierte das Deutsche Te Deum; links Domkapellmeister Bernhard

Empfang für Gäste aus Staat und Gesellschaft. Vorn neben Bischof Dr. Kempf der Landtagspräsident von Hessen, Dr. Wagner, und die Ministerpräsidenten Börner und Dr. Vogel; links neben dem Bischof Dr. Alfred Dregger MdB

Bischof Dr. Kempf mit dem Referenten des ersten Tages, dem „Tag der Gemeinde", Universitätsprofessor Dr. Klostermann

Bei der Diözesansynode der Präsident der Diözesanversammlung, Hans Safran, und Jugendpfarrer Joachim Schäfer